고려 갈등사 2

어쩌면 당신이 원했던

고려갈등사 2

폭발과 이행의 시대

역사돋보기 이영 지음

Booksgo

고려의 역사는
현재진행형입니다

    고려의 역사는 통상적으로 4단계로 시대를 구분하는데, 4단계를 나누는 기준은 고려 역사의 진행 방향에 따라 달라졌던 지배층의 형태입니다. 1단계는 고려를 건국했던 호족이 '고려'라는 하나의 사회로 통합되어 가는 단계, 2단계는 안정기에 접어든 고려가 문벌 귀족이라는 귀족 체제를 수립하였던 단계, 3단계는 변화보다는 현상 유지를 통해 특권을 유지하려던 체제의 폐단이 무신정변으로 폭발하였던 단계, 마지막 4단계는 원나라 간섭기라는 특수한 상황에서 고려의 귀족 중심 체제가 권문세족이라는 집단으로 복고했던 단계입니다.

    각각의 시대를 상징하는 헤게모니를 표현하고자 '통합', '수성', '폭발', '이행'이라고 이름을 붙여 보았습니다. 네 가지의 관념은 저마다 고려의 역사가 지향했던 혹은 맞닥뜨릴 수밖에 없었던 일종의 정향점들이었습니다.

고려는 건국 직후 신라의 삼국통일 후 다시 분열된 한반도를 하나로 통합해 내야 했고, 통합시킨 체제에서 뿌리내린 귀족은 그 체제에서 기득권을 유지하고자 귀족 중심적인 고려의 시스템에 큰 변화를 주지 않고 그대로 이어가려던 '수성'의 시대였죠. 다만 무작정 변화를 거부하며 시간이 흐르면 기존의 체제는 고이기 마련이기에 고인 체제는 필연적으로 폐단을 낳기 마련입니다. 결국 고려는 '이자겸의 난'과 '묘청의 서경천도운동'이라는 두 거대한 사건으로 폐단이 터지고 말았죠. 여기까지 1권의 내용이었습니다.

두 차례의 거대한 사건을 겪고 나서도 고려는 근본적인 변화에 나서지 못했고 폐단은 해결되지 않은 채 누적되었습니다. 작은 불씨 하나만 떨어져도 대폭발이 일어날 것만 같은 사회에서 고려는 무신정변을 겪고 무신정권기에 돌입합니다. 지배층의 전복이 있었지만 그 어떤 폐단도 개선되지 않았고, 오히려 더 악화되자 국가의 면역력은 심각하게 약해지는 결과를 초래했습니다. 하필 몽골의 침입까지 겹치면서 폭발의 후유증을 안은 고려는 강제로 다음 시대로 넘어갈 수밖에 없었습니다.

대몽항쟁이 끝나면서 무신정권도 무너졌습니다. 그간 고려의 귀족은 권문세족으로 돌아왔습니다. 권문세족의 사회경제 전반의 부조리와 원나라의 제후국이 되어 버린 고려의 미약한 국왕들로 인해 고려의 체제는 지각변동을 겪었습니다. 지각변동 속에서 새로운 세상을 희망하는 세력이 부상하기 시작했고, 저마다 다른 방식으로 새로운 세상을 꿈꾸는 자들은 이합집산을 반복하며 권문세족을 내쫓고 사회정의를 구현하기 위해 노력합니다. 바로 '이행'의 시대였죠. 그러나 이행의 방향을 두고 여러 의견이 엇갈렸고, 이행의 결말은 '고려의 멸망'과 '조선의 개국'이었습니다.

무신정권에서부터 대몽항쟁기, 원 간섭기, 공민왕의 개혁 그리고 조선 개국으로까지 이어지는 약 200년이 넘는 역사가 2권의 내용입니다. 고려 중기를 반으로 나누어 그 이전을 1권, 그 이후를 2권으로 나누었기에 똑같은 고려의 역사이긴 하지만 1권이 다루던 시대의 테제와 2권이 다루던 시대의 테제는 다릅니다. 그 테제의 차이점을 찾아가며, 특히 고려 초중기에 비해 고려 중후반기 민중 의식이 어떻게 각성하였는지에 주목해 주세요.

더불어 '통합-수성-폭발-이행'의 네 단계는 비단 고려에만 국한되는 과정이 아닙니다. 역사 속 대부분 왕조의 흥망성쇠가 비슷한 구조를 띠고 있죠. 또 이 과정은 역사 속 왕조에만 해당하지 않고 인류가 형성하는 공동체의 흥망성쇠 역시 크게 다르지 않습니다. 1권과 2권의 차이점뿐만 아니라 고려 역사를 전반적으로 조망하면서 그 흥망성쇠의 과정이 현재 우리에게 어떤 교훈과 시사점을 줄 수 있는지 생각해 보시길 바랍니다.

독자 여러분도 기존에 알고 있던 고려의 역사든 새롭게 알게 되는 고려의 역사든 이 책을 통해 '고려'라는 역사에 푹 빠져, 자랑스러운 역사로 간직하셨으면 좋겠습니다. '고려청자'를 보고 고려라는 역사의 매력이 단번에 떠오를 정도로 말이죠.

끝으로 책이 나올 수 있게끔 도와주신 북스고 출판사와 유튜브 〈역사돋보기〉 채널을 운영해 주시는 스튜디오 아이스의 김찬수 대표님, 이동건 님, 그리고 다른 직원분들께도 감사의 말씀 전달 드립니다.

역사돋보기 이영

❊ 3부 ❊
폭발의 시대

1. 폭발하고 파괴하라, 고려의 군부 독재 _015

인종의 군부 육성과 의종의 학정 ● 무신정변 ● 군부 독재자의 칼춤 ● 경대승과 이의민 ● 사회질서의 붕괴

2. 최씨 집권기의 시작 _043

최충헌과 교정도감 ● 최우의 세습 ● 흰 구름 속에 숨어 있는 선비, 이규보 ● 보조국사 지눌과 결사운동

3. 대몽항쟁기 _069

제1차 몽골 침입 : 김경손의 귀주성 전투 ● 제2차 몽골 침입 : 김윤후의 처인부곡 전투 ● 제3차 몽골 침입 : 황룡사 9층 목탑의 소실 ● 제4차 몽골 침입 :《팔만대장경》조판

4. 무신정권의 몰락 _093

막장 최항의 집권 ● 제5차 몽골 침입 : 충주 격전 ● 제6차 몽골 침입 : 충주 다인철소 전투 ● 최항의 죽음 ● 김준, 최씨 정권을 타도하다 ● 마지막 전쟁, 제9차 몽골 침입 ● 원종 vs 김준 ● 개경 환도, 무너진 무신정권 ● 고려의 하늘을 나는 학, 상감청자

4부
이행의 시대

한 눈에 보는 500년 고려사

 18대

의종

1170년 무신정변

 19대

명종

1173년 김보당의 난
1174년~1176년 조위총의 난
1175년 이의방 사망
1176년 공주명학소, 망이·망소이의 난
1179년 정중부 사망
1182년 죽동의 난
1183년 경대승 사망
1193년~1196년 김사미, 효심의 난
1196년 이의민 사망

 20대

신종

1197년 최충헌의 명종 폐위,
　　　　신종 옹립
1198년 만적의 난

 23대

고종

1219년 최충헌, 아들 최우에게 세습
1225년 최우의 정방 설치
1227년 최충의 서방 설치
1231년 몽골의 1차 침입
1232년 강화도 천도, 몽골의 2차 침입
1235년~1239년 몽골의 3차 침입
1247년~1249년 몽골의 4차 침입
1249년 최우 사망, 최항 집권
1251년 《팔만대장경》 완성

1253년~1254년 몽골의 5차 침입
1254년 몽골의 6차 침입
1255년 몽골의 7차 침입
1257년 최항 사망, 최의 집권, 몽골의 8차 침입
1258년 김준의 최씨 정권 타도
1258~1259년 몽골의 9차 침입
1260년 태자의 쿠빌라이 방문

 31대

공민왕

1351년 공민왕 등극
1356년 기철 일파 제거, 쌍성총관부 탈환
1359년 홍건적의 1차 침입
1361년 홍건적의 2차 침입
1362년 나하추의 침입
1363년 흥왕사의 변
1364년 덕흥군의 침입

1365년 노국대장공주 사망
1366년 전민변정도감 설치
1367년 이색, 성균관대사성 임명
1370년 공민왕의 요동 정벌
1371년 신돈 처형
1374년 목호의 난, 공민왕 시해

21대

희종

1211년 희종의 최충헌 암살 미수 사건

 22대

강종

1197년 최충헌에 의해 강화도 유배
1211년 최충헌에 의해 옹립

 24대

원종

1268년 김준 사망, 임연 집권
1270년 임연 사망, 임유무 사망,
　　　　　 개경 환도
1270년~1273년 삼별초의 항쟁
1274년 여몽 연합군의 1차 일본 원정

 25대

충렬왕

1281년 여몽 연합군의 2차 일본
　　　　　 원정
1290년 안향의 성리학 도입
1290년~1291년 카다안의 침입

    **26대 27대 28대 29대 30대**

충선왕~충정왕

1298년 26대 충선왕 등극,
　　　　　 충렬왕 복귀
1308년 충선왕 복귀
1308년 원나라, 충선왕을
　　　　　 심왕에 임명
1313년 충선왕, 충숙왕에게 양위
1313년 27대 충숙왕 등극
1330년 28대 충혜왕 등극
1332년 충숙왕 복귀
1339년 충혜왕 복귀
1344년 29대 충목왕 등극
1349년 30대 충정왕 등극

 32대

우왕

1375년 신진사대부 집단 탄핵
1376년 홍산대첩
1377년 《직지심체요절》 인쇄
1380년 진포대첩, 황산대첩
1383년 관음포 해전
1388년 이인임 제거,
　　　　　 최영의 요동 정벌,
　　　　　 위화도 회군

 33대

창왕

1389년 이성계에 의해 폐위

 34대

공양왕

1391년 과전법 시행
1392년 정몽주 사망, 고려 멸망

3부

폭발의 시대

고려는 여러 시행착오를 거치고 난관을 극복하며 건국 후 약 100여 년에 걸쳐 통합의 시대를 일구었다. 그러나 그렇게 굳어진 제도와 체제는 폐단을 고이게 했고, 이자겸의 난과 묘청의 서경천도운동을 겪으면서도 고려는 바꾸기보다 기존의 것을 그대로 유지하는 쪽을 택했다. 새로운 시대에 따른 요구를 외면한 채 근본적인 개혁의 부재로 고려 사회는 언제 터질지 모르는 시한폭탄으로 흘러갔다. 그리고 폭탄은 결국 '무신정변'으로 폭발하고 만다.

폭발하고 파괴하라,
고려의 군부 독재

인종의 군부 육성과 의종의 학정

인종의 정치는 모순적이기 그지없다. 인종은 이자겸의 난이라는 위험천만한 고비를 겨우 넘기고 기존 문벌 귀족 체제를 해체하고자 서경파 귀족을 육성해 개경파 귀족과 대항하게 하였다. 그러나 결정적인 순간 인종은 서경파에 등을 돌렸다. 개경파 문벌 귀족과 정치권력을 함께 하는 편이 낫다고 변심했는지 혹은 서경파가 마음에 안 들었던 건지 정확한 내막은 알 수 없다.

그렇다고 인종이 마냥 개경파 문벌 귀족과 결탁하기로 마음먹은 건 아닌 듯하다. 묘청의 서경천도운동이 종료된 후 인종은 개경파 문벌 귀족과 대항할 수 있는 새로운 세력을 육성하니, 바로 군부였다. 그 기수 같은 인물이 정중부였다. 정중부에 대해 기록하길,

> 생긴 모습이 헌걸차고 네모진 눈동자에 이마가 넓었다. 피부가 맑고 수염이 아름다운데다 신장이 7척이 넘었으며 멀리서 보면 존경심을 불러일으킬 만하였다.
>
> －《고려사》권128, 열전41, 반역2, 정중부 열전

라고 되어 있다. 흔히 무신정변은 무신들에 대한 차별에 참지 못한 군부에서 쿠데타를 일으켰다고 알려져 있다. 하지만 이는 충분한 설명은 되지 못한다. 고려뿐 아니라 조선도 무신보다 문신의 사회적 입지가 훨씬 높았고, 두 집단의 서열 차는 너무나도 당연한 현상이었다.

고려와 조선 모두 전시 상황에서 군 지휘권은 언제나 고위직 문신에게 주어졌다. 서희, 강감찬, 윤관 모두 문신이 아닌가. 적어도 그 시대에는 문신이 무신보다 더 대우받는 계층임은 말할 필요가 없었다.

하지만 인종 재위 후반기부터 정중부를 비롯해 군부를 육성하며 군부 수뇌부에게 고위직 문신이 역임할 수 있는 중앙 관직을 제수하였다. 이로써 군부 출신의 정치권 개입이 두드러졌고 군부의 사회적 지위가 높아졌다. 어느 정도 문신과 동등하다는 인식이 생기니 작은 차별에도 무신들은 불만을 품었다.

무신을 아래 단계로 얕잡아 보는 문신의 시선이 팽배해 있었던 건 부정할 수 없는 사실이다. 한번은 이런 일이 있었다. 한 해를 마무리하는 섣달그믐 행사에서 인종이 참석한 가운데 김돈중이 정중부를 모욕하며 느닷없이 정중부의 트레이드 마크라고 할 수 있던 수염을 촛불로 불태워 버렸다. 정중부는 엄청난 치욕스러움에 분을 참지 못했고 김돈중에게 손찌검했다.

김돈중은 묘청의 서경천도운동 진압 이후 최고 권세가였던 김부식의 친아들이었다. 이 사건은 누가 봐도 김돈중이 발단이었다. 그러나 김부식은 아들에게 손찌검했던 정중부를 가만두지 않겠다며 인종에게 정중부를 매질하는 것에 허락을 구했고, 인종은 허락하였다.

공식적으로는 허락을 한 인종이었지만, 따로 김부식을 찾아가서 달래며 흐지부지 넘어갔다고 한다. 인종이 달래는 쪽은 군부 출신의 정중부가 아니라 문벌 귀족의 김부식이었다. 이 일화만 봐도 인종이 얼마나 문벌 귀족의 눈치를 봤는지, 군부를 깔보는 문벌 귀족의 위세가 어땠는지 단적으로 알 수가 있다. 인종은 개경과 문벌 귀족에 대항할 새로운 대안으로 군부를 육성했으나 정작 매듭을 짓지 않았다. 오히려 군부 세력에게 희망 고문을 남길 뿐이었다.

1146년 인종 사후 인종의 아들 의종이 고려의 18대 왕으로 즉위했다. 의종은 카리스마 넘치는 왕은 아니었다. 정치 일선에도 적극적으로 나서지 않았다. 번거로운 정사는 의종이 총애하던 신하 일부에게 맡기는 관례가 반복되었다.

인종도 아들 의종의 성격을 알아서였는지 눈을 감는 순간에도 아들을 걱정했고, 한때 의종의 스승이었던 정습명에게 의종을 부탁한다는 말을 남겼다. 하지만 의종은 정습명의 잔소리를 귀담아듣기 꺼려 했고, 그 틈을 타 김존중과 환관 정함 두 콤비가 정습명을 비방하며 의종의 총애를 받았다.

정습명은 본인의 신세를 한탄하다가 자결했고, 의종은 김존중과 환관 정함에게 왕의 업무를 일임했다. 고려 조정은 김존중이, 왕실 내부의 업무는 환관 정함이 좌지우지하였다. 환관이 횡포를 일삼는 일은 한국사에선 보기 드문데, 고려 의종 대에 잠시나마 정함을 필두로 하여 환관들이 의종의 눈과 귀를 가렸다.

그나마 다행인 것은 김존중이 병으로 죽었기 때문에 그의 권세는 오래 이어지지 않았다. 환관의 전횡을 극도로 꺼렸던 귀족의 반발로 정함은 궁실에서 쫓겨났으나, 의종은 그의 여생을 책임져 주었다.

귀족 체제가 공고했던 고려 사회에서는 환관마저 감히 전횡을 일삼기 어려운 구조였다. 김존중과 환관 정함 이후로는 임종식, 한뢰 등이 의종의 총애를 등에 업고 남 무시하기를 즐기는 무뢰배가 판을 쳤다.

의종은 대책 없이 아버지 인종에 이어 군부를 끊임없이 육성했다. 정중부에게는 막대한 권한을 주었고 이의방, 이고 등 신진 군부 세력을 등용했다. 아버지 인종은 문벌 귀족에 대항하는 세력이자 정치적 목적으로 군부에 힘을 주었다면, 아들 의종의 군부 육성은 단순히 개인적인 취향이었다.

의종은 한국 전통 무술인 수박手搏과 한국 전통 스포츠인 격구 등 각종 무예와 스포츠에 각별한 관심을 보였다. 그래서인지 군부 출신을 곁에 두었지만 정작 문신과 무신 사이의 갈등이 악화하는 정치 구도에는 아무런 신경을 쓰지 않았다.

심지어 의종은 점점 암군의 길을 걸었다. 각종 놀이와 잔치를 즐겼던 의종은 나랏일에는 관심을 끄고 사치와 향락에 빠져 살았다. 여러 토목 사업을 벌여 국가 지출이 심각해지고 백성은 강제노역에 신음했다.

의종은 민생은 나 몰라라 하고 쾌락에 젖은 삶을 이어갔다. 조정은 의종의 사치에 동조하는 간신으로 가득했다. 전부 귀족이었던 이 간신들은 또 군부 세력을 비아냥댔다. 당장 무슨 사건이라도 터질 것만 같았다. 그러다 결국 사달이 나고 만다.

무신정변

여느 때처럼 의종은 신하들과 사냥 행차에 나섰다. 예전 정중부의 수염을 불태웠던 김돈중이 의종과 동행하던 중 실수로 화살통을 쳐서 화살들이 의종 앞으로 쏟아지는 일이 있었다. 암군은 의심이 많다고 했던가. 의종은 이를 암살미수로 오해하고는 노발대발 범인을 색출하라는 지시를 내렸다.

화가 미칠까 봐 벌벌 떨던 김돈중은 근처에 있던 무신의 소행이라며 몰아갔고, 의종은 그들을 유배 보내 버렸다. 이는 차별을 넘어선 무시에 가까웠다. 의종은 왕으로 중재는커녕 주색잡기와 파티 그리고 불교 등의 다양한 종교에 심취하며, 정치에 관심을 전혀 두지 않으니 무신의 불만과 갑갑함은 쌓여만 갔다.

의종은 한시라도 궁궐에 가만히 있는 날이 드물었다. 낮에는 여러 사찰에 나타나고, 밤에는 곳곳에서 연회를 베풀었다. 의종의 호위는 무신이 도맡았고, 대신 문신과는 시를 짓거나 노래를 하며 끝없이 놀았다. 정중부를 비롯한 무신들이 의종에게, 병사들이 호위하느라 지쳐 있으니 휴식을 취하게 해 달라고 말을 해도 들은 척도 하지 않으며 놀기 바빴다.

1170년 8월 의종은 화평재라는 왕실 사당에서 역시나 문신과 또 끝없는 술자리를 가지며 놀고 있었다. 이번에는 병사들에게 제대로 급식도 주지 않아 병사들이 종일 굶고 있었다. 이 모습을 본 이의방과 이고가 정중부를 찾아가 문신들은 술에 취한 채 저리도 기고만장하게 놀고 있는데, 무신들과 병사들은 밥을 먹지 못해 쫄쫄 굶고 있는 게 말이 되냐며 강력하게 따졌다. 이의방과 이고는 모두 왕실근위대 소속으로 그간 의종을 호위하며 쌓인 불만이 이만저만이 아니었다.

이의방과 이고는 정중부에게 더는 참을 수 없으니 군사를 일으키자며 허락을 구했다. 이의방과 이고는 왕실근위대이니 왕과 문신들 가장 가까이에 있는 병력을 동원할 수가 있었다. 다만 단순 근위대들의 반란 정도로 끝났다가는 끝이 좋지 못할 테니 원로 장교였던 정중부의 동의를 구했다. 정중부는 조금 더 생각해 보자며 당장은 넘겼다.

이후 의종은 연복정이라는 정자를 거쳐 개경의 흥왕사를 찾았다. 흥왕사에서 마음의 결정을 내린 정중부는 이의방과 이고 두 사람을 불러 만약 의종이 궁궐로 돌아가면 참기로 하고, 생각 없이 다른 곳으로 놀러 간다면 그때는 들고 일어나기로 하였다.

의종의 다음 행선지는 어디였을까? 보현원이라는 왕실 정원이었다. 이미 의종의 여행 일정을 일일이 호위하느라 지친 병사들을 데리고 또 놀러 가겠다고 하니 정중부도 이제는 참을 수가 없었다. 정중부, 이의방, 이고 세 사람은 의종이 보현원에 도착하면 곧바로 병사를 동원할 계획이었다.

그런데 보현원으로 가던 도중 의종이 느닷없이 그간 자신을 호위해 준 병사들과 국경을 지켜 주는 장군들에 대한 감사를 표하겠다며, 근처에서 무신만을 위한 연회와 수박대회를 열기로 했다. 의종은 수박대회에 막대한 상금도 걸고 무신과 병사의 노고를 위로하는 자리를 마련했다.

이때의 행사만 잘 마무리되었더라면 설령 의종이 보현원에 갔더라도 마음이 달래진 무신들이 가만히 있었을지 모른다. 하지만 결말은 해피엔딩이 아니었다.

의종이 주최한 수박대회에 대장군 이소응도 참가하였는데, 아무래도 나이가 나이인지라 이소응은 도중에 대회를 포기하였다. 그러자 문신이었던 한뢰가 고려의 대장군이 이렇게 약한 모습을 보여도 되는 거냐며 이소응 장군의 뺨을 후려치자, 당황한 이소응은 그만 중심을 잃고 계단에서 굴러떨어졌다. 이 모습을 보고 의종과 옆에 있던 문신들이 소리 내어 박장대소를 했다.

정중부는 화를 참지 못하고 한뢰에게,

"그래도 이소응 장군은 엄연히 종3품 대장군인데 어찌 이런 모욕을 주냐?"

라며 소리를 쳤다. 그러자 의종은 별것도 아닌 일에 왜 화를 내냐며 좋게 좋게 정중부를 달래었다. 이 사건도 한뢰와 문신들이 발단이었건만 정작 왕이 말리는 건 무신들이었다.

이고는 그 자리에서 칼을 뽑으려고 했으나 정중부가 무언의 신호로 이고를 말렸다. 정중부가 마냥 참으려고 했던 것은 아니다. 더 큰 한 방을 준비하기 위함이었다.

수박대회를 마치고 의종은 보현원에 도착했다. 그날 밤 정중부는 이의방과 이고를 불렀다. 계획대로 거사를 치르기로 한 것이다. 정중부의 허락을 받은 이의방과 이고는 근위대 병력을 집합시켰다. 왕을 해하려는 무리가 있다면서 보현원에 머무르고 있던 문신들을 찾아내어 그 자리에서 살해했다.

낮에 이소응의 뺨을 후려갈긴 한뢰는 시급하게 의종의 처소로 도망쳤는데, 이고가 의종의 처소를 난입하여 한뢰를 칼로 찔러 죽였다. 단 하룻밤 사이에 왕을 호종했던 모든 문관과 환관이 살해당해 시체가 산처럼 쌓였다.

보현원에서 일어난 살육이 얼마나 끔찍했던지 민가에서는 '보현원이 어디냐? 글자의 획수만큼 베어 죽이리'라는 노래가 유행할 정도였다.

정중부, 이의방, 이고는 곧바로 중앙군 2군 전체를 동원해 그대로 궁궐로 쳐들어갔다. 정중부는 혹시라도 김돈중 등 보현원에 없던 문신들이 개경의 궁궐 문을 닫고 저항할까 봐 걱정했다. 하지만 김돈중은 아직 상황 파악을 못 한 상태였다.

중앙군 2군 6위 중 6위의 병력은 사태를 관망하고 있었고, 정중부는 이의방과 이고를 내세워 2군의 병력으로 개경과 궁궐을 장악했다. 이 과정에서도 50명이 넘는 문신이 죽임을 당했다. 병사들에게는 '무릇 문신의 관을 쓴 자는 비록 서리라 할지라도 모조리 죽여 씨를 말려라'라는 지시가 떨어졌다. 의종은 정중부에게 제발 그만하라고 빌듯이 부탁했으나 정중부는 듣지 않았다.

의종을 위해 환관들이 정중부를 암살하려고 했으나 정보가 누설되어 정중부는 의종의 환관 10여 명을 살해했다. 한편 도망치던 김돈중은 체포되어 오체분시 당한 후 시체가 저잣거리에서 조리돌림당했으며, 김돈중의 부친이었던 김부식은 그 묘지가 파헤쳐지고 시신의 목을 베는 부관참시를 당했다.

1170년 8월 이날의 사건을 '무신정변'이라고 하며, 절대 무너지지 않을 거 같았던 문벌 귀족은 원한을 품은 무신들에게 한순간에 무너져 버렸다.

　무신정변이 벌어지던 시점에 업무차 지방에 나가 있던 병부시랑 조동희는 난리를 진압하겠다며 지방 동계의 병사를 모아 개경으로 남하하던 중 사나운 호랑이를 만나 잠시 주춤하던 사이 개경에서 보낸 기병대에게 진압되었다. 조동희를 개경까지 압송하던 과정에서 압송 책임자가 조동희를 살해하고 시체를 강에 던져 유기했다.

　이의방과 이고는 본인들이 죽인 문신의 집을 일일이 찾아다니며 그들의 집을 전부 부수었다. 무신 내부에서도 이의방과 이고의 정변이 너무 과도하다는 여론도 있었다. 같은 군부 출신이었던 진준이 이의방과 이고에게,

　"우리가 미워하고 원한을 품었던 자는 이복기와 한뢰 등 네댓 명에 정도인데 지금 죄 없는 자들을 너무 많이 죽였소. 게다가 그들의 집까지 모두 헐어 버린다면 그 처와 자식은 장차 어디에 의지해 살겠소?"

　라며 이의방과 이고를 말리려고 했으나, 이의방과 이고는 듣지 않고 군사를 개경 시가에 계속 풀었다. 환관이든 문신이든 그간 의종의 총애를 믿고 교만하고 방자하게 굴었던 인사 전원의 목이 잘려 저잣거리에 효수되었다.

　정중부, 이의방, 이고는 의종의 처분도 결정해야 했다. 당장은 의종과 태자를 각기 다른 곳에 유폐시켜 두었지만, 의종을 그대로 둬서는

안 된다고 입을 모았다. 정중부는 의종과 태자를 먼 곳으로 유배 보내고, 의종의 손자였던 어린 태손은 죽여 버렸다. 그러곤 의종의 동생을 19대 왕 명종으로 옹립했다.

폐위된 의종이 보유하던 거대한 개인 사저 세 채는 각각 정중부, 이의방, 이고 세 사람이 나눠 가졌다. 이고는 정중부에게 이번 기회에 모든 문신을 전부 죽이자고 했으나, 정중부는 필요한 최소한의 문신은 남겨야 한다며 이고를 말렸다.

19대 왕 명종은 허수아비 왕이었고, 실권은 정중부, 이의방, 이고에게 있었다. 명종은 세 사람을 일등 공신에 임명하며 공신각에 세 사람의 초상화를 걸었다. 과거 김돈중의 모함으로 유배하였던 무신도 모조리 풀려났다. 명종은 정중부를 중서문하성의 세 번째 직위인 참지정사에 임명한 후 얼마 안 있어 오늘날의 부총리급에 해당하는 중서시랑문하평장사에 임명했다.

이의방과 이고는 둘 다 대장군이 되었으며 전반적인 궁궐 내 업무를 총괄했고, 왕이 비공식적으로 신하와 연락을 취하는 업무까지 맡았다. 왕의 팔과 다리, 눈과 귀를 모두 장악하려는 속셈이었으며, 이외에도 고려 요직은 전부 무신이 임명되었다.

고려 군부의 장성이 회의하던 기구를 '중방'이라고 한다. 고려 군부가 고려의 조정을 장악한 시점에서 군부의 중방이 고려 최고 의결기구로 부상했다. 고려는 이제 중방에 의해 좌지우지되었다. 무신정권이 수립되는 순간이었다.

군부 독재자의 칼춤

한국사에는 두 번의 군부 독재 시대가 있었다. 하나는 현대사에, 하나는 고려시대이다. 두 시대 모두 군부가 쿠데타를 일으켜 기존의 체제를 전복시켰으며, 군부 내부에서도 권력을 독점하기 위해 서로 경쟁하였다는 공통점이 있다.

무신정변의 총책임자는 정중부였고, 정중부는 명종을 옹립한 뒤 중서시랑문하평장사가 되었지만, 정중부는 원로 장교였기에 상징성만 가질 뿐이었다. 노쇠한 정중부였기에 정중부 자신도 권력에 큰 욕심을 보이지는 않았다.

문제는 이의방과 이고였다. 둘은 무신정변의 행동대장 같은 역할로 한창 현역이었기에 권력욕이 넘쳐났다. 명종 옹립 후 대장군이 된 이의방과 이고는 서로를 견제하기 시작했다. 이고가 먼저 움직였다. 이고는 불교계를 포섭하더니 이의방 암살 계획을 세웠다.

1171년 이고는 거짓 연회를 기획하고 이의방을 초대했다. 그러나 내부고발자의 고변으로 이의방에게 정보가 새어 나가 버렸다. 이의방은 궁궐 밖에서 몰래 숨어 있다가 이고가 궁궐에서 나올 때 철퇴로 머리를 쳐서 이고를 죽여 버렸다. 이의방은 자기 딸을 명종의 태자와 혼인시키면서 무신정권기 중방의 독보적인 주인이 되었다.

문벌 귀족의 그간 폐단에 대해선 문신 중에서도 문제 삼던 이들이 있었다. 이들은 되려 무신정변을 반기며 무신 편을 들고, 무신정권에 참여했던 문신도 있었다. 그들이 변절자라기보다는 그간의 폐단이 정리되고, 새로운 조정이 수립되면 새로운 세상의 변혁이 오리라 믿었다. 하지만 정작 무신정변 이후 이들이 목격한 건 무신끼리의 권력 쟁탈전이 전부였다.

무신정변을 지지하던 문신 중 한 명인 김보당은 기득권을 누리던 문벌 귀족 몇을 탄핵하라는 상소를 올렸다가 오히려 역효과만 내었다. 조정의 다른 문신과의 관계가 껄끄러웠지만, 무신정권에 함께한 문신이라 김보당에 대한 처우가 애매해졌다.

1173년 김보당은 외관직인 동북면병마사로 임명되었다. 나름 중책인 지위지만 누가 봐도 고려 조정에서 쫓겨난 것으로 비추어졌다. 김보당은 무신정권도 이전과 다를 바가 없으며, 오히려 더 조정을 흔들어 놓겠다는 생각으로 차라리 의종을 복위시키려는 마음을 품었다.

1173년 김보당은 동계(동북면)에서 무신정권을 타도하겠다며 반란을 일으켰다. 김보당은 사람을 보내 거제도에 유배 가 있던 의종을 경주로 피신시켰다. 이의방이 '김보당의 난'을 진압하러 군사를 일으킨 동시에, 의종이 살아 있는 한 의종 복위 운동이 계속 일어날 가능성이 농후하다며 이의민 등 부하 수백을 경주로 보내 의종을 살해하게 하였다.

이의민은 경주에서 의종을 호위하던 김보당의 병사를 모조리 도륙하고, 직접 의종의 척추를 꺾어 죽였다. 이의민은 의종의 시체를 이불에 꽁꽁 싸맨 뒤 가마솥에 묶어 인근 연못에 유기하였다. 이의방과 정중부는 북계(서북면)의 군대로 어렵지 않게 김보당의 난을 진압했다.

무신정권에 대항하는 반란은 이제 시작이었다. 1174년 이번엔 서경유수 조위총이 무신정권을 타도하겠다며 서경에서 반란을 일으키자 인근 40여 개의 성이 반란에 가담하였다. 서경은 본디 개국 이래 고려 제2의 수도였으나 묘청의 서경천도운동 이후론 입지가 추락해 있었다. 아마 무신정권을 타도하여 다시금 서경의 위상을 부흥시키려던 목적이었을 것이다.

이의방은 윤인첨 장군을 사령관으로 하는 진압군을 조직해 '조위총의 난'을 진압하게 하였다. 김보당의 난은 쉽게 진압하였지만, 조위총의 난에서는 개경에서 파견된 진압군이 성과를 전혀 내지 못하고 있었다.

한편 개경에서는 중방의 주인인 이의방의 포악한 성정 때문에 이의방에 대한 부정적인 여론이 모여지고 있었다. 이의방은 조위총의 난을 진압하지 못한 화풀이를 해댔는데, 조위총의 난과 전혀 상관이 없는 인물조차 조위총이나 서경과 세력과 가벼운 접촉이라도 있었다면 모조리 사로잡아 처형시켰다.

이의방은 직접 출전하여 개경 인근까지 내려온 조위총의 세력과 붙었으나 겨울철 추위로 인해 대치만 이어지다가 한 번 붙어 패배하고 말았다. 조위총의 난을 해결하지 못했다는 껄끄러움에 이의방은 개경으로 돌아와 반동적으로 사람을 죽여 댔다.

명종의 태자비가 이의방의 딸이니 이의방은 두려울 것 없이 횡포를 부렸다. 이의방의 횡포는 이의방 자신도 조위총의 난을 진압하지 못한 책임에 대해 불안함을 느꼈다는 방증이었다. 모두가 이의방을 좋게 보진 않았지만, 이의방의 권세는 하늘을 찌를 듯하니 누구도 나설 수가 없었다.

사람들은 정계에는 최대한 개입하지 않으려던 정중부에게 기대를 걸었고, 어쩔 수 없이 정중부가 나설 수밖에 없었다. 이의방의 패악질이 계속되면, 무신정권 자체가 무너질 수도 있기 때문이었다. 이때 정중부는 국무총리인 문하시중이었다.

1174년 12월 정중부는 아들과 함께 군대를 동원하여 이의방과 그의 형을 암살하고, 매우 빠른 속도로 이의방 측근을 중방에서 내쫓으며 단숨에 중방을 장악했다. 이의방의 딸이었던 태자비도 폐서인시켰다. 정중부는 원로 장교로서 무장의 존경을 받던 위치에 있던 지라 중방 장악은 그다지 어려운 일이 아니었다.

이의방 살해 후 윤인첨의 진압군은 갑자기 선전하더니 조위총을 서경까지 몰아내고 서경을 포위하였다. 조위총은 금나라에 귀순을 요청하는 조건으로 금나라 군사를 요구하기도 하였다. 물론 금나라는 움직이지 않았다. 서경 포위는 무려 22개월이나 이어졌다.

1176년 마침내 서경이 함락되었다. 조위총을 포함해 수뇌부 10여 명이 모두 처형되면서 조위총의 난도 진압되었다.

정중부가 권력에 큰 욕심을 보이지 않았다지만 그렇다고 청렴결백한 인물은 더 아니었다. 《고려사》에는,

> 정중부는 성질이 본래 탐욕스러워 끊임없이 재물을 탐했다. 시중이 되자 전원을 크게 늘렸으며 가동家僮과 문객門客들이 권세를 믿고 온갖 횡포를 부리는 바람에 모든 백성이 고통을 받았다.
>
> – 《고려사》 권128, 열전41, 반역2, 정중부 열전

라고 묘사되어 있다. 고려의 백관들은 왕보다 정중부에게 충성을 바쳤고 정중부는 아첨하는 자들에게만 상과 관직을 하사했다. 정중부에 대한 비판 여론이 거세지고 심지어 남부 지방에선 작은 농민항쟁이 잇따르자 노년의 나이에 책임지기 싫었던 정중부는 1178년 스스로 사퇴하였다.

정중부는 중방의 권한을 왕의 입김보다 더 강한 정치 기구로 만들어 놓고 정계에서 빠지자, 중방의 주인을 두고 정중부의 아들이었던 정균과 사위였던 송유인 사이에서 대립이 발생했다. 정중부의 아들 정균은 왕의 딸인 공주를 자기 아내로 삼고자 왕 명종과 공주를 압박하고 궁녀들과 문란하게 놀았다. 사위 송유인은 정균이 문신과 친한 듯 보이자 사회적 명망이 높았던 문신을 조정에서 추방해 버렸다.

정균이나 송유인이나 차마 두 눈 뜨고 보기 어려운 권력 투쟁을 하

고 있었다. 보다 못한 스물여섯 살의 젊은 장수 경대승이 정의감에 불타올라 1179년 30명의 군사를 동원해서 정균을 죽여 버렸다. 소식을 듣고 놀란 정중부와 송유인은 숨거나 도망쳤는데, 경대승이 찾아내어 체포한 뒤 처형해 버렸다. 살육과 숙청과 하극상이 판을 치는 시대였다.

경대승과 이의민

경대승은 청주 출신의 귀족 집안이었다. 경대승은 무예 솜씨가 상당히 뛰어났다고 하며 어린 나이에 음서를 통해 장수의 길을 걸었다. 탐욕스러운 아버지에 비해 경대승은 청렴하다고 소문이 나 있었으며, 청주의 사심관까지 역임하였다.

정중부와 그의 아들 정균, 그의 사위 송유인이 조정을 어지럽히자 경대승은 2군 6위 소속의 지인들을 찾아가 거사를 함께 도모하기로 하였다. 1179년 그들의 도움으로 정중부, 정균, 송유인 등을 처단했다.

이후 경대승의 행보가 흥미로운데, 경대승도 무신 출신이지만, 문신을 우대하며 다시 문신 정치로 복고하려고 했다. 경대승이 권력을 탈취하고는 명종이 경대승을 불러 왕의 비서실장직을 주겠다고 했으나, 경대승은 그런 막중한 임무는 글을 읽는 유학자가 아니면 안 된다고 정중히 사양했다. 명종은 군부 출신의 누군가에게 비서실장직을 주겠다고도 했으나 경대승은 한사코 무신 출신은 안 된다고 말렸다.

훗날 조선시대에는 경대승더러 '경대승이 무신정권 이전으로 돌아가고자 했고, 문신들이 그를 의지했다'라고 기록할 정도였다. 여전히 조정 내에는 과거 정중부를 따르던 이들이 있자 경대승은 모두 토벌하였다.

정중부 일파를 몰아낸 것에 대하여 명종이 대소신료와 경대승을 치하하는 연회 자리가 있었는데 이때 경대승이 신하들에게,

"선왕을 죽인 자가 버젓이 살아 있는데 그대들은 술잔만 기울이고 있는 것인가!"

라고 꾸짖었다. 그 자리에 있던 이의민은 식은땀을 흘릴 수밖에 없었다. 선왕이란 의종을 가리키고 의종을 시해한 범인은 이의민이지 않은가? 게다가 선왕을 기리는 듯한 경대승의 발언은 오해의 소지가 가득했다. 선왕 즉 의종 시기는 무신정권이 들어서기 이전 문신이 기득권을 누리던 때로, 그때의 고려 조정을 지지한다는 말로도 전달될 수가 있었다.

이의민뿐만 아니라 명종도 상당히 심기가 거슬렸다. 싫으나 좋으나 명종도 의종을 내쫓고 왕이 되었으니 말이다. 경대승은 노골적으로 중방의 힘을 축소하고 문신을 우대하였다. 경대승은 무신에게 박한 모습을 보였고, 함께 정중부 일파를 제거했던 이들도 왕실을 능멸하거나 선을 넘는 모습을 보이면 직접 나서서 죽였다.

그렇지만 경대승이 독재자의 무소불위 권력을 누렸다는 사실은 변함이 없다. 경대승은 '도방'이라는 개인 사병 경호집단을 만들었다. 도

방은 단순히 경대승의 경호집단이 아니었다. 경대승은 무신정권의 중방은 비판하면서 도방이라는, 이름만 다르고 본질은 크게 다르지 않은 개인의 권력 기관을 양성한 것이다. 경대승 자체는 어떨지 몰라도 경대승을 뒷배로 삼고 있는 도방 소속 무신의 횡포와 갑질 등이 아주 악질이었다. 심지어 도방 소속의 병사는 면책 특권까지 있었다.

경대승이 문신 정치로 복고하자고 하면서도 국가의 중대사에는 일일이 개입하여 최종 결정은 경대승이 내렸다. 더불어 민가에 도방의 병사를 잠복시켜 경대승에 대해 비방을 하는 이들은 신분을 막론하고 잡아들이는 공포정치의 모습을 보였다.

1183년 경대승은 최고 권력자로 부상한 지 고작 4년 만에 서른 살의 나이로 사망했다. 정확한 사인은 알 수 없으나 암살은 아니었다. 도방 소속 무신의 갑질은 손가락질을 많이 받았을지언정 경대승의 상여가 저잣거리를 지날 때 '백성 중 통곡하지 않는 자가 없었다'고 기록되어 있을 만큼 나름 경대승의 사회적 평판이 나쁘지 않았던 것으로 보인다.

그러나 경대승에 대한 명종의 개인적인 마음은 썩 좋지 못했다.

> 왕은 내심 경대승을 꺼리면서도 겉으로는 은총을 과시하고자 매일 진수성찬과 의복과 보화를 경대승에게 내려 주었으며, 그가 요청하는 것은 다 들어주었다. 이 때문에 많은 사람

이 아부했지만, 학식이 두텁거나 용맹하거나 지략이 있는 사

람이 아니면 경대승이 다 물리치니, 무신들이 다들 그 위세를

두려워해 감히 방자하게 굴지 못하였다.

－《고려사》권100, 열전13, 경대승 열전

경대승 사후 명종은 곧바로 도방의 해체 수순을 밟았다. 명종은 도
방이 반란의 씨앗이 될 수 있다며 한때 잠시라도 도방에 이름을 올렸
던 이들을 모조리 체포하여 전부 유배를 보내 버렸다. 그 가족까지도
풍비박산이 나니 그 과정에서 스스로 목숨을 끊는 이들도 있었다고 한
다. 명종은 스스로의 정통성을 무신정권에서 찾았나 보다.

명종은 다시 중방이 들어서길 원했다. 경대승 사후 명종은 그간 경
대승을 피해 다니며 고향에 숨어 살던 이의민을 수소문해 중앙으로 소
환했다.

이의민은 천민 출신이다. 비록 천출이지만 키가 190cm에 힘이 장
사였고 또 다혈질에 성격이 괴팍해서 예전부터 동네에서 사람 패고 다
니기로 악명이 높았다. 여러 번 체포되고 모진 고문을 받았는데도 체
력과 덩치가 일반인과 너무나도 달라, 이의민을 눈여겨본 관리가 이의
민을 무장으로 발탁했다.

이의민은 이의방의 부하로 일하다가 무신정변에도 참여했었다. 이
의방도 포악한 성정으로 어디 가서 빠지지 않는데 부하 이의민은 이

의방보다 더했다. 이의민은 자신의 쓸모를 객관화하고 있었기에 언제나 앞장서서 이의방의 해결사 노릇을 자처했다.

김보당의 난 당시 경주로 내려가 폐위된 의종을 맨손으로 꺾어 죽인 장본인도 이의민이었다. 다만 이의방 사후 이의민이 입지가 축소되었고, 경대승이 집권하면서 경대승이 의종을 살해한 범인을 가만두지 않겠다는 식의 발언을 공식적으로 하자 경대승의 칼을 피해 경주에 숨어 있었다.

이의민 개인적으로 다행인 것은 경대승이 일찍 죽은 것이고, 명종이 이의민을 불러들여 중방을 부활시킬 것을 지시했다는 것이다. 이렇게 이의방, 정중부, 경대승에 이어 이의민이 무신정권의 네 번째 집권자로 군림했다. 이의민은 과거 무신정변의 참여자를 등용하여 중방의 권위를 재건했다.

그러나 이의민은 통치의 가장 기본도 알지 못했다. 아니 아예 관심조차 없었다. 이의민의 관심은 오로지 개인의 영달과 권력에만 있었다. 이의민이 명종의 부름 덕에 중방을 재건하긴 했지만, 이의민의 출신과 특유의 불같은 성격 때문에 지지층이 두텁지 못했다.

명종과 이의민도 이 점에 대해선 어느 정도 공감했기에 중방을 이의민의 1인 체제로 두기보단 이의민, 조원정, 두경승 세 사람이 함께 운영하도록 하였다. 일종의 삼두정 체제였다. 명종도 명종 나름 이의민, 조원정, 두경승의 1:1:1 삼두정 체제를 통해 독보적인 일인자가 나오지 않게끔 하려는 정치적 판단이었다.

물론 세 사람의 사이는 매우 나빴다. 특히 무력으로 유일하게 이의민에게 대적할 수 있었다던 두경승과 이의민의 사이가 좋지 못했는데, 공적인 자리에서도 두 사람은 서로에게 쌍욕을 퍼붓기 일쑤였다. 두경승과 이의민이 일대일로 주먹다짐을 벌이면 누가 이길지가 세간의 관심사이기도 했다.

부패함으로는 조원정도 심각했다. 본인이 이의민과 두경승보다 뒤처진다고 생각한 조원정은 심각한 횡령을 일삼았다. 이에 두경승이 조원정을 탄핵하려고 했는데 불만을 품은 조원정이 군사를 이끌고 궁궐로 쳐들어가 두경승의 부하인 연기를 하며 두경승을 모함했다.

하지만 병사 중 한 명이 조원정의 사주였다고 솔직하게 고백하는 바람에 조원정은 바로 참수되었다. 조원정의 재산마저 몰수하였는데 그가 가지고 있던 토지가 무려 집 170여 호였다고 한다. 조원정이 제거되고는 이의민, 두경승 2인 체제가 성립되었다.

1193년 어느덧 무신정권기도 30년을 향해 달려가고 있던 시점, 경상도의 운문과 초전 지역에서 '김사미·효심의 난'이라는 농민봉기가 터졌다. 김사미·효심의 난은 경상도 전체로 퍼졌고 고려 조정은 이들을 조속하게 진압하지 못하고 있었다.

김사미와 효심은 반란의 명분을 만들기 위해 '신라부흥운동'이라는 기치를 내걸었다. 김사미·효심의 난을 진압할 군을 이끌던 사령관은 이의민의 아들 이지순이었다. 진압군의 병력이 약하지 않았음에도 진압군은 반란군과 깨작깨작 싸울 뿐 전면전을 벌이지 않고 있었다. 마치 짜고 치는 고스톱 같았다. 진압군과 반란군의 전투가 시작되면서 김사미·효심의 난이 신라부흥운동을 부르짖은 시점이 교묘했다.

1차적으론 반란의 정통성을 내걸어 반란이 아님을 선전하는 목적도 있었지만, 다른 목적도 있었다. 옛 신라의 수도 경주는 이의민의 고향이었다. 이의민은 아들 이지순을 통해 김사미·효심과 내통하고 있었다. 김사미·효심이 신라부흥운동을 내걸었던 배경엔 이의민의 사주가 있었고, 진압군의 사령관이었던 이의민의 아들 이지순은 군의 기밀을 계속 반란군에게 흘려 주고 있었다.

반란에 성공하면 이의민을 새로운 왕으로 추대하겠다고 합의도 해놓은 상황에서 이의민은 수도 개경에서 옛날 이자겸의 난 때 유행했던 십팔자위왕 즉 이씨가 왕이 된다는 소문을 암암리에 퍼뜨렸다. 이의민은 김사미·효심의 난과 내통하고 있다는 것을, 아는 사람들은 알고 있을 정도로 소문이 퍼지고 있었다.

어느 정도 눈치챈 두경승은 진압군의 사령관을 교체하도록 하였고, 아니나 다를까 이의민의 아들 이지순이 진압군 사령관에게서 빠지자마자 곧바로 김사미·효심의 난이 진압되었다.

명종은 그것조차 모른 채 1194년 이의민을 공신으로 책봉했다. 이의민과 그 일당은 조정의 인사권을 쥐고 있으니 뇌물이 판을 쳤으며 백성의 토지를 빼앗아 재산을 불려 나갔다.

이의민만 문제가 아니었다. 이의민이 여종을 건드린 만큼 이의민의 아내 최씨도 남종과 간통하고 다녔다. 이의민의 아들 중에서 이지영과 이지광도 마음에 들지 않은 사람을 마구잡이로 죽이고 다녔으며, 미모가 아름답고 소문난 여인이 있으면 길거리에서 강제로 그녀를 겁탈하는 짓도 서슴없이 저지르고 다녔다.

이지영과 이지광은 아비인 이의민도 감당하지 못하는 양아치였다. 명종의 후궁을 겁탈하고도 명종은 두 사람을 처벌하지 못했다. 장남 이지순도 두 동생의 몹쓸 짓에 학을 뗐으며, 사람들은 두 사람을 '쌍도자'라고 불렀다. 이의민과 그 일당의 횡포가 이만저만이 아닌 가운데 1196년 이의민과 두경승은 모두 국무총리인 문하시중에 임명되었다.

사회질서의 붕괴

무신정권이 수립되고 고려는 하루도 조용할 날이 없었다. 문벌 귀족의 폐단이 축적되어 사회가 부패하고 있었던 것도 맞다. 그래서 터진 무신정변으로 새로운 세상이 도래하리라 기대한 사람도 많았건만, 지배층의 출신만 다를 뿐 근본적인 부패함은 그대로 이어졌다. 해결되지 않은 사회 기저의 폐단에 정치의 무질서함까지 더해져 고려는 혼란의 구렁텅이에 빠졌다.

무신정권에 반대하는 지배층의 반란만 있었더라면 정권의 다툼 정도로 해석할 수 있지만, 셀 수 없을 정도의 크고 작은 농민봉기도 잇따른 것은 고려 조정이 정부로서 제 기능을 전혀 하지 못했다고 봐야 한다.

정중부가 이의방을 죽이고 조위총의 난까지 진압했던 1176년에는 공주명학소에서 망이와 망소이가 반란을 일으켰다. 경대승이 사망하기 일 년 전이었던 1182년에는 전주에서 관노 죽동이 반란을 일으켰다.

'망이·망소이의 난'은 고려의 특수 행정 구역인 소에서 일어난 민란으로 향, 부곡, 소, 장, 처라는 고려의 특수 행정구역에 부과되었던 과도한 세금에 대한 불만이 터진 사건이었다. 전주에서 일어났던 '죽동의 난' 역시 인간 처우를 받지 못했던 관노들이 몰락한 승려와 생계를 유지하기 어려운 농민과 결탁해 벌인 반란이었다.

무신정권에 대한 반발이자 고려의 케케묵은 체제에 대한 저항이었다. 무신정권은 하나같이 반란을 어렵게 진압했다. 이의민의 집권기였던 1193년에서 1196년까지는 경상도 전체에 김사미·효심의 난이 일어났고 이의민은 이들과 내통하는 지경까지 이르러 고려 조정은 막장으로 치달았다.

민란이야 이전에도 없진 않았지만, 이토록 단기간에 동시다발적으로 일어난 적은 없었다. 통일신라 말기도 지배층 간의 분쟁이 심각했을 뿐 민란의 수만 따져 보면 무신정권기만큼은 아니었다.

목숨을 건 반란을 부추길 정도로 고려의 체제가 비정상적이고 고통을 주는 것이었는지, 아니면 시대가 변하며 민중의 의식 수준이 각성했는지, 아니면 둘 다였는지 알 수 없지만, 고려의 무신정권은 무능하기 짝이 없었으며 유능해질 생각조차 하지 않았다.

지배층의 권력 다툼, 무신정권에 대항하는 지방 반란 그리고 각종 민란으로 고려의 국토는 큰 피해를 입었고, 토지 제도도 엉망이 되어 버렸다. 관료로서의 경험도 없고 행정력도 부족한 무신정권은 토지 제도를 운영해 갈 역량이 되지 못했다.

11대 왕 문종 이래 고려 토지 제도의 근간으로 자리 잡았던 전시과 체제가 붕괴하여 버렸다. 왕은 허수아비고 조정은 무능하니 지역별 토지 상황과 생산력을 전혀 파악하지 못하고 권력자는 개인의 재산 늘리기에 바빴다. 법적으로 정해진 원칙에 따라 관료에게 토지를 지급하는 방식을 무시하고, 다른 귀족의 토지든 힘없는 백성의 토지든 상관없이 권력자는 토지를 마구잡이로 불려 나갔다.

엄격히 구분됐던 토지의 소유권과 수조권이 섞여 버렸다. 이에 따라 귀족의 토지에 예속된 백성만 피폐한 삶에 신음해야 했다. 민란이 안 터지려야 안 터질 수가 없었다.

조정에서는 언제 죽임을 당할지 모르고 사회는 혼란스러우니 속세를 등지는 문신도 많았다. 이들은 각자의 고향으로 낙향하여 작가로서, 사상가로서 글을 짓고 작품을 남겼다. 특히 문장력으로 이름 높았던 7명을 '죽림고회'라고 불렀다.

죽림고회라는 모임의 명칭은 중국 남북조 시대에 속세를 등진 철학가를 일컫는 죽림칠현에서 따왔다. 죽림고회의 구성원은 이인로, 오세재, 임춘, 이담지, 조통, 이담지, 함순, 황보항 등 7인이다.

죽림고회는 자연의 아름다움을 만끽하면서 혼탁해진 세상에 관심도 두지 않겠다고 하지만, 그들이 지은 시들은 하나 같이 신세를 한탄하고 세상을 비관적으로 바라보는 정조가 깔려 있다. 할 수 있는 일이라곤 글 짓는 게 전부인 문신의 무기력함이 가득 배어 있다.

7인 가운데 핵심은 이인로와 오세재였다. 둘은 당대에도 천재 소리를 귀에 딱지가 앉도록 듣던 문인이었다. 이인로와 오세재의 명성이 이미 남달랐기에 설령 그들이 속세를 떠난 작품을 만들겠다고 해도 문학적 유행을 선도하며 고려의 문단은 두 사람의 문체를 따라가기만 했다.

무신정권기 초반엔 죽림고회 등의 문인이 숨을 죽이며 은거하는 생활 속에서 고려 문풍의 맥을 이어 온 덕에 최씨 집권기로 접어들면서는 비록 무신정권이 계속되어도 고려의 문학은 점점 발달할 수 있게 되었다.

무신정권은 무려 100년이나 이어졌다. 하극상이 판을 치며 불안정한 정권이 100년이나 이어질 수 있었던 건 약 60년간의 최씨 집권기 덕택이었다. 최충헌의 정변에서부터 최우에 이르기까지 최씨 집권기의 독재 권력을 구축하여 세습하기 시작했다. 최씨 집권기에 군부 독재 권력이 공고히 되면서 어느 정도 안정을 되찾은 것 같아 보이지만, 무신정권이라는 틀 안에서 중앙 정부는 비정상적으로 작동되고 있었으며 사회는 부패하고 무너지는 건 매한가지였다.

2

최씨 집권기의 시작

최충헌과 교정도감

이의민의 최후도 여타 다른 무신정권의 권력자처럼 허망하기 그지없었다. 고작 비둘기 한 마리로 이의민의 세상도 끝이 났다. '쌍도자'라 불리던 이의민의 두 미치광이 아들 이지영과 이지광이 최충수의 비둘기를 강탈한 적이 있었다.

　최충수의 우봉 최씨 집안은 정확한 내력을 알 순 없지만, 그의 아버지가 문하시중을 역임했던 것으로 보면 상당한 명문 가문으로 볼 수 있다. 최충수는 이지영과 이지광의 집을 찾아가 자신이 키우던 비둘기를 돌려 달라고 했으나, 오히려 이지영이 종을 시켜 최충수에게 모욕을 주려고 했다. 비록 최충수가 호탕하게 웃으며 넘기긴 했으나 그 자체로도 치욕스러운 경험이었다.

아무리 이의민이 나는 새를 떨어뜨린다고 해도 천민 출신의 이의민 집안에 당한 모욕을 최충수는 받아들일 수가 없었다. 최충수는 형 최충헌을 찾아가 자신이 당한 사건을 토로하며 이의민 일파를 제거하자고 주장했다. 최충헌이 머뭇거리자 최충수는 단독으로라도 복수하겠다고 나서니 최충헌도 동참하기로 하여 동지를 규합했다.

야심한 밤 이의민이 미타산의 별장에 머무르고 있다는 정보에 최충헌은 품에 칼을 숨긴 채 동지들과 미타산의 별장을 찾아갔다. 개인적인 원한이 더 컸던 최충수가 직접 이의민을 살해하려고 숨어 있다가 이의민이 별장 문을 나올 때 칼을 휘둘렀으나 맞지 않았다고 한다. 놀란 이의민이 도망치려는 순간 최충헌이 나타나 이의민을 살해했다. 그러곤 이의민의 수급을 개경 한복판에 효수하였다.

최충헌과 최충수 형제는 군부 내 유력자를 빠르게 포섭하고 궁궐을 찾아가 명종을 알현했다.

"적신 이의민이 선대왕을 시해하는 죄를 저지르고 백성에게는 잔학한 해를 끼쳤으며 왕위를 탐하기까지 했습니다. 신들이 그간 이의민의 소행을 벼르던 끝에 나라를 위해서 그를 토벌했습니다. 다만 일이 누설될까 우려한 나머지 감히 먼저 아뢰지 못하였으니 죽을죄를 저질렀습니다."

이의민의 장남 이지순과 이지광이 군대를 모아 최충헌에게 반격했지만, 전세를 뒤바꾸지 못하고 개경을 떠나 도주해 버렸다. 비둘기 사건의 발단인 이지영은 벽란도 근처에서 문란하게 연회를 즐기는 와중이었는데, 최충헌이 보낸 한휴 장군이 술에 취한 이지영의 목을 그 자리에서 베었다. 이지영의 사망 소식에 백성이 환호를 터뜨렸다. 도망친 이지순과 이지광이 돌아와 용서를 구했으나 최충헌은 둘을 포함해 삼족을 멸하였다.

최충헌이 포섭한 고려 조정의 신하는 이의민파 세력을 탄핵했고, 반기를 드는 이의민의 부하는 최충헌이 직접 군대를 이끌고 나가 토벌하고 진압하였다. 1196년 최충헌은 이의민에 이어 중방의 다섯 번째 주인으로 군림했다.

너무 많은 피를 봐서 혹시나 여론이 좋진 않을까 걱정했던 최충헌은 집권의 명분을 위해 동생 최충수와 함께 명종에게 고려 국정의 쇄신을 위한 방안 10가지, 이른바 〈봉사 10조〉를 건의했다. 10가지 개혁안 모두 실제 최충헌의 정치 이념이라기보단 형식상 입에 발린 말을 되풀이했기에 〈봉사 10조〉의 평가는 무의미하다.

비록 이의민이 매우 흉포했을지라도 이의민을 집권자로 세운 장본인은 명종이었다. 그런 이의민을 최충헌이 죽였으니 명종도 최충헌을 경계할 수밖에 없었다. 심지어 최충헌이 내세운 이의민 토벌 이유 중

44 __ 45

선대왕 의종을 살해한 것에 대한 응징도 있었으니, 이는 마치 과거 경대승이 명종의 정권은 불안하다는 뜻을 우회해서 말한 발언과 같은 맥락이었다.

명종이 설령 무신정권이 수립한 허수아비 왕이었다고 하지만, 무신정권 내부의 혼란함을 파악하고는 이의민을 직접 발탁해 삼두정을 수립시키는 등 나름 정치적 감각도 가지고 있었다. 명종은 최충헌을 견제하기 위해 한때 이의민의 라이벌이었던 두경승을 중용했다. 최충헌도 안정적인 독재를 위해선 무능한 왕이 필요했다. 최충헌에게 명종은 방해되는 존재였다.

당연히 두경승도 최충헌을 노렸다. 최충헌이 홍왕사를 찾을 때 두경승이 홍왕사의 승려 한 명과 최충헌을 암살하려다가 실패한 적도 있었다. 최충헌은 명종을 폐위시키려는 마음을 굳혔다.

1197년 비바람이 거세게 부는 가을이었다. 하도 거세서 천둥과 번개가 요란하였고, 개경의 건장한 나무도 쓰러질 정도로 궂은 날씨였다. 최충헌은 개경 곳곳에 병사를 배치했다. 최충헌은 두경승을 집으로 불렀다. 두경승이 최충헌의 집을 찾아가자 최충헌은 그대로 두경승을 체포하여 인천의 영종도로 유배를 보냈다.

두경승을 시작으로 반대파 신하 12명과 두경승과 가까웠던 승려 10여 명을 유배를 보냈다. 최충헌은 궁궐에 사람을 보내 명종에게 궁궐을 바꾸라고 강요하였다. 명종도 잘 알고 있었다. 궁궐을 나서는 순간

본인의 운명이 어떻게 될지.

그렇지만 두경승도 없는 이 와중에 명종이 최충헌의 압박을 무시할 수가 없었다. 최충헌은 군사를 보내 명종을 호위한다는 목적으로 명종을 다른 궁궐에 유폐시켜 버렸다. 명종의 태자를 차기 왕으로 추대할 수가 없었던 최충헌은 태자와 태자비도 궁에서 끌어내었다. 최충헌은 태자와 태자비를 강화도로 보냈는데, 억수로 쏟아지는 비를 맞으며 태자와 태자비는 처량하고 쓸쓸하게 강화도로 떠났다.

1197년 최충헌은 명종을 폐위하고 명종의 동생을 20대 왕 신종으로 옹립했다. 권력의 분쟁이 정리되면 분열이 시작하는 법이다. 권력 앞에 피는 강력하지 못하다고 했던가. 최충헌과 최충수 형제 사이가 틀어졌다.

최충수가 형인 최충헌과의 상의도 없이 신종의 태자비를 내쫓고 자기 딸로 교체하려고 했다. 최충헌은 나름 명종 퇴위의 명분을 만들었던 반면 태자비 축출은 아무런 명분 없이 진행되었기에 동생 최충수를 크게 꾸짖었다. 이에 최충수가 최충헌에게 불만을 가득 품었는데, 둘의 모친이 최충수에게 형의 말을 들으라고 했음에도 최충수는 형에 대한 반발심을 키우다가 결국 양측이 군사를 일으켜 형제간의 내전이 벌어졌다.

승자는 형 최충헌. 동생 최충수는 싸움에 패배한 뒤 이리저리 도망 다니다가 추격군에게 발각되어 살해되었다. 이로써 최충헌이 모든 권력을 본인으로 일원화하였다. 명종의 폐위와 신종의 등극, 동생 최충수까지 제거한 이 모든 일이 1197년 일 년 안에 일어났다.

집권자만 바뀔 뿐 사회의 혼란은 전혀 수습되질 않았다. 1198년 수도 개경에서는 천민이 반란을 일으켰다. 바로 '만적의 난'이다. 만적은 개경에 살던 사노비였다. 일반적으로 만적이 최충헌의 사노비라고 알려졌지만, 최충헌의 사노비였다고 추정만 할 뿐 만적의 실제 주인이 누구인지는 기록이 없다.

만적은 인근 뒷산에서 노비를 대규모로 불러 모아 놓고,

"정중부의 난 이래 나라의 공경대부는 노예 계급에서도 많이 나왔다. 왕후장상에 씨가 따로 있겠는가. 때가 오면 누구든지 할 수 있는 것이다. 우리는 주인의 매질 밑에서 근육과 뼈의 고통만을 당할 수는 없다. 최충헌을 비롯하여 각기 자기 상전을 죽이고 노비 문서를 불 질러 나라로 하여금 노예가 없는 곳으로 만들면, 우리도 공경대부 같은 높은 벼슬자리를 차지할 수 있다."

라고 부추겼다. 글로 기록된 문헌을 기준으로 한국 역사상 천민이 반란을 주도한 최초의 사건이었다. 만적과 만적이 불러들인 천민 반란군은 노란색 종이로 '丁'을 표식으로 삼고는 정해 둔 일에 맞추어 흥국사 절에 모여 관노비와 합류해 반란을 모의할 생각이었다.

하지만 생각보다 많은 인원이 모이지 않자 만적은 거사 일을 다른 날로 미루고 말았다. 모든 반란은 미루는 순간 내부고발자가 나오기

마련이다. 겁을 먹은 한 노비가 만적의 계획을 주인한테 일렀고, 이 소식이 최충헌의 귀에 들어가자 최충헌은 고발자를 제외한 전원을 잡아들여 강에 던져 죽여 버렸다.

우리나라 최초의 신분 해방 운동이라고 평가받는 만적의 난은 굳이 따지자면 반란은 일어나지 않은 미수 사건으로 그치고 말았다. 하지만 만적의 난이 전국으로 퍼져 다른 천민의 마음을 자극해 버렸다. 만적의 난으로부터 3년 후에 경남 진주에서 공노비, 사노비가 모여 실제로 반란을 일으키기도 하였으며, 제주도에서도 중앙 정부에 항거하는 등 고려의 난국은 바뀌는 것이 없었다.

한편 최충헌이 강제로 옹립한 왕 신종은 점차 건강이 좋아지지 않더니 꽤 오래 투병 생활로 고생했다. 하루가 멀다고 신종의 건강이 안 좋아지니 후계 문제를 정해야만 했다. 신종도 오래 버틸 수 없다고 판단해 최충헌과의 논의 끝에 장남에게 양위하기로 하였다. 신종의 장남은 아직 아버지가 살아 있기에 보위를 이을 수 없다고 반대했다.

보통 '왕명을 거부하셔서는 안 됩니다'라고 설득해야 하지만, 최충헌의 입에서 나간 말은 '군부의 명령을 거부하지 마십쇼'였다. 설득이 아닌 협박이었다. 신종은 건강상의 이유로 왕에 있을 수 없다며 아들에게 양위하였고, 1204년 21대 왕 희종이 등극했다. 신종은 상왕으로 퇴위하지만 양위하고 8일 후 사망했다.

최충헌은 본인의 미래에 대해 고민을 안 할 수가 없었다. 이의방,

정중부, 경대승, 이의민 그리고 본인에 이르기까지 그리고 사이사이에 그들의 견제자였던 이고, 조원정, 두경승 등 집권자의 끝이 하나 같이 좋지 못했다. 배신과 암살이 판을 치며 언제 어떻게 해코지를 당해도 전혀 이상할 게 없는 시대였다. 최충헌의 목을 노리는 눈들이 절대로 적지 않았다. 최충헌은 누가 보냈는지 알 수 없는 암살 미수 사건도 수도 없이 겪었다.

최충헌은 고려 조정뿐 아니라 불교계도 자기 입맛에 맞게 전부 교체하였으며, 왕을 보조하는 환관도 모두 자기 사람으로 임명했다.

1200년 최충헌은 과거 경대승이 신설하였던 개인 사병 경호집단 도방을 부활시켰다. 중방이란 기구도 믿을 수 있는 기관이 아니었다. 권력자에 따라 늘 물타기 했던 중방이 과연 최충헌의 충복 집단인지 최충헌도 확신하기 어려웠다. 최충헌은 오로지 본인만을 위한 권력 기관의 필요성을 절감했다.

1209년 승려 일부가 최충헌을 암살하려다가 실패하자 최충헌은 이 승려를 조사하고 처벌하는 업무를 담당하는 '교정도감'을 설치했다. 이후 교정도감은 최충헌의 개인 비서 업무를 담당하더니 점점 더 그 역할과 권한이 커지면서 결국은 국가 대소사를 결정하는 기구까지 확대되었다. 교정도감은 오로지 최충헌만을 위한 기관이었던 만큼, 국가 대소사들이 교정도감에서 이루어진다는 건 최충헌 개인 입김에 따라 모든 것들이 결정되었다는 뜻이다. 교정도감은 무신정권이 종료될 때까지 향후 무신정권 권력의 상징체로 존재했다. 이제 중방의 시대는 끝이 나고 교정도감의 시대였다.

희종은 최충헌에게 큰 불만을 품고 있었다. 1211년 이번엔 희종이 직접 최충헌의 암살 시도를 준비했다. 여러 번의 암살 시도를 겪은 최충헌이었지만 희종의 최충헌 암살 시도가 가장 위험했다.

희종이 최충헌을 치하하기 위해 궁궐로 불러들였는데, 이때 희종의 환관이 최충헌의 종들에게 맛있는 궁중음식을 맛보게 해 주겠다며 최충헌과 떨어뜨려 놓았다. 최충헌은 희종만큼은 절대 의심하지 않았기에 홀로 남겨져도 위기의식을 느끼지 못했는데, 갑자기 10여 명의 무사가 나타나 최충헌의 종들을 죽이고 최충헌을 포위하였다.

최충헌은 희종에게 제발 살려 달라고 빌었으나 희종은 묵묵부답이었다. 최충헌은 고려 군부의 장수 출신답게 겨우 도주하여 숨었다. 때마침 최충헌 경호집단인 도방 소속의 무사들이 궁궐로 들어와 최충헌을 구출해 내면서 구사일생으로 살아남을 수 있었다.

최충헌 암살 시도가 실패하자 희종은 죽음을 각오했다. 죽음의 문턱까지 갔었던 최충헌은 이토록 많은 암살 시도와 저항이 있음에 오히려 반성하고는 차라리 선의를 베푸는 모습을 연출하고자 1212년 희종을 죽이진 않고 폐위 후 유배를 보내는 선에서 마무리하였다.

최충헌은 희종 폐위 후 희종의 사촌 형제를 22대 왕 강종으로 옹립했다. 최충헌이 처음으로 폐위시켰던 왕 명종의 태자, 명종이 폐위될 때 같이 폐서인되어 굿은 비를 온몸에 맞으며 처량하기 그지없는 신세로 강화도로 유배를 하였던 바로 그 아들이었다.

무려 14년의 유배 생활 끝에 궁궐로 돌아온 강종이었지만, 강종은 이미 노년의 몸이었다. 최충헌에게 앙금이 가득했겠지만, 즉위할 때부터 건강이 좋지 못해 강종은 재위 1년 8개월 만에 사망하였다.

강종은 아들에게 양위하겠다는 유언을 남긴 그날 밤 눈을 감았고 유언에 따라 그의 아들이 23대 왕 고종으로 즉위하였다. 왕은 고종이었지만, 최충헌은 고종과 동일한 어가를 타는 등 왕과 동일한 대우와 지위를 누렸다. 고종도 자존심이 세지 않아 굳이 최충헌을 상대로 경쟁 구도를 만들려고 하지 않았고, 최충헌의 왕과 왕실을 능멸하는 발언에도 화를 내지 않았다.

그래서 고종과 최충헌 사이에서는 큰 문제가 없었다. 권력이 안정화되어 가며 최충헌도 나이를 먹고 성격이 온순해진 것일까? 최충헌은 본인을 죽이려고 했던 희종을 풀어 주고 왕실로서 대우해 주었다. 심지어 희종의 딸과 자기 아들을 혼인시키기도 하였다.

늙은 최충헌의 무서움은 예전 같지 않았다. 그리고 최충헌에게도 세월의 잔인함이 찾아오고 있었다. 몸 상태가 급격하게 안 좋아지던 노년의 최충헌은 불안했다. 본인이 평생을 바쳐 일구어 놓은 본인의 권력과 그 자산이 한순간에 무위로 돌아갈까 봐. 이제 사리 분별도 하기 어려운 지경이 되면 필시 반란이 터져 나올 것이다. 반란과 하극상의 무한루프가 반복되지 않게 하려고 최충헌은 본인의 모든 권력을 아들에게 세습하기로 한다.

최우의 세습

최충헌의 죽음이 확실시되던 상황에 누가 최충헌의 뒤를 이을 것이냐를 두고 권력의 안은 요동칠 수밖에 없었다. 기력이 쇠해지는 와중에도 최충헌은 잘 알고 있었다. 본인이 후계에 대해 확실한 태도를 보이지 않으면 지옥 같은 혈투의 장이 열리리라는 것을 말이다. 언제나 그랬듯 피로 얼룩진 폭풍이 몰아치리라는 것을 말이다. 최충헌은 아들 최우에게 권력을 세습시키고자 했다.

그러나 무신정권의 권력은 단 한 번도 친자에게 세습된 적이 없었다. 그저 강한 놈이 힘으로 탈취했을 뿐이었다. 최우가 아닌 최충헌의 부장들 가운데 누가 포스트 최충헌을 욕심내지 않겠는가? 최충헌이 아들 최우에게 권력을 세습시키려고 한다는 분위기가 조성되니 반발하는 세력이 터져 나왔다.

최충헌의 측근들 가운데 최충헌의 다음을 노리던 부장은 최충헌의 총애를 받고 있던 최준문이었다. 최우는 최충헌의 아들이지만, 그간의 공이나 최충헌에게 바쳤던 충성을 감안했을 때 군부 내 최준문의 입지가 더 탄탄했다. 권력의 기반만 두고 봤을 때 오히려 최우가 약했다. 최충헌은 아들 최우에게 자신에 대한 문병을 중단하라고 한다. 아나나 다를까 최준문은 최우를 죽이기 위해 최우가 자기 아버지 최충헌의 문병을 위해 방문하기를 기다렸다.

최준문은 최충헌의 병을 핑계로 최우에게 최충헌의 집을 방문하라고 독촉하지만, 오히려 최우는 의심하여 아버지의 집을 왕래하지 않았다. 최준문의 세력 내부에서 최우에게 붙은 배신자가 생겨났다. 최준문이 최우를 처단하려던 계획이 탄로가 나자 오히려 최우는 최준문을 역공하였고 그 일파를 전원 유배를 보냈다.

최준문은 유배를 가는 도중 의문의 죽음을 맞는다. 아들의 성공적인 세습을 보고 마음을 놓았던 것일까. 최우가 최준문과 반대 세력을 숙청하고 곧바로 최충헌은 1219년 9월 눈을 감았다. 비록 최우와 최준문 간의 경쟁은 있었지만, 과거의 혈투에 비하면 크지 않은 내전이었다.

1219년 최우가 아버지 최충헌의 뒤를 이어 교정도감의 주인이 되면서 무신정권은 세습되는 관례가 생겼다. 무신정권 100년 중 우봉 최씨 집안이 교정도감을 장악하던 약 60년간을 최씨 정권기라고도 부른다.

최우는 역대 모든 무신정권의 최고 권력자 가운데 가장 유능하다고 평가받으며 동시에 가장 오래 집권한 악랄한 독재자였다. 최우는 집권 후 몇 년간은 횡령의 정도가 너무 심하고 평판이 썩 좋지 못했던 무신을 내치는데 집중했다. 최우가 선정을 베푸는 것처럼 보였지만 실상은 과거 최준문을 따랐거나 본인의 충신이 아닌 무신을 별안간 아무 명분이나 갖다 붙여서 내친 정치적 공작이었다.

이렇게 최우는 철저하게 군부와 고려 조정을 본인의 충신으로만 가득 채워갔다. 격구를 특히 좋아했던 최우는 민가 100여 집을 헐어 버리고 그 자리에 고려 최대 규모의 격구장을 세웠으며, 최우에게로 들어오는 뇌물의 양은 국고를 능가했다.

집권 초반에는 최우에게 반기를 드는 세력이 생각보다 많았다. 최충헌의 가신 가운데 최우를 따르지 않겠다는 무리가 여러 번 쿠데타도 모의했지만, 최우는 모조리 진압하였다. 이 과정에서 최우는 친동생마저 죽였다. 최충헌이 중방을 믿지 못해 교정도감을 만들었듯 최우도 자신이 직접 운영하는 새로운 기구를 신설하고자 했다.

아버지 최충헌으로부터 교정도감을 세습 받았으니 교정도감 자체를 부정하지는 못하는 대신 1225년 최우는 개인 사택에 '정방'이라는 기구를 만들었다. 정방은 고려 조정의 인사권을 행사하는 기구로, 모든 정치인과 공직자의 임명권과 해임권이 최우의 개인 사저에 있는 정방이란 곳에서 이루어졌다.

또한 아버지 최충헌이 부활시켰던 개인 경호 무장 집단인 도방에 대한 신뢰도도 보장할 수가 없어서 최우는 무예에 출중한 젊은 청장년을 모아 야별초를 창설했다. 야밤에 저잣거리를 돌아다니는 도둑을 잡기 위한다는 명분으로 창설하였지만, 어디까지나 최우의 개인 사병 조직이었다. 야별초 출신은 고려 군부의 핵심 장교로 모두 진출할 수 있기에 야별초는 군인으로서 출세하기 위한 관문이기도 했다. 야별초의 규모는 시간이 지나며 점점 더 커졌다.

최우는 정방과 야별초를 통해 독재 권력을 안정시켰다. 최우 대에 이르러 문신의 입지가 상당히 회복되기도 하였는데, 최우의 정방이 조정의 인사권을 행사했기에 백관 신료들은 최우의 사람이었고, 이 문신들이 최우의 지지 세력이었던 만큼 이전 무신 집권기에 비해 문신의 사회적 위치가 높아질 수 있었다.

최우가 문신을 우대했던 건 조정에 대한 장악이란 정치적 목표도 있었지만, 그의 개인적인 성향도 반영되어 있었다. 의외로 최우는 문학적인 재능이 뛰어났다. 유교 경전에 대한 교양과 지식, 문장력과 서예 솜씨는 웬만한 문신보다도 뛰어났다.

1234년 최우는 고종에게 아뢰어 과거 고려 인종 때 인종의 명령으로 최윤의를 비롯한 유학자 17인의 주도로 유교 예식을 정리하여 편찬한 《상정고금예문》을 다시 보급하자며 금속활자로 인쇄했다고 한다.

최우가 지시한 《상정고금예문》 금속활자 인쇄본은 세계 최초의 금속활자본인 《직지심체요절》보다 100년 정도 더 앞선 인쇄본이다. 다만 《상정고금예문》 금속활자 인쇄본이 전해지지 않고 있어서 공식적으로 세계 최초라고 인정받지는 못하고 있다.

최우는 문학적 재능을 가진 학자와도 많이 어울렸는데, 최우는 아예 학자를 국가 차원에서 양성하고 지원해 주겠다며 1227년 재능 있는 문신을 발탁해 주는 '서방'이라는 기구를 별도로 만들었다.

나중에 서방에서 발탁한 학자들이 성리학을 수용하고 발전시키며 '사대부'라는 계층을 형성한다. 최우의 서방 덕에 그간 무신정권으로 인해 쇠퇴해 있던 문풍이 고종 연간엔 문학적 재능을 가진 유수 예술가의 힘으로 문예적 부흥을 일으킬 수 있었다. 그중 가장 돋보이는 천재는 이규보였다.

흰 구름 속에 숨어 있는 선비, 이규보

이규보는 어릴 적 한 번 읽은 것은 모조리 외워 버리는 신동이었다고 한다. 주변에서 이규보에 거는 기대가 컸는데 이규보는 과거 시험에서 세 차례나 떨어졌다. 명종 연간의 네 번째 시험에서 가까스로 과거에 합격했지만, 과거 합격자들 가운데 꼴찌였다.

기분이 나빴던 이규보는 과거 합격을 철회하려고 하다가 아버지의 설득으로 관직의 길을 걸었다. 관직 생활을 시작하면서 이규보의 문장력이 높은 평가를 받았다. 이규보는 스스로를 '백운거사'라고 부르기를 좋아했는데 '흰 구름 속에 숨어 있는 선비'라는 뜻이다. 주변인은 이규보가 술, 거문고, 시를 좋아하여 이규보를 '삼혹호선생'이라고도 불렀다고 한다.

이규보는 명종 치세에 현실을 등지고 고향으로 낙향하여 현실 도피적 작품을 만들던 죽림고회 7인과 가까이 지냈다. 다만 이규보는 죽림고회에 속하지 않았는데, 죽림고회 구성원 중 오세재가 죽자 이담지가 이규보에게 죽림고회의 빈자리를 채워 달라 제안했다. 이때 이규보는,

"대나무 아래의 모임에 참여하는 영광을 차지하고 술을 같이 마신다면 기쁘긴 하겠지만, 칠현 가운데 누가 송곳으로 씨앗에 구멍을 뚫을 수 있는 사람인가?"

라는 시를 지으며 가입을 거절했다. 이규보가 거절하면서 즉석에서

만들었다는 시는 현실에 등지겠다면서 누구보다 현실 개입을 원하는 죽림칠현의 이중성을 조롱하는 내용이었다. 이 일화에서 보듯 이규보는 할 말 안 할 말 다 하고 사는 사람이었나 보다.

이규보는 하릴없이 젊은 관직 시절을 보내다가 시간이 아까워서였는지 고구려의 시조 '주몽'을 주인공으로 하는 신화 서사시를 창작해 냈다. 이 서사시가 한국판 호메로스의 《오디세이아》라고 불리는 《동명왕편》이다. 282구, 4,000여 자에 이르는 대서사시로 주몽의 탄생에서부터 아들 유리의 즉위까지를 다루고 있다.

> 세상에서는 동명왕의 신통하고 이상한 일을 많이 말하니, 비록 시골의 어리석은 남녀도 자못 그 일을 말할 수 있을 정도다. 내가 일찍이 그 얘기를 듣고 웃으며 말하기를,
> "선사 중니仲尼께서는 괴력난신에 대해 말씀하지 않으셨으니, 동명왕의 일은 실로 황당하고 기괴하여 우리가 얘기할 것이 못된다"
> 라고 하였다. 후일 《위서》와 《통전》을 읽어 보니 또한 동명왕의 일을 싣고 있었지만 간략하여 자세하지 않았다. 아마도 자기 나라의 일은 자세히 하고 외국의 일은 소략하게 기록하려 한 뜻이 아니겠는가.
>
> 지난 계축년 4월에 《구삼국사》를 얻어 <동명왕본기>를 보

니 그 신이한 사적이 세상에 전하는 것보다 더하였다. 그러나 처음에는 믿지 못해 귀신이나 환상으로만 여겼는데, 세 번 반복하여 읽어서 점점 그 근원에 들어가니, 환상이 아니고 성스러움이며 귀鬼가 아니고 신神이었다. 하물며 국사國史는 사실 그대로 쓴 글이니 어찌 함부로 전하였겠는가. 김부식 공은 국사를 다시 편찬할 때 자못 그 일을 생략하였으니, 공은 국사란 세상을 바로잡는 글이므로 크게 이상한 일은 후세에 보일 것이 아니라고 여겨 생략한 것이 아니겠는가?

당나라 <현종본기>와 <양귀비전>을 살펴보면, 방사가 하늘에 오르고 땅에 들어갔다는 내용이 없는데, 오직 시인 백낙천은 그 일이 인멸될 것을 우려하여 노래를 지어 기록하였다. 그 내용이 실로 황당하고 음란하고 기괴하고 거짓된 일인데도 오히려 읊어서 후세에 보인 것이다. 하물며 동명왕의 일은 변화의 신이한 것으로 여러 사람의 눈을 현혹한 것이 아니라 진실로 나라를 세운 신기한 사적이니 이것을 기술하지 않으면 후인들이 장차 어떻게 볼 것인가? 따라서 시를 지어 기록하여 우리나라가 본래 성인聖人의 나라라는 것을 천하에 알리고자 한다.

-《동명왕편》서문, 이규보

과거 김부식은 《삼국사기》를 편찬할 때 주몽의 건국 '신화'는 누락시켰다. 역사가 아니라 '신화'이기 때문이다. 《동명왕편》의 서문에서 볼 수 있듯이 신화의 오락성 때문에 집필하지 않았지만, 이규보는 신화 역시 역사로 간주하여 사서史書를 편찬한다는 생각으로 집필했다며 그 동기를 밝힌다.

전통을 중시하며 구전되어 내려오는 신화를 역사의 한 부분으로 생각하는 관점을 '신이사관'이라고 한다. 유교 중심적인 가치를 내세운 작품이 주류를 이루었던 고려의 문단에서 이규보의 《동명왕편》은 고구려의 영웅을 주인공으로 고구려 정통론을 내세우며 고려인의 민족성을 드러낸 진취적인 작품으로 평가받고 있다. 이규보가 《동명왕편》을 스물여섯 살에 지었다고 하니 그저 놀라울 뿐이다.

이규보는 신종 재위기에 경주에서 일어난 반란을 진압하는데 투입되었다. 진압군의 모두가 공을 인정받았지만, 이규보만이 관직을 얻지 못하였다고 한다. 한직을 전전하던 이규보에게 최충헌이 작은 글 하나 지어 달라 의뢰했는데, 이규보가 최충헌을 찬양하는 글을 가득 담았고 흡족했던 최충헌은 이규보를 곁에 두면서 한순간에 권력의 핵심부에 들어섰다.

최충헌 이후 최우도 이규보의 능력을 아꼈다. 그만큼 이규보도 최우의 모든 정책을 긍정하고 지지하는 글들을 써 주었다. 이 때문에 이규보는 최씨 정권의 독재에 부역했다는 비판을 받기도 하지만, 그 덕에 이규보는 수많은 걸작을 여유롭게 남겨 고려문학사를 눈부시게 장식할 수도 있었다.

이규보는 모든 장르를 섭렵했다. 표현력이 풍부한 서정적인 한시에서부터, 〈차운오동각세문정고완제학사삼백운〉이라는 3,000자가 넘는 한국 한시 사상 가장 장편의 한시, 농민의 애환을 담은 작품들, 교과 과정을 막론하고 10대 국어 교과서에 반드시 한 작품은 실리는 사회 세태를 풍자하는 이규보의 패관 소설들, 더 나아간다면 선전용 정치물까지 이규보는 장르와 작품의 주제에 맞게 문체를 바꿀 줄 알았다.

'김치'에 대한 한국 역사상 최초의 문헌 기록도 이규보의 문집에서 거론된다. 이규보 사후 이규보의 아들이 생전 이규보의 작품을 모아 《동국이상국집》이라는 시 문집을 편찬하였다.

제대로 전해지는 행운을 얻은 《동국이상국집》에 수록된 다양한 형태의 시문이 문학의 이론과 창작, 공식적인 글과 자기 표현의 글, 시대의 움직임과 내면의 정서를 모두 풍부하게 보여 주고 있다. 기발한 착상과 정교한 표현을 갖추었는가 하면, 붓을 달리하면서 시를 쓰는 쌍운주필의 재주를 자랑해 찬탄을 자아냈다. 격식과 규범을 떨쳐 버리고 현실의 경험을 생동하게 살리는 남다른 열정이 있어, 할 말이 많고 소재가 무척 다양하다.

－《한국문학통사 2》(조동일, 지식산업사, 2005)

이규보의 명성이 당시에도 어느 정도였는지 〈한림별곡〉이라는 노래에서도 드러난다. 고려에는 임금의 어명을 글로 적고 문서로 보관하는 한림원이라는 관청이 있었다. 한림원의 직원은 대부분 유학에 통달한 유생이었다.

고종 연간에 한림원의 유생들이 고려 문인들을 찬양하는 노래를 만드는데, 이 곡이 〈한림별곡〉이다. 〈한림별곡〉은 한국 문학사상 최초의 '경기체가'로 평가받는 작품이다. 경기체가란, 유교적 가치를 숭상하고 학자를 찬양하는 장가張歌의 한 장르로 주로 식자층에서 즐겨 불렀다. 후렴마다 '景(경) 그것이 어떠합니까?'가 붙어서 경기체가 혹은 경기하여가라고 부른다.

경기체가는 총 8장으로 구성되어 있으며 무신정권기의 뛰어난 문인의 작품 세계에 박수를 보내고, 유생의 유희 문화를 자랑하는 노래다. 이후 경기체가는 자부심을 강하게 드러내는 문체로 인해 정치선전용 장르로도 사용되다가 조선 전기에 '악장'으로 발전한다.

보조국사 지눌과 결사운동

무신정권이 권력의 핵이 되고, 그 핵 가까이서 권력의 도움을 받으며 고려 사회에 크게 기여했던 분야는 비단 문단에만 존재하지 않았다. 불교계도 무신정권에 이르러 큰 변혁의 기점을 맞는다. 불교 국가였던 고려에서는 불교계도 상당한 사회적 입김을 내뱉을 수가 있었기에 권력자는 불교계를 자기 세력의 지지자로 끌어들이려고 했다.

그래서 무신정권의 최고 권력자가 서로 죽고 죽이며 교체되는 난국에서, 불교계를 포섭하거나 아니면 죽여 버려 그 화가 불교계에도 퍼지고 있었다. 최충헌이 집권하는 시기에는 보조국사 지눌을 국사로 모셨다. 그러다 보니 보조국사 지눌이 고려 불교계를 선도하였다.

고려 불교계의 흐름을 다시 짚자면, 민중불교인 선종을 기반으로 건국된 고려였지만, 후삼국 통일 이후 고려는 통치이념으로 불교의 교종을 앞세웠다. 교종은 왕실 중심의 화엄종과 귀족 중심의 법상종으로 나뉘어 진행되었다.

왕족 출신의 대각국사 의천은 귀족의 법상종에 대항하고자 천태종이란 새로운 종파를 제시하며 선종을 끌어들여 교·선종 통합 운동을 전개했다. 다만 천태종의 교·선종 통합 운동은 의천이 왕자 출신이라는 점 때문에 반강제성이 있었고, 대각국사 의천 사후 천태종의 교세는 빠르게 위축되면서 교·선종은 다시 분열되었다.

문벌 귀족 시기에는 천태종의 교·선종 통합 운동 당시 큰 타격을 받은 선종 종파가 회복할 수 있도록 선종 승려가 여러 방면에서 노력하였다. 무신정권은 문벌 귀족의 잔재를 청산하기 위해 귀족 중심의 종파였던 교종보다는 선종에 큰 힘을 실어 주었다.

보조국사 지눌의 등장 시점이 이맘때쯤이다. 보조국사 지눌은 젊은 시절부터 교종과 선종의 분열이 고려 불교계에 좋지 않은 영향을 준다고 보고 있었다. 불교계 개혁 운동을 '결사結社운동'이라고 한다. 보조국사 지눌은《권수정혜결사문》을 공개하며 불교계 결사운동의 필요성을 설파했다.

지금의 불교계를 보면 아침저녁으로 행하는 일들이 비록 부처의 법에 의지하였다고 하나 자신을 내세우고 이익을 구하는데 열중하며 세속의 일에 골몰한다. 도덕을 닦지 않고 옷과 밥만 허비하니 비록 출가하였다고 하나 무슨 덕이 있겠는가? 하루는 같이 공부하는 사람 10여 인과 약속하였다. 마땅히 명예와 이익을 버리고 산림에 은둔하여 같은 모임을 맺자. 항상 선을 익히고 지혜를 고르는데 힘쓰고, 예불하고 경전을 읽으며 힘들여 일하는 것에 이르기까지 각자 맡은 바 임무에 따라 경영한다. 인연에 따라 성품을 수양하고 평생을 호방하게 고귀한 이들의 드높은 행동을 좇아 따른다면 어찌 통쾌하지 않은가?

-《권수정혜결사문》

지눌의 '정혜결사'는 그의 사상 교리였던 '정혜쌍수'에서 유래했다. 정혜쌍수란 불도를 닦는 것에 있어 '정'과 '혜'가 동시에 필요하다는 내용인데 '정'은 정신 수양을 뜻하며 '혜'는 불교 교리에 대한 지혜를 뜻한다. 즉 '정'은 민중적인 선종을 지칭하며 '혜'는 엘리트적인 교종을 지칭한다. 언뜻 보기엔 선종과 교종의 동시성을 강조하는 듯하지만 '혜정'이 아닌 '정혜'인 이유는 선종이 교종을 선행한다는 뜻이다.

지눌이 주장했던 '돈오점수'라는 사상도 같은 맥락이다. '돈오'는 문득 깨닫는다는 선종을 뜻하며 '점수'는 점점 갈고 닦는다는 교종을 말

한다. 돈오가 점수를 선행하는 건 선종을 더 강조한단 뜻이다. 교종을 중심으로 교·선종을 통합시켰던 대각국사 의천과는 달리 선종 출신의 보조국사 지눌은 선종을 중심으로 교·선종을 통합시켰다.

최충헌은 보조국사 지눌을 순천의 송광산에 있는 사찰로 보내 지눌은 수선사라는 사찰을 중창하였다. (지눌의 결사운동을 '수선사 결사'라고도 부른다.) 수선사에서 본격적으로 결사운동의 시작을 알린 보조국사 지눌은 새 출발을 위해 새로운 종파 '조계종'을 창설했다. 최충헌은 지눌을 지지하고자 수선사의 이름을 송광사로 바꾸어 주었고, 송광산의 이름은 조계산으로 개칭했다.

비록 지눌의 조계종 결사운동은 최충헌과 무신정권이라는 정치적 내막도 분명히 있었지만, 보조국사 지눌 개인의 신앙심 깊은 결사운동으로 부패했던 고려 불교계가 한동안 정화되는 모습을 보이기도 하였다.

지눌의 뒤를 이어 송광사를 맡게 된 송광사의 2대 주지 진각국사 혜심 또한 한국 불교사에서 괄목한 업적을 남기었다. 보조국사 지눌의 제자이기도 했던 혜심은 파격적으로 유교와 불교의 일원화를 주장했다. 혜심의 유불일치설에 따르면 유교나 불교나 궁극적으로 지향하는 바는 크게 다르지 않다.

혜심이 봤을 땐 유교와 불교 모두 개개인 심성의 도야를 강조한다며 유교와 불교를 따지지 않고 각자 자신의 심성, 역량, 의식을 돌아볼 수 있어야 한다고 말이다. 수많은 제자가 혜심의 제자가 되기 위해 송광사에 모여들었으며, 이들을 모두 수용할 수가 없어서 고려의 22대 왕 강종은 친히 송광사의 중창 명령을 내리기도 하였다.

유교에 해박하던 최우도 혜심의 유불일치설에 크게 공감하며 혜심과 송광사에 대한 지원을 아끼지 않았다. 혜심의 유불일치설 덕분에 고려 말 사회적으로 성리학을 수용할 수 있는 실마리를 제공할 수 있었다.

> 부처님이 말씀하셨다. 내가 두 성인을 중국에 보내 교화를 펴
> 리라. 한 사람은 노자로 그는 가섭보살이요, 또 한 사람은 공
> 자로 그는 유동보살이다.
>
> -《기세계경》

지눌과 혜심 이후로도 송광사에선 저명한 고승들이 배출되었다. 송광사에서는 무려 16명의 국사를 배출했다. 국사는 왕의 스승이 되기도 하고 자문하기도 하며 불교계의 최고 권위이다.

송광사는 대한민국의 삼보사찰 중 하나이다. 삼보사찰이란 불도의 보물 세 가지를 간직하고 있는 3대 사찰을 말하는데, 세 가지 보물이란 '불보', '법보', '승보'를 가리키며 각각 양산의 통도사, 합천의 해인사, 순천의 송광사를 가리킨다.

이중 불보사찰과 법보사찰은 각각 석가모니의 '진신사리'와 《팔만

대장경》이라는 구체적인 특정 보물을 간직하고 있지만, 승보사찰인 순천의 송광사에서는 특정한 보물을 지니고 있다기보단 고승이 많이 배출되어 승보사찰로 간주하고 있다.

한국의 모든 사찰을 통틀어서 송광사는 가장 많은 수의 국사를 배출해냈기에 송광사야말로 유수의 승려가 모인다는 승보사찰로 인정받는 것이다.

결사운동은 수선사에서만 진행되지 않았다. 아직 명맥만 유지하던 천태종에서도 원묘국사 요세가 전라남도 강진의 백련사에서도 불교계 개혁을 부르짖는 결사운동을 전개했다. 원묘국사 요세도 무신정권의 지원을 받으며 시작했다. 하지만 백련사에 자리 잡은 뒤로 원묘국사 요세는 최대한 수도 개경을 가지 않으면서 천태종의 불교계를 혁신하려고 했다.

보조국사 지눌의 수선사 결사운동과 원묘국사 요세의 백련사 결사운동을 무신 집권기에 있었던 고려 불교계 결사운동의 양대 산맥이라 평가하는데, 두 고승 모두 대각국사 의천과는 달리 수도가 아니라 지방을 중심으로 종교 활동을 해 준 덕에 전통적인 중앙 중심적이고, 귀족 중심적인 불교의 흐름에서 탈피하였다는 의의가 있다.

대몽항쟁기 민중이 불교를 구심점으로 힘을 모으고 위로를 얻을 수 있었던 내막에는 두 결사운동의 전조 역할이 컸다.

문벌 귀족의 부조리와 무신정권의 부패함이 겹쳐 고려 사회는 그 폐단이 누적될 대로 누적되었다. 면역력이 약해질 때 균을 만나면 걷잡을 수 없이 몸 상태가 악화되는 똑같은 이치로, 폐단이 폭발해 내부적으로 혼란스러운 상태에서 고려는 몽골의 침입이라는 외부적 충격까지 받으며 고려의 체제는 강제적으로 지각 변동을 겪게 된다.

3

대몽항쟁기

제1차 몽골 침입 : 김경손의 귀주성 전투

11세기 후반에서 12세기 몽골 초원에는 칭기즈 칸이 나타나 유라시아 대륙 전체를 말발굽으로 짓밟았다. 칭기즈 칸은 만주~몽골~중국~서역 쪽으로 세력을 팽창했기에 대륙의 끝자락 고려는 칭기즈 칸의 몽골에 그렇게 위협을 느끼지 않았다.

몽골이 대륙을 제패하는 과정에서 거란족의 일부가 도망치다가 1216년 고려 국경을 넘어와 고려 민가를 약탈하고 횡포를 부렸다. 거란족이 평양까지 깊숙이 들어오자 당시 집권자였던 최충헌은 군대를 평양에 파견했다. 1218년에서 1219년 사이 고려군이 거란족을 토벌하던 중 거란족을 추격하다가 고려로 들어온 몽골군을 만나 고려-몽골이 연합하여 강동성 전투를 끝으로 거란족들을 진압했다. 이 사건이 고려와 몽골 최초의 만남이자 잘못된 만남이었다.

강동성 전투 이후 칭기즈 칸은 고려로 사신을 마구 보내어 마치 몽골이 고려를 구했다는 식으로 압박하며 무리한 조공을 요구했다. 고려도 굳이 몽골과 적대관계를 만들지 않으려고 어느 정도 그들의 요구를 들어주었으나 몽골의 조공 요구가 점점 더 심해졌고, 그들의 거만함도 심해졌다.

1225년 최우가 집권자로 바뀌고 사단이 터졌다. 과도한 공물을 요구하러 온 몽골 사신 저고여가 귀국하던 길에 국경을 넘지 못한 채 고려 땅에서 피살되었다. 범인은 고려와 몽골이 친해지는 것을 두려워한 여진족의 소행이 유력하였지만, 정확한 내막은 지금까지도 밝혀지지 않은 채 역사 속 미제 사건으로 남아 있다.

칭기즈 칸은 고려 정부에 강력하게 항의했다. 하지만 고려 정부는 고려의 소행이 아니며 고려는 저고여 피살 사건과 아무런 연관이 없다며 극구 부인했다. 저고여의 피살 사건 이후 바로 몽골군이 쳐들어오지는 않았다. 저고여 피살 사건이 1225년에 일어났는데, 2년 후인 1227년 칭기즈 칸이 사망했기 때문이다.

칭기즈 칸이 죽고 칸의 자리가 칭기즈 칸의 아들에게 넘어가는 과정이 순탄치만은 않아서 한동안은 몽골 내부적으로 어지러웠다. 1229년이 되어서야 칭기즈 칸의 셋째 아들 오고타이 칸이 자리를 잡고,

1231년에 일전의 저고여 피살 사건을 계기로 고려를 침략했다. 오고타이 칸이 보낸 몽골군의 총지휘관은 살리타로, 병력 규모는 3만 정도였다. 바야흐로 대몽항쟁기의 문이 열리는 순간이었다.

1231년 8월 살리타가 이끄는 3만의 몽골 병력이 압록강을 넘어서 지금의 평안북도 의주인 함신진을 포위했다. 함신진은 과거 거란과의 2차 전쟁 때 양규 장군이 막아 냈던 흥화진이 있던 곳이었다. 그러나 함신진을 지키고 있던 고려의 장군 조숙창과 의주의 토착 호족 출신이었던 홍복원은 싸워 보지도 않고 항복하면서 의주는 어이없게 넘어갔다.

조숙창과 홍복원은 지리적 특성상 이미 몽골과 개인적인 접촉이 있었고, 그들의 가문 자체가 몽골족과 친분이 두터웠다. 조숙창과 홍복원은 항복 수준이 아니라 몽골 부대의 앞잡이 역할을 하며 고을마다 항복을 권유하였다.

살리타는 3만 병력을 1만 명씩 세 개 부대로 나눠 남하했고, 살리타가 직접 이끄는 본군은 강동 6주 중 한 곳인 오늘날 평안북도 철산군의 철주성에 도착했다. 철주성의 고려 군사들은 이원정과 이희적의 지휘 하에 열심히 싸웠지만, 중과부적이었고 철주성은 함락되었다. 이원정은 화약고에 불을 붙여 폭사했고, 이희정은 포로가 되면 욕만 볼 성내 백성을 죽인 뒤 본인도 자결하였다.

몽골군 세 개 부대 중 북로군은 강동 6주 중 최남단에 있는 귀주에

도착하여 귀주성을 포위하였다. 거란과의 3차 전쟁 당시 강감찬의 전설적인 귀주대첩이 벌어진 그곳이었다. 귀주성에는 북계를 총책임지는 서북면병마사 박서가 주둔하고 있었다.

박서를 모시는 지휘관으로는 김경손 장군이 있었는데, 김경손 장군이 워낙 유능했던지라 박서는 실질적 지휘를 김경손에게 일임하다시피 했다. 김경손의 친형은 고려 왕보다 훨씬 더 막강한 권력을 휘두르던 최우의 사위였다. 심지어 김경손의 형은 최우의 뒤를 이을 후계자이기도 했다.

김경손은 형의 후광보다는 군인으로서 본분을 다하겠다며 국경 수비대를 담당하고 있었고, 몽골군이 국경을 넘자 귀주성의 중요도를 인지하고 주변 지역의 병사를 모아 귀주성으로 자발해서 들어온 상황이었다. 귀주성 안에 있던 고려 병력은 5,000명 정도였다.

귀주성 내 고려군이 워낙 겁을 먹고 있자 김경손은 가장 믿을 만한 부하 12명을 선발해 성문을 열고 나가 몽골군 진영을 휘저어 놓고 김경손 장군을 포함한 13명 전원 무사 귀환했다. 고작 13명의 특공대 기습에 1만에 달하는 몽골군은 주춤하여 진영을 뒤로 물리기까지 하였다.

귀주성 내 사기는 올라갔고 9월 한 달간 몽골군은 5차례 대규모 공격을 감행했다. 하지만 몽골군이 화공을 퍼부으면 고려군이 진흙으로 꺼 버리고, 투석기로 돌을 던지면 똑같이 투석기로 맞대응하고, 땅굴을 파면 쇳물을 부어 버리면서 모두 막아 내는 등 언제나 맨 앞에는 김경손 장군이 지휘했다.

몽골의 북로군이 귀주성에 발이 묶인 사이 다른 두 개 부대였던 살리타의 본군과 남로군은 함께 연합작전을 하며 고려의 수도 개경까지 남하했다. 몽골군이 황해도까지 이르렀을 때 지금의 봉산군인 동선역에서 고려가 파견한 고려의 주력 부대 중앙군이 기습 작전으로 몽골군의 진군을 저지시켰다.

몽골군의 패배 규모가 정확히 어느 정도인지 모르나 몽골 부대가 평안남도 안주까지 도망간 걸로 봐서 동선역 전투는 몽골군에게 큰 피해를 안겨다 준 패전이었다. 고려 중앙군은 안주로 도망간 몽골 군대를 추격했고, 승리의 자신감에 그만 도취한 고려 병력이 10월 20일 안주에서도 야전으로 몽골 기병대에게 덤비다가 고려군 절반 이상을 잃어버렸다. 고려의 주력인 중앙군이 소멸하여 버린 것이다.

다시 귀주성 전선으로 와서 몽골의 북로군은 12월까지 귀주성에 공격을 퍼붓지만, 성은 함락되지 않았다. 성벽이 무너지자 김경손 장군은 병사를 데리고 직접 맨몸으로 막아 냈다. 전투 중 김경손 장군이 다치자 부하의 제지에도 불구하고 다친 몸으로 계속 싸웠다. 가끔은 김경손 장군이 성문을 열고 직접 기병대를 이끌며 선제 공격하는 과감한 작전도 수행했다.

한편 안주에서 고려 중앙군을 토벌한 살리타의 본군과 남로군은 거점도시를 하나둘 함락시키면서 다시 수도 개경으로 향했다. 그런데 일부 부대가 지금의 평안남도 순천군인 자모산성에서 다시 발이 묶여 버렸다.

자모산성의 고려 병사는 최춘명의 지휘 아래 단합하여 11월에서 12월까지 몽골군의 별동대를 막아 냈다. 귀주성과 자모산성에서 몽골 부대들이 죽을 쑤고 있었지만, 몽골의 주력 부대는 바로 수도를 향해 진격해 12월 1일 개경을 포위해 버렸다.

살리타는 고려 조정에 항복을 권유했고, 12월 5일부터 살리타와 고려 정부는 본격적으로 화친 협정을 위한 회의에 착수했다. 그리고 12월 23일 고려는 매년 막대한 양의 공물을 바치고 몽골에서 고려 정부로 감독관을 파견하겠다는 조건으로 살리타는 철수하기로 하였다.

살리타가 마음만 먹으면 개경 안으로 들어가서 최우와 고려 왕을 끌어내리고 고려를 멸망시킬 수도 있었는데 왜 화의로 끝냈을까? 고려를 멸망시킬 생각이 없었기 때문이다. 그렇다면 제1차 몽골 침입은 몇 년 전 자국의 공식 외교관이 살해당한 단순한 보복이었을까?

저고여 피살 사건은 어디까지나 명분이자 핑계였다. 저고여 피살 사건으로부터 6년 후에 굳이 이를 빌미로 몽골 군대가 쳐들어온 건 다른 이유가 있어서였다. 새롭게 몽골의 칸이 된 오고타이 칸은 여진족의 금나라와 일대일전을 준비 중이었다.

북방 유목 민족이 세운 나라가 중국 내륙으로 들어가기 위해 중원의 왕조와 결전을 벌이기 전에 한국으로 쳐들어오는 것이 한국사 불변의 법칙이다. 오고타이 칸이 살리타를 고려로 보낸 목적도 금나라와의 결전을 앞두었기 때문이었으며, 고려가 금나라를 돕지 않는다는 약속을 받아 내는 걸로 전쟁을 마무리한 것이었다.

고려 조정에선 자모산성과 귀주성에 사람을 보내 전쟁이 끝났으니 그만 성문을 열라는 지시를 내렸다. 하지만 자모산성의 최춘명은 그런 결정을 따를 수 없다며 항명을 한 채 계속 몽골과 싸웠다. 전쟁이 끝난 줄 알고 몽골 부대가 성으로 들어오려고 했다가 화살 세례만 받고 돌아갔다.

결국 고종이 직접 어명을 내렸고 최춘명은 어쩔 수 없이 성문을 열었다. 자모산성보다 조금 더 멀리 있던 귀주성에는 소식이 늦게 전해져 1232년 1월에 성문을 열었다. 박서와 김경손 휘하 제장들은 울고불며 부르짖었다고 한다.

전쟁이 끝난 후 고려는 항명을 했던 최춘명을 사형시키기로 하였다. 오히려 몽골 고위 장수들이 나서서 한때는 적장이었지만 훌륭하게 잘 싸운 지휘관을 왜 죽이냐며 최춘명을 죽이지 말라고 말린 덕분에 최춘명은 살아남을 수 있었다. 이로써 고려와 몽골의 1차 전쟁은 마무리되었다. 그러나 최우는 진심으로 항복할 생각이 없었다.

제2차 몽골 침입 : 김윤후의 처인부곡 전투

몽골의 1차 침입 후 몽골 병력은 철군했지만, 몽골 조정에서는 고려에 '다루가치'라는 감독관 72명을 파견해서 고려의 내정에 간섭하였다. 그중엔 1차 침입 당시 몽골족에게 항복해 버린 의주 지역의 호족 홍복원도 있었다.

홍복원을 포함한 72명 다루가치의 횡포가 이만저만이 아니었다. 고려 관료에 대한 갑질과 협박, 민간인 약탈까지 차마 그냥 넘길 수가 없었다. 다루가치의 횡포에 고려내 반몽골 여론은 더 짙어졌다.

최우는 몽골 부대가 돌아간 지 얼마 안 되어 1232년 2월 강화도로 수도를 옮기자는, 즉 강화도 천도를 공식적으로 거론했다. 기존의 수도였던 개경은 산지가 아니라 몽골의 공격에 방어하기가 대단히 취약하고, 기병 중심의 몽골이 가장 약한 쪽인 해상, 즉 섬으로 들어가 버리면 충분히 싸울 만하다는 게 최우의 명분이었다.

항전의 기지로 강화도만 한 곳이 또 없었다. 개경과도 가깝고 나름 한반도 가운데에 있어서 황해도, 경기도, 충청도, 전라도의 서해안을 따라 줄지어 있는 평야 지대로부터 곡식을 수혈받기도 유리했다. 강화도 천도는 최우가 앞으로 몽골과 계속 전쟁을 치르겠다는 의지가 공공연하게 전제된 방침이었다.

명분은 좋다지만 수도를 옮긴다는 일은 어마어마한 국력이 소모된다. 반대가 잇달았다. 차라리 금나라에 조공해 왔던 전례대로 몽골에 조공하는 대신 평화를 찾고 백성의 목숨이나 지탱해 보자는 의견도 있었다. 굳이 섬으로 들어갈 거 없이 산성을 방어하면서 싸워도 승산이 있다고 말하는 의견도 있었다.

하지만 독재자 최우의 결단은 확고했다. 최우는 반대가 극심한 신하 몇 명을 죽이고 강화도 천도를 강행했다. 여태 최우의 말이라면 전부 수긍하고 받아들여 주었던 고종조차 강화도 천도에 대해선 난처해하며 아무 말을 하지 못했다.

최우는 최종적으로 고종에게 보고하기 며칠 전부터 이미 사람을 강화도로 보내서 궁궐 공사를 위한 준비에 착수 중이었다. 최우는 개경 백성에게 20일 안에 거주지를 강화도로 옮기라는 명령을 내렸다. 갑자기 20일 안에 강화도로 이사를 하라니, 너무나도 무리한 조치였다. 그마저도 남은 20일의 열흘은 장마철이었기에 말 그대로 지옥의 행군이었다.

무사히 강화도에 도착해서도 문제였다. 강화도는 섬이기에 도시가 확장되는데 한계가 명확하다. 고려 건국 후 몇백 년간 수도였던 개경의 그 많은 사람이 강화도로 모두 들어가면 당장 거주지 문제와 위생 문제가 해결되지 못한다.

군부 독재에 빌붙은 지배층은 거주지를 먼저 선점하고자 기존 백성의 집마저 헐어 버리는 사태가 연이어 벌어졌다. 가뜩이나 백성의 삶이 피폐해지는데, 수천 명의 백성이 궁궐 공사와 최우의 사택 공사에 동원되었다. 개경은 불과 두 달도 안 되어 유령도시가 되었다. 1232년 고려의 그 유명한 강화도 천도는 그다지 이상적이진 않았다.

> 왕이 개경에서 출발하여 승천부에서 머무르고 병술일에 강
> 화도의 객관에 입어하였다. 이때 장맛비가 열흘이나 계속 내

려, 진흙이 발목까지 빠져서 안마가 쓰러지곤 하였다. 지체 높은 집안이나 양가의 부녀로서 맨발로 업고 이고 하는 자까지 있었다. 백성 중엔 홀로 남겨져 갈 바를 잃고 호곡하는 자가 이루 헤아릴 수 없었다.

－《고려사절요》제16권, 고종 안효대왕3, 임진 19년(1232년)

최우가 왕실 사람들 전부 데리고 강화도로 떠나기 직전 다루가치를 위한 연회를 마련했다며 72명의 다루가치를 초대하였다. 그리고는 다루가치가 거나하게 취해 있을 때 병사를 시켜 전원 그 자리에서 살해해 버렸다. 유일하게 살아서 도망친 다루가치가 민족 반역자 홍복원이었다.

홍복원은 북방으로 도망쳐 이 사태를 몽골에 모두 일러바쳤다. 분노한 몽골은 고려를 재침하기로 하고 살리타가 이끄는 몽골군이 다시 고려를 침공했다. 1232년 8월 고려 국경을 넘은 살리타의 몽골군은 홍복원을 앞세워 북방 지역을 초토화하며 빠르게 남하했다.

홍복원은 서경에 도착해서는 서경의 민심을 부추기고 인맥을 총동원하여 별다른 전투 없이 서경을 살리타에게 바쳤다. 10월, 살리타의 몽골군이 개경을 입성하고 강화도에 있는 고려 조정에 당장 섬에서 나오라고 강압적으로 요구했다. 물론 고려 조정은 거부했다.

몽골 군대가 수전에 자신 있는 건 아니었지만 그래도 배를 만들어서 강화도까지 가는 건 가능했다. 다만 지금도 그렇지만 강화도로 가는 물살이 상당히 급한 편이라 많은 인력 손실이 수반될 수밖에 없었다.

살리타는 강화도에 있는 고려 조정을 압박해서 반강제적으로 그들이 알아서 섬에서 나오도록 고려를 초토화하기로 했다. 군대를 여러 부대로 쪼개서 한반도 전역으로 보내 국토를 밟고 쑥대밭으로 만들어 버리면 고려 조정도 별수 없이 섬에서 나올 수밖에 없다고 판단했다.

몽골군은 고려의 남부 지방까지 내려가며 고려의 국토와 백성을 짓밟았다. 대구의 부인사에서는 고려의 8대 왕 현종 대 거란족의 침입 당시 국방의 염원을 담은 《초조대장경》을 보관하고 있었는데, 대구가 휩쓸리면서 부인사와 《초조대장경》이 모두 불타 없어져 버렸다. 이 정도로 고려 국토를 불바다로 만들어도 강화도의 고려 조정은 꿈쩍도 하지 않았다.

한편 살리타가 직접 이끄는 부대는 11월 지금의 서울을 함락했고, 곧이어 경기도 광주로 진격했다. 당시 광주안무사로 부임하고 있던 이세화가 성내 군사와 백성이 단결하여 광주성에서 살리타의 공격을 막아 내며 첫 승전보를 올렸다. 한 번 함락 못한 고려의 성이 얼마나 끈질긴지 1차 때 절실히 실감했던 살리타는 광주성 함락에 연연해하지 않고 인근의 경기도 용인으로 넘어갔다.

용인에는 처인부곡이 있었다. 부곡은 마을 전체가 국가가 할당해 준 특정 농작물을 생산해서 세금을 바치던 특수 행정 구역이었다. 그 뜻은 처인부곡에는 군량미를 충당할 수 있는 식량이 많이 쌓여 있었을

테고, 살리타는 처인부곡의 식량을 노렸을 것으로 보인다. 처인부곡에는 아주 작은 토성 하나만 있을 뿐이었다.

살리타가 처인부곡에 도착했을 때 처인성 안에는 부곡 마을 사람과 소수의 병력 그리고 몽골군이 온다는 소식을 접하고 일부러 처인성을 사수하기 위해 들어온 승병이 주둔하고 있었다.

1232년 12월 16일 살리타는 처인성에 대한 공격을 감행하기 전에 처인성의 동문 쪽으로 직접 기병대를 이끌고 정찰을 나갔다. 처인성에서 승병을 지휘하던 승려 김윤후는 처인성 인근 곳곳에 승병과 병사들을 매복시키고 있었는데, 동문 쪽으로 접근하던 살리타를 목격했다.

김윤후가 살리타의 생김새까지 알고 있을 리 없었겠지만, 천하의 몽골군을 지휘하는 총대장일진대 화려한 갑옷 차림이라 딱 봐도 높은 위치의 장수임은 단번에 알아봤을 것이다. 처인성이 워낙에 작고 처인부곡도 작은 마을이라 방어하는 고려 병사도 얼마 없으니 살리타는 살짝 경계를 풀고 정찰에 나섰고 호위 병력도 많지 않았다. 매복해 있던 김윤후는 인근을 지나가는 살리타를 습격했고, 살리타는 날아오는 화살에 머리를 맞고는 그 자리에서 즉사했다.

몇만의 군대를 이끄는, 몽골군 전체를 관장하는 총사령관이 이렇게 느닷없이 전사하자 몽골군엔 패닉이 와 버렸다. 어찌할 바를 몰라 우왕좌왕하며 개경에서 머물고 있던 부사령관이 한반도 곳곳에 퍼져 있던 몽골 병사를 전부 소환한 뒤 본국으로 철수해 버렸다.

1232년 12월 제2차 몽골 침입은 누구도 예상치 못한 시나리오로 끝나 버렸다. 총사령관이 조기 체크메이트를 당해 바로 끝나 버리는 전쟁은 흔한 경우가 아니라 고려 조정도 당황하긴 마찬가지였다.

전쟁이 끝나고 고려 조정은 몽골 2차 침입의 최대 영웅인 김윤후를 강화도로 불러서 육군참모총장 격의 상장군 벼슬을 제수하려 했다. 정작 김윤후는 상장군이 되면 현장에서 자유롭게 싸우기가 곤란하다며 벼슬을 한사코 거절했고 종6품 정도의 섭랑장에 임명됐다. 또한 처인부곡은 처인현으로 승격되어 부곡의 낮은 지위에서 탈출할 수 있었다.

고려 조정이 김윤후에게 상을 내렸다면 반대로 무거운 벌을 내려야 하는 자가 있었으니 매국노 홍복원이었다. 서경에 머무르고 있던 홍복원은 1233년 서경에서 반란을 일으켰지만, 금세 고려 조정에서 보낸 중앙군에게 토벌당했다. 홍복원과 그의 아들만 서경을 탈출해 몽골로 완전히 넘어갔고, 도망치지 못한 홍복원의 일가는 체포되어 전부 처형당했다.

홍복원은 몽골에서 몽골 조정의 벼슬을 받고 완벽한 몽골인으로 살아가게 된다. 제2차 몽골 침입이 순식간에 끝나긴 했지만, 고려를 완전하게 복속시키지 못한 몽골이 다시 쳐들어오리란 건 당연한 수순이었다.

제3차 몽골 침입 : 황룡사 9층 목탑의 소실

2차 침략이 실패로 돌아간 뒤 몽골족은 여진족의 국가 금나라와 최후의 싸움을 벌이다가 1234년 금나라가 멸망하고 여진족은 뿔뿔이 흩어졌다. 중국 북방의 금나라를 물리친 몽골은 이제는 남방의 송나라를 노려야 했다. 송나라가 있는 한 몽골은 고려를 재침하여 후방을 확실하게 안정화시켜 놓아야 했다. 특히나 송나라는 역사적으로 고려와 친한 국가였으니 말이다.

금나라와 전쟁이 끝나고 바로 이듬해 1235년 오고타이 칸은 탕우타이를 새로운 총지휘관으로 임명하여 고려를 침공했다. 몽골의 3차 침입이었다. 탕우타이는 과거 살리타의 부장으로 1, 2차 고려 전쟁 때 모두 투입됐었기에 고려에 대해서 빠삭했다. 탕우탕이는 고려의 매국노 홍복원을 길잡이로 세우며 남하했다.

역시 고려 조정은 강화도에서 가만히 버티기만 하였다. 탕우타이의 몽골군은 누가 이기나 보자며 고려 전 국토에 몽골군을 뿌려 각종 약탈과 파괴를 자행했다. 그리고 3차 몽골 침입 때 우리나라의 소중한 유산을 상실하니, 바로 신라시대 이래 내려오던 황룡사와 황룡사 9층 목탑이 소실되었다.

황룡사는 신라의 전성기를 이끌었던 진흥왕이 창건하고, 신라의 문화 군주였던 선덕여왕이 황룡사에 세운 목탑이 황룡사 9층 목탑이었다. 황룡사 9층 목탑은 한국의 문화재 사상 가장 높은 유물이었다. 목탑 꼭대기 층에 올라서면 경주 시내가 한눈에 굽어봤다고 하니 그 위용이 대단했을 것이다.

조사에 의하면 황룡사 9층 목탑은 높이가 80m에 이르렀다고 하는데, 이는 아파트 30층과 맞먹는 높이다. 경주에 내려온 몽골군은 이 압도적인 탑을 무너뜨리면 고려인의 정신에 큰 충격을 주리라 여기며 황룡사와 황룡사 9층 목탑을 흔적도 없이 불태워 버렸다.

몽골군이 고려 곳곳을 누볐지만, 일부 지역에서는 몽골군을 격퇴하기도 하였다. 지금의 평안북도 희천군인 개주에서, 지금의 경기도 안성인 죽주에서, 지금 온양 온천이 있는 충남 아산의 온수에서, 지금의 충남 공주시인 효가동에서 승전고를 울렸다.

그중 가장 격렬했던 전투는 1차 몽골 침입 때 몽골군의 공격을 끝까지 막아 냈던 자모산성 전투였다. 따라서 자모산성 전투는 1차와 2차로 구분하기도 한다. 1236년 7월경 탕우타이가 직접 이끄는 몽골 본대가 자모산성을 포위했다. 자모산성에는 최경후, 김지저, 김명회 등의 고려 장수가 있었고, 이들의 지휘로 자모산성은 모든 힘을 모아 항전했다.

1차 자모산성 전투 때는 끝까지 버텨내지만, 2차 자모산성 전투에서는 한 달을 잘 버티다가 함락되었다. 자세한 전쟁의 내막에 대해서 전해지는 기록은 없지만, 고려의 지휘부가 모두 현장에서 전사했다고 한다.

3차 침략 도중이었던 1237년 전라남도 담양에서 나주에 이르기까지 이연년 형제가 반란을 일으키기도 했다. 얼마나 고려 조정에 대한 불만이 가득 차 있었는지, 전쟁 도중에 반란을 일으킨 것만 봐도 당대 고려 조정에 대한 민심이 어땠는지 알 만하다.

이연년 형제는 백제부흥운동을 기치로 내걸었지만, 어디까지나 반란의 명분일 뿐이었다. (일전에도 이의민 집권기에 김사미·효심이 신라부흥운동을 반란의 기치로, 최충헌 집권기에는 서경에서 군졸 출신의 최광수가 고구려부흥운동을 반란의 기치로 내걸었다. 피지배층이 반란을 일으켜 세력을 확대하기에 과거 옛 국가의 부흥운동이 가장 만만한 명분이었을 것으로 보인다.) 이연년 형제의 난 진압으로는 1차 몽골 침입 당시 귀주성을 목숨 걸고 사수했던 전쟁영웅 김경손이 투입되어 진압하였다.

한편 강화도 내부에 있는 고려 조정이 아무것도 안 했는가 하면 그건 아니었다. 최우는 특수 경찰 부대를 목적으로 창설했으나 사실상 본인의 개인 친위부대였던 야별초를 고려 각 지역에 파견하여 백성의 피난을 도왔다. 게릴라 전술로 몽골군의 보급 부대를 기습하는 등 적극적으로 전선에 투입하였다.

최우는 민심을 수습하기 위해 새로운 대장경 사업을 고안해 냈다. 2차 몽골 침입 당시 고려의 《초조대장경》이 소실되었고, 얼마 전에는 황룡사와 황룡사 9층 목탑까지 불타 없어지니 불교 국가 고려의 백성이 정신적으로 상당히 불안할 수 있었다. 전시 상황일수록 더 민심은 규합시킬 필요가 있던 최우는 소실된 대장경을 재간행하겠다며 강화도에 대장도감이란 관청을 신설했다. 대장경 간행은 엄청난 국력이 투입되는 일이라 꽤 오랜 시간에 걸쳐 제작되었다.

고려 백성을 도륙하고 마을을 파괴하여 고려 조정을 강화도에서 나오게 하려는 몽골군과 그럼에도 어떻게든 강화도에 버티려고 했던 고려 조정의 치킨게임은 무려 4년이나 이어졌다. 1235년 본격적으로 시작된 몽골족의 3차 침입은 1238년 겨울이 되어서야 끝이 났다.

먼저 백기를 든 쪽은 고려 조정이었다. 몇 년간의 약탈이 계속되니 고려 조정이 입은 피해가 이루 말할 수 없었다. 고려 조정은 탕우타이에게 몽골군이 철수한 이후에 고려 조정이 강화도를 나와 개경으로 돌아갈 것이며, 고려의 왕 고종이 직접 몽골로 찾아가 칸에게 입조를 하겠다는 조건으로 전쟁을 끝냈다.

1239년 4월이 되어서야 몽골군은 전부 본국으로 철수하였다. 그렇다면 과연 고려 조정은 강화도에서 나와 왕인 고종이 몽골을 직접 방문했을까? 고려 조정은 그 어떤 조약도 지키지 않았다. 고종 대신 고종의 조카를 대신 보내지만, 이는 오히려 몽골의 분노만 살 뿐이었다.

제4차 몽골 침입 : 《팔만대장경》 조판

몽골의 3차 고려 침입이 있고 2년 후 1241년 몽골의 2대 칸이었던 오고타이 칸이 사망했다. 유목 사회에서는 장자 승계 원칙이 약하고, 실력 위주의 후계 계승 문화가 발달해 있어서 칸이 죽으면 언제나 다음 칸을 두고 왕자끼리 경쟁하기 일쑤다. 3대 칸 자리를 두고도 그 일족끼리 치열한 내분이 이어져 2대 칸인 오고타이 칸이 죽고 5년이나 지난 1246년이 되어서야 오고타이의 장남이었던 구육이 3대 칸으로 즉위했다.

이 5년 동안 고려는 잠시나마 전쟁의 휴식기를 가질 수 있었다. 그러나 구육 칸이 즉위하고 이듬해 1247년 고려 고종이 입조하겠다는 약속과 고려 조정이 강화도에서 나오겠다는 약속을 모두 어기고 있음을 빌미로 고려를 다시 침공하며 몽골의 4차 침입이 발발했다.

몽골의 4차 침입과 관련해서는 구체적인 전세 상황이 전해지지 않고 있다. 다만 《고려사》에는 조정에서 전국 각지의 백성은 최대한 섬으로 대피하라는 지시를 내렸고, 야별초 병력이 백성의 피난을 호위하도록 하는 기록만 파편적으로 전해진다.

> 북계병마사 노연에게 명하여 북계 여러 성의 백성을 모두 옮기어 섬으로 들어가게 하였다. 위도(평안북도 안주)가 있는데, 십여 리나 펀펀하여 농사를 지을 만하나 조수 때문에 개간하지 못하더니, 병마판관 김방경이 명령하여 둑을 쌓게 하여 파종하였다. 백성이 처음에는 무척 괴로워하였으나 가을이 되니 크게 풍년이 들어 사람들이 그 덕으로 살아났다. 섬에 우물이 없어서 물 길러 갔다가 때때로 사로잡혀 가므로 방경이 빗물을 저축하는 못을 만들어 그 걱정이 없어지게 되니 사람이 모두 슬기에 탄복했다.
>
> ─《고려사절요》제16권, 고종 안효대왕3, 무신 35년(1248년)

4차 침입 역시 고려의 피해가 막심했는데, 1248년 돌연 몽골의 구육 칸이 사망했다. 소식은 1249년에 전해졌다. 몽골의 풍습상 칸이 죽으면 곳곳에 대외원정을 가 있는 모든 사령관이 몽골로 다시 돌아가야 한다. 이 때문에 고려에 주둔하고 있던 모든 몽골 부대도 어쩔 수 없이 몽골로 돌아가면서 4차 침입도 얼떨결에 끝났다.

반복되는 전쟁으로 고려의 국력도 고갈되고 있었다. 고려 조정은 강화도에 들어가 나올 생각까지 하지 않으니 4차 전투 이후가 되면 고려의 지방군은 사실상 없다시피 했다. 마을 방어는 마을 단위로 각자 마을 사람이 도맡을 수밖에 없었다.

대신에 원래 경찰 업무를 맡던 최우의 개인 경호 집단 야별초가 마치 정규군처럼 각 지방에 파견되어 전선에 투입되었다. 몽골과의 전쟁이 격화되면서 최우는 야별초의 규모를 더욱 확대했고, 정확한 시점은 알 수 없으나 최우는 거대해진 야별초 조직을 효율적으로 운영하기 위해 야별초를 우별초와 좌별초로 나누었다. 우별초와 좌별초는 이후 계속 몽골과의 전쟁에 투입되는 주요 병력이었다.

몽골의 4차 침입까지 끝나고 2년이 지난 1251년 3차 침입 때부터 작업을 시작한 《팔만대장경》이 무려 15년 만에 완성되었다. 《팔만대장경》의 압도적인 양에 대해서 우선 수치로 과시해 볼 수 있을 것 같다.

《팔만대장경》은 이름대로 8만 장이 넘으며 6,700여 권으로 구성되어 있고, 글자 수만 무려 5,279만여 자이다. 하루에 한 권씩 읽으면《팔만대장경》을 완독하는데 30년이 걸린다고 한다. 그러나 《팔만대장경》이 전 세계적인 대장경으로 인정받는 이유는 분량 때문이 아닌 그 성밀함 때문이다.

5,200만여 자나 되는 글자 수 속에 오탈자가 거의 없으며 오탈자율은 0.0003%라고 한다. 단순 오탈자가 아니더라도 서체 자체가 구양순체라는 하나의 서체로 일관되어 있는데, 그 많은 글자 수를 동일한 서체로 유지하며 판각했다는 사실에 그저 놀랄 뿐이다. 이러한 가치를 인정받아 우리나라 국보 제32호이며, 2007년 유네스코 세계기록유산에도 등재되었다.

《팔만대장경》은 한 사람이 만든 것이 아니라 집단의 힘으로 제작되었다. 한 사람이 제작한 경우라면 그 사람의 능력에 대해 감탄하며 한 사람의 공으로 돌아가겠지만, 그 많은 인력이 완벽에 가까운 《팔만대장경》을 만드는 과정에서 그 엄청난 정신력과 집중력을 보였다는 건 고려인의 집요함인지 한국인의 집요함인지 어찌 됐든 내 핏속에도 그 끈기 있는 유전자가 흐른다는 사실에 괜히 뿌듯하다.

《팔만대장경》과 더불어 과학적, 기술적, 미학적으로 지금의 기술로도 복원할 수 없는 걸작이 숱하게 존재한다. 과학기술이 눈이 부시게 우수하게 발전했는데도, 그 몇천 년 전, 몇백 년 전 기술을 재현하는 게 불가능하다는 것은 인류사의 아이러니로 보이기도 한다. 하지만 마냥 이해가 안 가는 것은 아니다.

《팔만대장경》의 예에서 보이듯 이 정도 완벽한 걸작의 탄생에 투입되는 가장 중요한 재료 혹은 기술은 '정성'이다. 우리는 불교 교리에 대한 정성 면에서 고려인을 따라갈 수가 없다. 예술은 결코 노하우나 축적된 기술로 완성될 수는 없다. 창작자의 의도, 태도, 정성 등 눈에 보이지 않은 가치가 예술을 예술답게 만들어 준다.

현재 《팔만대장경》을 보관하고 있는 절은 합천 해인사의 장경판전이지만, 장경판전은 조선시대 때 만들어졌으며 《팔만대장경》이 처음 완성되었을 때는 강화도의 선원사에서 보관하였다.

그러나 일각에서는 국난의 상황 속에서 민생은 외면한 채 그 막대한 국가의 재정을 고작 불경 만드는데 투입한 고려 조정을 비난하기도 한다. 몽골이 고려를 파괴하고 있을 때 고려 조정이 민생을 책임졌느냐고 물어본다면 그렇다고 대답하기가 머뭇거려진다.

그러나 《팔만대장경》 제조는 분명 당대에도 큰 의의가 있었다. 고려의 백성은 불교에 정신적으로 크게 의지하고 있었다. 오로지 불도의 마음으로 빌면 부처의 힘으로 외적이 물러날 수 있다는 것쯤은 고려 조정도, 고려 백성도 비현실적임을 알고 있었다.

그럼에도 대장경 재간행 사업은 밀고 나갈 가치가 있었다. 백성을 정신적 트라우마에서 극복시키고 희망을 줄 수 있는 나름의 방법이었다. 더불어 최우가 《팔만대장경》 제조를 지시함으로써 당시 군부 독재 정권에 등을 돌리고 있던 일부 불교 종파를 회유해 승려 스스로 승병을 조직해 전선에서 싸우는 효과까지 있었다.

《팔만대장경》은 세계 최고 수준의 인쇄술과 과학 기술을 자랑하는 그리고 과거 우리 조상인 고려인의 독실한 신앙심이 빚은 자랑스러운 우리의 문화재이다.

왕이 개경에서 출발하여 승천부에서 머무르고
병술일에 강화도의 객관에 입어하였다. 이때 장맛비가 열흘이나 계속 내려,
진흙이 발목까지 빠져서 안마가 쓰러지곤 하였다.
지체 높은 집안이나 양가의 부녀로서 맨발로 업고 이고 하는 자까지 있었다.
백성 중엔 홀로 남겨져 갈 바를 잃고 호곡하는 자가 이루 헤아릴 수 없었다.

–《고려사절요》제16권, 고종 안효대왕3, 임진 19년(1232년)

동서고금 인류역사상 전쟁을 장기 집권의 명분으로 삼았던 집권자가 더러 있었다. 전쟁이란 위급 상황을 수습할 수 있는 유일한 정권임을 내세우며 권력의 정당성을 확보하려는 것이다. 고려시대 무신정권이 그러했다. 무신정권은 대몽항쟁을 어떻게든 길게 끌고 가며 정권의 명분을 확보했다. 그러나 최우 사후 연이은 무능한 집권자의 횡포로 무신정권의 위상은 점점 추락하더니 마침내 고려의 24대 왕 원종은 무신정권과 최후의 결투 끝에 근왕 운동에 성공했고 몽골과의 전쟁도 마무리를 지었다. 100년에 걸쳤던 무신정권의 몰락 과정은 부패한 권력은 어떻게 필연적으로 무너질 수밖에 없는지를 시사한다.

4

무신정권의 몰락

막장 최항의 집권

제4차 몽골 침입이 끝난 직후 최우는 《팔만대장경》의 완성을 보지 못하고 사망했다. 최우에 대한 평은 극과 극이다. 군부 독재를 공고히 하며 고려의 왕을 허수아비 왕으로 만들고 뇌물과 부정부패가 만연한 사회로 만든 책임은 최우에게 있다.

동시에 문예적 능력과 예술적 활동에도 조예가 깊었던 최우는 정치적인 감각이 정말 뛰어났고, 대를 위해 소를 희생시켜도 고려 전체의 국익을 위한 일이라면 불도저로 밀고 나가는 철의 리더였다.

몽골과의 지속적인 항쟁, 강화도 천도, 《팔만대장경》 제작 등이 전

부 최우의 명령하에 이루어졌다. 최우와 무신정권이 훌륭하게 대몽항
쟁의 지휘부 구실을 했는가 하면 선뜻 그렇다고 하기 어렵지만, 어찌
됐든 대몽항쟁의 구심점 역할을 하던 최우가 세상을 떠났다.

고려의 무신정권은 최우가 최충헌의 직위를 세습하면서 최씨 정권
기가 수립되었다. 최우는 무신정권 최초의 세습자였다. 최씨 정권의
세습은 최우 다음 대에도 이어졌을까? 최우의 건강이 악화할 무렵부터
고려의 최대 이슈는 최우의 뒤를 이을 후계자였다.

최우에겐 아들이 없고 딸만 있었다. 그래서 최우는 딸의 남편, 즉 사
위 김약선을 후계로 점찍어 두고 있었다. 김약선이 비록 최우의 친아
들은 아닌 사위였지만, 자신의 후계로 삼을 만큼 김약선에 대한 총애와
애정이 남달랐다. 최우 또한 자기 다음 세대에 혼란을 최소화하기 위
해, 군말 나오지 않게끔 일찍이 김약선을 후계로 밀어붙이고 있었다.

더군다나 김약선과 최우의 딸 사이에서 낳은 딸이 훗날 고종의 뒤
를 이어 고려의 왕이 될 태자의 태자비였다. 태자가 고종의 뒤를 이어
왕이 된다면 김약선과 최우의 딸은 왕의 장인, 장모가 되어 막강한 권
세를 누릴 수도 있었다.

그러나 김약선 내외의 끝은 해피엔딩이 아니었다. 김약선과 최우
의 딸 사이 금슬이 최악이었다. 최우의 딸은 집안의 남자 종과 바람이
났는데, 김약선이 이 사실을 알아 버렸다. 최우의 딸은 자신의 외도를,

그것도 종과의 외도를 김약선이 아빠 최우한테 이야기할까 봐 노심초사했다.

최우의 딸은 최우에게 가서 남편 김약선을 모함했다. 안 그래도 아내와의 사이가 좋지 못했던 김약선은 기방을 자주 들락거렸는데, 어느샌가 최우는 기방의 출입이 잦고 딸과 사이가 점점 멀어지는 김약선을 안 좋게 보고 있었다. 이런 와중에 딸의 모함까지 겹친 것이다.

딸의 모함에 속은 최우는 사위 김약선에게 독주를 내려 죽였다. 그런데 얼마 가지 않아 딸의 거짓말이 들통났고 딸이 남자 종과 바람을 피우고 있었으며, 이를 덮기 위해 남편을 모함했다는 모든 내막이 밝혀졌다. 도저히 딸을 용서할 수 없었던 최우는 딸마저 죽였다. 이로써 최우에게는 후계를 이을 사람이 모두 사라졌다.

최우에게 아들이 전혀 없진 않았다. 최우가 창기와 낳은 사생아 만종, 만전 형제가 있었다. 두 형제는 천출 사생아인 데다가 어려서부터 온갖 천박한 짓을 자행하고 다녀 최우에게 아들 대접은커녕 취급도 받지 못했다.

최우조차 어쩌지 못하는 두 형제의 각종 망나니짓에 최우는 두 형제의 머리를 깎게 하고 지방의 절로 강제 출가시켰다. 절의 승려로 있으면서도 두 형제는 당대 최고 집권자의 아들이라는 출신과 승려라는 신분을 이용해 인근 고을의 백성을 상대로 사채업을 벌이면서 각종 패악질을 일삼았다. 이때까지만 해도 아직 김약선이 있었기에 최우는 후계에 대해 별걱정이 없었으나, 김약선 내외가 모두 죽은 후 최우는 별다른 선택 없이 만종, 만전 형제 중 한 명을 후계로 지목해야만 했다. 이유는 정확히 알 수 없으나 최우는 형 만종이 아닌 동생 만전을 후계자로 삼기로 하고 수도 강화도로 소환했다.

최우는 후계로 지목된 제 아들이 천한 이름을 계속 사용할 수 없다며 '최항'이라는 새로운 이름을 하사했다. 최항은 차근차근 승계 과정을 밟던 중 1249년 아버지 최우가 죽자 그의 뒤를 이어 교정도감의 새로운 주인이 되었다. 최항이 집권하면서 최씨 정권의 영광은 모두 사라지게 되었다.

최항의 막장 짓은 아버지가 죽은 지 불과 이틀 후부터 터져 나왔다. 최항은 아버지의 장례 도중 아버지의 첩들을 겁탈했다. 대외적으로는 각 지방의 탐관오리라 비판받던 이들을 파직시키고 각 지방의 세금을 줄이는가 싶더니 얼마 안 있어 탐관오리를 모두 재등용하였고 전쟁 와중인데도 무거운 세금을 부과하였다.

최항은 정치를 전혀 모르던 집권자였다. 오로지 개인의 욕망과 권력을 앞세운 복수만 알 뿐이었다. 최항은 승려였던 시절 자신에게 잔소리했던 고을의 사람을 유배 보내거나 죽여 버렸다. 사람을 참혹하게 살해하는 최항의 사이코패스 기질은 이제 시작이었다.

천출 사생아라는 최항의 출신 콤플렉스는 언제 본인의 자리가 위협받을지 모른다는 두려움에 잘못 어긋나고 있었으며, 그 화가 여러 사람에게 미쳤다. 우선 한때 자신을 천출의 사생아라고 멸시하던 최우의 첩이었던 대씨 부인이 있었다. 최항은 그녀의 집안 재산부터 몰수하였다.

대씨 부인은 최우와 재혼한 것이었고, 전 남편 사이에서 낳은 아들인 오승적이 있었다. 최항은 화풀이로 오승적을 바다에 빠뜨려 죽여 버렸다. 아울러 대씨 부인을 바다의 오지 섬으로 유배 보낸 뒤 독살해 버렸다.

그리고 원래 최우의 뒤를 잇기로 했던 김약선은, 비록 김약선 자신은 죽었지만, 그의 가족이 남아 있었다. 그 가족은 존재만으로 최항에겐 위협의 대상이었다. 우선 김약선의 아들 김미를 유배 보냈다.

그런 다음 최항은 절대 건드려서는 안 될 영웅까지 건드렸는데, 바로 1차 몽골 침공 당시 귀주성 전투의 신화를 쓰고, 3차 몽골 침공 당시 이연년 형제의 난을 진압했던 김경손 장군이다. 김경손 장군은 김약선의 친동생이었기에 최항의 칼춤을 피해 가지 못했다.

최항은 김경손을 죽이려고 했으나 가까스로 김경손은 도망쳤다. 그런데 김경손이 친모에게 보낸 편지가 발각되어 최항은 김경손을 곧바로 체포하여, 독주를 먹인 뒤 강물에 빠뜨려 버렸다. 최항의 의심병은 그칠 줄을 몰랐고, 살육은 끝이 없었다. 가뜩이나 언제 몽골군이 다시 침략해 올지도 모르는데, 최항은 공포 정치로 일관하였다.

제5차 몽골 침입 : 충주 격전

여전히 고려 침공을 마무리 짓지 못한 몽골은 1253년 다섯 번째 침공을 감행했다. 사령관은 예케였다. 언제나 그렇듯 고려 조정은 강화도에 버티고 있고, 몽골군은 그런 고려 조정이 강화도를 나올 때까지 지나가는 고려의 국토를 잿더미로 만들어 버렸다.

5차 침공 때 몽골군은 특히 한반도의 중부 지방을 집중하여 공략하였는데, 지금의 강원도 철원, 양양, 춘천, 경기도 양평 등이 큰 피해를 보았다. 그중 1253년 10월 충청도로 진입한 몽골 부대가 있었다. 충주성에는 2차 몽골의 침공 당시 용인의 처인성에서 적 사령관 살리타를 사살했던 김윤후와 그의 부대가 주둔하고 있었다.

김윤후가 있었다지만 충주성 병력은 얼마 되지 않았다. 충주성의 지휘부 상당수는 이미 도망간 상태였고, 병사도 대부분 탈영하였으며 정규군은 소수였다. 어쩔 수 없이 김윤후는 성내 충주의 일반 백성을 총동원하여 수성전에 임했다.

몽골군의 맹공을 막아 내지만, 시간은 고려 편이 아니었다. 고려의 군량이 거의 다 떨어지자 김윤후는 성내 노비를 전부 불러 모아다가 노비 문서를 불태우면서,

"너희들이 힘을 다해 함께 싸워 준다면 신분을 막론하고 모두에게 관직을 주겠으니 너희는 나를 믿고 싸워달라."

하며 사기를 진작시켰고, 충주성은 무려 70일이나 버텨냈다.

충주에서 몽골군이 포위를 풀었다고 보고하였다. 그때 포위를 당한 지 모두 칠십여 일이나 되어 군량이 거의 다 없어지게

되었다. 방호별감 낭장 김윤후가 군사를 타일러 격려하기를,

"만일 힘을 다해 싸운다면 귀천을 따지지 않고 모두 관직을
제수하겠다."

하고 관노의 호적을 불태워 믿음을 보이고 또 노획한 말과 소
를 나누어 주자, 사람들이 모두 죽기를 맹세하여 싸웠다. 몽
고군이 차츰 기세가 꺾이어 다시는 남쪽으로 내려오지 못하
였다.

– 《고려사절요》 제17권, 고종 안효대왕 4, 계축 40년(1253년)

강화도의 고려 조정은 어떻게 전쟁을 끝낼지 갑론을박 중이었다. 5
차 침공 때는 고려의 반역자가 더 늘어났는데, 고려 조정의 신하였던
이현과 왕족이었던 영녕군 왕준은 아예 몽골군 진영에 머무르면서 강
화도에 있는 최항과 고종에게 항복을 종용했다. 심지어 이현은 몽골
군과 함께 전투에 나설 정도였다. 이현과 왕준은 명백한 반역자였으나
기나긴 전쟁에 지친 고려 조정 내부에서도 이제는 강화도를 나가자는
목소리가 커지고 있었다.

하지만 최항은 항복할 의사가 없었다. 이 시점에 최항은 '신의군'이
라는 개인 부대를 하나 더 창설하였다. 신의군은 한때 몽골 포로로 잡
혀갔다가 도주하거나 풀려난 자로 구성한 부대였기에 반몽정서가 대
단히 확고했다. 최항은 전쟁이야말로 무신정권의 명분이라 생각하여
대몽항쟁을 이어갈 생각이었고 신의군도 그러한 최항의 입장을 내보

이기 위해 창설하였다.

아버지 최우 대부터 이어져 내려온 좌별초와 우별초, 그리고 최항의 신의군까지. 최씨 정권에서 부리던 세 부대를 합해서 '삼별초'라고 불렀다. 삼별초는 정규군이 없어지다시피 한 상황에서 최씨 정권의 개인 경호 부대 겸 정규군 임무를 수행하고 있었다.

최항이 몽골과 계속 싸우고 싶다고는 하지만, 정작 그가 취하는 제스처는 별로 없었다. 그저 강화도에 가만히 머무를 뿐이었다. 최항의 목적은 전쟁을 끌고 가는 것이지 전쟁에서 이겨서 끝내는 게 아니었다. 최항은 겉으로는 항전을 주장하지만, 고종을 부추겨 몽골군 진영에 있는 왕족인 영녕군 왕준을 통해서 강화 협상에 관해 이야기를 주고받았다.

때마침 몽골군 사령관이었던 예케가 병에 걸려 지휘권을 아무간과 홍복원에게 이양하고 본국으로 귀국하기로 하였다. 예케가 떠나려던 찰나 고려 조정에서 온 사신이 고려 조정이 강화도에서 나오겠다는 강화를 제안했다. 예케는 언제나 거짓 항복만을 해 오던 고려를 어떻게 믿을 수 있냐고 따졌고, 왕 고종이 직접 강화도를 나와 오늘날의 경기도 개풍군인 승천부에서 예케를 만났다.

고종은 노년의 몸으로 승천부에서 예케에게 준비가 끝나는 대로 개경으로 돌아가겠다는 약속을 했다. 또한 다음에는 고려의 왕자를 몽골로 보내겠다는 조건까지 확증하면서 5차 침공도 마무리되었다.

해를 넘기고 1254년 초가 되어서 전 몽골군이 철수하였다. 그때까지도 김윤후는 충주성을 지켜 내고 있었다. 당대에도 충주성 전투는 고려 조정에서 극찬받으며 회자했다. 충주성 전투의 공로로 김윤후는 상장군으로 임명되었다. 또한 김윤후의 건의대로 충주 내 노비는 면천되었고 민간인에게는 상을 줬으며 장수는 벼슬을 받거나 승진하였다.

한때 충주에서는 관노가 반란을 일으켜 도시의 직급이 강등되어 있었는데, 충주성 전투의 공적을 인정받아 충주의 도시 직급이 격상되었다.

제6차 몽골 침입 : 충주 다인철소 전투

그렇다면 고려 조정은 5차 때의 강화 협상대로 강화도를 나오고 태자가 몽골을 방문했을까? 고려 조정은 왕족이었던 영녕군 왕준을 보냈지만, 왕자가 아닌 왕의 친척이라는 이유로 뭉케 칸은 받아들이지 않았다. 뭉케 칸은 태자 한 명으로는 불충분하다며 왕 고종과 군부 독재의 수장 최항 두 사람이 직접 몽골로 찾아와 자신에게 인사할 것을 요구했다. 그러나 고려 조정이 들어줄 수 없는 요구였다.

고려 조정은 5차 전쟁 때 몽골군을 도왔던 반역자 이현을 죽이고 그 집안의 재산을 모두 몰수했다. 이현의 아들들마저 모두 바다에 던졌으며, 이현의 아내와 남매 그리고 사위는 섬으로 귀양을 보냈다.

1254년 7월, 몽골과 5차 전투가 끝난 지 이제 겨우 반년이 지나서 자랄타이가 다시 고려를 침공했다. 이제 몽골군도 다른 방법을 고안해 냈다. 고려 전 국토를 파괴하면 고려 조정이 버티지 못하고 강화도에서 나올 것이라 예상했지만 2~5차 침공에 이르기까지 별 소득을 보지 못했다.

몽골군은 강화도 자체를 공략하기로 하고 수군을 동원하기 시작했다. 6차 침공 때부터는 몽골군의 수군이 서해안을 따라 고려를 약탈하고 강화도로 향하는 물자를 차단해 강화도를 고립시킬 작전을 펼쳤다. 물론 육군으로 한반도를 약탈하는 작전도 병행되었다.

자랄타이의 본대는 5차 침공 때 함락시키지 못했던 충주성으로 향했다. 5차 침공 때의 설욕전도 있었겠지만, 충주는 한반도 중부 수운 교통의 중심부이기 때문에 충주를 장악하면 강화도를 더 확실하게 경제적으로 고립시킬 수도 있었다. 다만 6차 침공 때 충주성에는 김윤후가 없었다.

자랄타이는 어렵지 않게 충주로 진입하여 다인철소로 향했다. 오늘날 충주시 주덕면에 있다고 하는 다인철소는 '철'을 생산하는 소였다. 아마 자랄타이는 철을 생산하는 곳인 다인철소에서 철을 확보하여 일종의 무기고로 삼을 예정이었나 보다. 소를 포함해 향, 부곡, 소, 장, 처의 백성은 신분도 낮았으며 지방관의 직접적인 통치를 받았지 않았기에 과거 용인의 처인부곡처럼 군대가 많지 않았다. 오로지 민간 백성끼리 단합하여 지켜 내야만 했다.

충주 다인철소에서 출토된 철제들(국립중앙박물관 소장)

다인철소 전투에서는 이름이 전해지지 않은 향리 지씨와 여씨가 농민과 천민 등 백성을 지휘하며 다인철소를 지켜 냈다. 다인철소 전투의 공으로 훗날 다인철소는 소에서 벗어나 일반 마을로 승격되었고, 마을 사람들 전부 신분이 상승하였다.

충주 장악에 실패한 자랄타이는 경북 상주로 향했다. 상주에는 상주와 상주 인근의 지역민이 몰려 전투 준비에 있었다. 기록에 의하면 승려 홍지가 지휘하고 있었다. 여전히 전문 장교가 아닌 계층이 지휘하고 있었으며, 상주산성에도 고려군의 병력은 역시나 부재했다.

그럼에도 자랄타이의 몽골군은 상주산성 함락에도 실패했다. 공격한 몽골군 절반가량이 전사하였으며 몽골 측 고위 장수도 사살되었다. 상주산성 함락에도 실패한 자랄타이는 분풀이로 이곳저곳을 돌며 강도 높은 약탈을 자행했고, 경남 진주까지 내려갔다.

전선이 몽골 측에게도 고려 측에게도 유리하지 않으니, 몽골 본국의 뭉케 칸이 자랄타이에게 철수 지시를 내리며 야심 차게 준비했던 몽골 수군도 별다른 작전 없이 6차 침공은 마무리되었다.

몽골의 6차 침공도 고려가 싸워서 외적을 물리친 것처럼 보이지만, 실제 고려가 입은 피해는 극심했다. 자랄타이가 몽골로 돌아갈 때 데리고 간 고려인 포로가 20만 명이었다고 한다.

현재 충주시 인구가 21만 명이니 시 전체의 인구수를 데려간 것이나 다름없으며, 고려시대의 인구비례를 생각해 보면 시가 아닌 도 전체의 인구를 포로로 잡아간 것이다.

> 이 해에 몽골군에 포로가 된 남녀가 무려 20만 6천 8백여 명이었으며, 살육당한 자는 셀 수조차 없었다. 그들이 휩쓸고 간 곳은 다 잿더미가 되어 버렸으니 몽골의 침략이 벌어진 이후 이때보다 더 심한 적이 없었다.
>
> - 《고려사절요》고제17권, 고종 안효대왕4, 갑인 41년(1254년)

최항의 죽음

잠시 철군 명령을 내렸던 뭉케 칸은 1255년 9월부터 다시 자랄타이에게 고려를 침공하게 했다. 1255년 9월부터 7차 전투가 시작된다. 자랄타이는 초장부터 수군을 적극적으로 활용하기 위해 경기도부터 전라도까지 수군 병력을 보내 해안가를 탈탈 털었다. 몽골 수군이 경기도 시흥 앞바다를 장악하려다가 현지 고려 해적에게 혼쭐이 나서 도망간 기록이 있다지만, 몽골 수군을 내쫓은 전적은 극소수였다.

바다에서는 몽골 수군이, 육지에서는 몽골 육군이 옥죄어 오니 서해안 일대가 초토화될 수밖에 없었다. 몽골 육군은 서해안과 이어지는 강들이 몰려 있는 충청도 공략에 집중했고 충주, 제천, 단양 방어선이 무너지면서 1256년 충청도 전체가 사실상 몽골군에게 넘어가게 되었다.

충청도의 백성이 월악산 깊은 곳까지 숨어 들어가야 할 정도로 충청도의 피해는 심각했다. 다만 충남 아산 온수현에서 일부 고려 수군이 고려 육군과 연합하여 상륙 작전으로 바다로 나아가려는 몽골 수군을 격퇴했다. 전남 신안군의 압해도라는 섬에서 고려 주민과 해적이 몽골의 수군을 무찌르고, 전라남도 고흥군에서도 몽골 수군을 저지하는 등 산발적인 승전보도 있었다. 큰 규모의 승리는 아니었지만 적지 않은 서해안 일대에서의 승리는 자랄타이가 애초에 계획했던 강화도 상륙 작전에 차질을 빚게 했다.

고려 조정은 몽골로 사신을 보내며 항복 의사를 밝혔고, 뭉케 칸은 자랄타이에게 현재 진행 중인 모든 작전을 중단하고 전 병력 고려의 서경에 집결하여 추가 명령을 기다리라는 지시를 내렸다. 하지만 이는 전쟁 종전이 아니라 잠깐 시간을 끄는 것에 불과했다.

한편 최항의 사치벽과 거만함은 하늘을 찌르고 있었다. 최우의 카리스마와 능력을 기대했던 고려 조정의 백관들은 물론 심지어 군부 혹은 삼별초 내에서도 최항에게 실망하는 자들이 더러 생겨났다. 몽골과의 항쟁도 최항은 그저 계속 싸우자는 말만 앵무새처럼 되풀이할 뿐 실질적인 결정과 회의는 조정의 문신들과 일부 군부에서 이루어졌기에 교정도감의 권위와 권력이 예전만 하지 못했다.

악인에게 내린 천벌이었을까 아니면 매일 같이 술에 취해 살았기에 당연한 수순이었을까? 최항은 금세 병이 들어 1257년 마흔아홉의 나이로 사망했다. 최항도 정실부인에게서 낳은 아들이 없어서 사생아였던 최의가 교정도감을 이어받았다.

최의는 꽃미남 같은 용모에 성격이 소심하여 수줍음이 많았다고 한다. 조용조용할 것 같았던 최의였지만, 최의도 아버지 최항처럼 사생아라는 출신 콤플렉스로 의심병이 심했다. 최의 역시 집권하자 아버지 최항과 다를 바 없는 행태를 보였다.

아버지 최항의 장례식 때 아버지의 첩을 겁탈하는 만행을 보였다. 사람을 죽이는 것도 쉽게 생각하여 누군가 최의에게,

"어떤 사람이 공을 미천한 사람의 소생이라고 헐뜯었소."

라고 하면 진상조사 없이 그게 누구든 모조리 죽였다.

최항이 죽고 이제 좀 새로운 세상이 열리나 싶더니만 사람만 아버지에서 아들로 바뀌었을 뿐 결국은 그놈이 그놈이었고, 고려는 여전히 부정부패가 만연했다.

최의가 집권한 지 한 달도 안 된 1257년 5월 칸의 명령을 받은 자랄 타이가 서경에서 나와 다시 군사 행동을 감행했다. 자랄타이는 고려 조정이 강화도에서 나오고 고려의 왕이 자기를 직접 찾아오거나 고려 의 태자가 몽골로 입조하면 군대를 물리겠다고 알리는 한편, 오늘날의 평안북도 태천군과 평안남도 맹산군을 크게 약탈하며 협박해 왔다.

8차 침공에서도 역시 수군이 동원되었다. 서해안 북상에서 바닷길 을 통해 내려오던 몽골 수군이 오늘날의 황해도 옹진군에서 고려 수군 과 싸워 패전하여 퇴각하는 고려의 승리도 있었다. 그러나 8차 전투 때 고려 측의 승리는 이게 전부였고, 고려는 몽골의 뭉케 칸에게 빌고 빌 어 고려의 태자가 입조하겠다는 조건으로 약 5개월 만에 8차 침공도 일단락되었다.

1257년 5월에서 10월까지 5개월간 마땅히 교정도감의 주인이자 군 부의 수장으로, 판단하고 결정하며 전쟁을 진두지휘해야 할 최의는 그 어떤 것도 하지 않았다. 최항 때부터 최의에 이르기까지 두 사람의 연 이은 무능함과 패악질로 인해 군부 내에서도 그들에게 점점 등을 돌리 는 사람이 속출했다.

김준, 최씨 정권을 타도하다

최우가 최항에게 교정도감의 주인을 승계시킬 때, 아무래도 사생아 출신에 어릴 적부터 보인 최항의 행적 때문에 불안했던 최우는 측근 무장이었던 김준, 최양백, 이공주, 박송비, 송길유에게 최항을 잘 보필해 달라 당부하며 눈을 감았다. 아무 일도 하지 않았던 최항, 최의 시기에 교정도감은 실질적으로 이들의 손으로 운영되었다.

그러나 최항과 최의는 그들이 모셨던 최우와는 너무나도 다른 모습이었다. 옛 교정도감의 권위를 전혀 보여 주지 못하고 있었다. 최씨 정권의 경호부대이자 대몽항쟁기 정규군 역할을 했던 삼별초 내에서도 분열이 일어났다. 최씨 정권에게 실망하는 세력과 그럼에도 최씨 정권의 경호부대로서 의무를 다해야 한다는 세력이 팽팽하게 대립하였다. 이처럼 군부도 갈리고 있는 실정을 아는지 모르는지 최의는 자신의 심기를 조금만 건드려도 죽이거나 유배를 보내기 일쑤였다.

1258년 최의가 송길유를 추자도로 유배 보낸 일이 있었다. 송길유는 아첨하기를 잘하여 한때 최항의 눈에 들었고, 그 덕에 고작 병졸 출신이었던 송길유가 대장군까지 승진하기에 이르렀다. 다만 송길유는 고문하기를 즐겨하는 잔인한 성정에, 그간 대몽항쟁에 걸쳐 백성을 안전한 곳으로 피신시키면서 되려 백성의 재산을 강탈하고 있었다. 이점이 문제가 되어 최의가 송길유를 내친 것이다.

군부 독재 기간에 깨끗한 사람이 몇이나 되었겠는가. 비리를 저지르는 군부가 어디 송길유 하나였을까? 부패로는 최의가 더 위이거늘 최의가 송길유를 내친 건 무슨 이유에서인지 송길유를 지켜 주지 않겠다는 뜻이었다.

김준이 문신을 찾아가 송길유와 친분을 말하며 그에 대한 선처를 요구했다. 그러나 최의는 본인의 결정에 감히 반기를 드는 것이냐 역

정을 내며,

"내가 너희를 심복으로 여기고 있는 터에 어찌 너희 멋대로 이처럼 행동하느냐?"

하고 김준을 질책했다.

송길유 사건은 최의와 군부 사이가 얼마나 멀어졌는지를 여실히 드러내 준 사건이었다. 누구든 송길유처럼 내쳐질지 모른다. 김준 등의 무장은 이제 최의를 완전하게 믿을 수가 없었다. 김준은 박송비, 이공주, 임연 등의 무장과 문신 중에는 유경을 불러 최의를 죽여 최씨 정권을 타도하자는 거사를 계획하였다.

김준의 본명은 김인준. 김준의 아버지는 최충헌 집안의 노비였다. 당연히 김준도 최씨 집안의 노비였다. 그러나 최씨 집안을 자주 방문하던 최우의 측근들인 박송비와 송길유가 김준을 유심히 눈여겨보고는 그를 최우에게 천거해 무장의 길을 걸었다.

《고려사》에서 김준을 묘사하기를,

용모가 능름하고 성품이 관후했으며 아랫사람에게도 겸손히 대했다. 또 활을 잘 쏘고 남에게 잘 베풀어 인심을 얻었다.

－《고려사》권130, 열전43, 반역4, 김준 열전

라고 하였다. 그렇게 최우의 측근으로 성장한 김준이었지만, 김준이 최우의 첩과 간통하는 스캔들이 터지자 최우는 김준을 경남 바다로 유배를 보냈다. 하지만 몇 년 뒤 최우는 김준을 다시 불러들였는데, 자기 첩과 간통을 저질러도 용서해 줄 정도로 최우는 김준을 각별하게 아꼈다.

최우가 만종, 만전 형제 중 한 명을 후계로 삼아야 할 때도 김준의 입김에 따라 둘째 만전이 후계자로 결정되었으며, 만전이 최항이 되고 권력을 승계하는 과정에서도 김준이 직접 군사를 이끌고 반대파를 막아 준 덕에 최우의 뒤를 최항이 이을 수 있었다.

최항은 김준에게 많은 것을 빚졌기 때문에 김준에게 의지했지만, 최항의 아들 최의는 김준을 경계하고 멀리하였다. 오히려 최의는 최양백을 가까이했다. 최양백 역시 최씨 집안의 가노 출신으로, 무장으로 자수성가한 사례였다. 최양백도 김준처럼 최우를 모셨으며 최항의 집권, 최의의 집권 과정에도 참여하였다.

김준과 최양백의 사이도 원래는 가까웠다. 김준과 최양백은 각각 아들과 딸을 결혼시켜 사돈 관계를 맺을 정도였다. 하지만 최항과 최의의 무능함에 모두가 등을 돌릴 때 최양백만큼은 끝까지 최씨 정권을 수호하겠다는 뜻을 고수했다. 송길유 사건을 기점으로 최의는 김준 등을 아예 보지도 않고 오로지 최양백만을 곁에 두고 아꼈다.

김준은 거사에 동참할 무장을 포섭했다. 최의가 간사한 소인배를 곁에 두고 사람 해치기를 자주 하니 언제 우리도 당할지 모른다며 지지자를 모았고 연등회를 거사일로 결정하였다. 그러나 김준이 지지자를 포섭해 가는 과정에서 김준의 거사 정보가 새어 나갔다.

최양백은 곧바로 최의에게 보고했으나, 최의는 밤이라 당장은 그들도 움직이지 않을 테니 새벽에 그들을 체포하기로 하였다. 하필 최의의 계획도 김준에게 새어 나갔다. 새벽이 되면 그들이 역으로 당할 터이니 김준은 거사를 앞당겼다.

깊은 밤이 되자 김준은 삼별초 병력을 이끌고 최의의 집으로 들이닥쳤다. 최양백은 김준의 기습에 미처 대비하지 못한 채 당할 수밖에 없었다. 김준은 최양백을 불러 횃불로 입을 지지고 그를 죽였다. 최의의 담이 허물어지고 김준의 삼별초 병력이 최의의 집을 포위했으나 최의는 이미 도망치고 없었다.

최의의 부하 중에 원발이라는 장사가 있었는데, 이 원발이 최의를 업고 도망치고 있었다. 그런데 최의가 너무 뚱뚱하고 무거워 얼마 가지 못한 채 원발은 도주하고 최의는 발각되어 그 자리에서 처형당했다. 다음날 미리 포섭해 둔 유경, 최온 등의 문신이 김준을 지지했으며, 김준은 고종에게 거사를 보고하였다.

최의는 백성을 돌보지 않고서 굶어 죽는 백성을 그저 방관할 뿐 구휼하지 않으므로 저희가 정의의 깃발을 들고 그를 죽였습니다. 바라옵건대 곡식을 내어 굶주린 백성을 구제함으로

써 백성을 위로하소서.

-《고려사》권130, 열전43, 반역4, 김준 열전

고종은 김준을 치하하며 벼슬과 작위를 내렸다. 1197년 최충헌의 집권과 함께 시작한 최씨 집권기는 1258년 최의를 끝으로 60년 만에 타도되었다. 김준은 교정도감의 새로운 주인이 되었고, 김준의 정권은 이전의 최항과 최의와는 다르게 확실히 안정적이었다.

김준의 집권으로 무신정권의 모습이 조금씩 바뀌고 있었다. 김준은 적어도 겉으로는 무신과 문신의 합동 운영체제를 표방했다. 무신정권 의 독재체제를 끝내겠다는 뜻이었다. 무신 쪽에서 김준이, 문신 쪽에 서는 유경이 고려의 조정을 공동으로 운영하였다. 오죽하면 고종이 유경을 찾아가 눈물을 흘리며 정권을 왕실에 돌려주어 고맙다는 마음을 표하기도 했다고 한다. 유경은 최우 이래 내려오던 인사권 담당 기구 인 정방을 장악하고는 국가의 모든 일을 관장하였다.

정작 최의를 몰아내고 최씨 정권을 타도한 장본인은 김준인데, 모 든 권력이 유경에게 집중되면서 김준의 동생 김승준은 언제나 불만을 터뜨렸다고 한다. 유경은 대단히 호화로운 저택을 뽐냈고 그 집은 유 경에게 아첨하기 위해 찾아온 이들로 문전성시를 이루었다.

김준은 유경을 좌천시키고 그의 측근과 일파를 모두 숙청했다. 유 경은 김준에게 한때 같이 최씨 정권을 타도했던 일을 내세우며 선처를 빌자 김준은 굳이 유경만큼은 건드리지 않았다. 하지만 유경의 권세는 옛날만 못했고 김준의 독재체제로 회귀하였다.

이때 유경은 김준에게,

"공이 애초 나와 마음을 같이해 의병을 일으켜 정권을 왕실로 돌려주었소."

라고 말했다고 한다. 김준이 최씨 정권을 타도한 명분은 무신정권의 종식과 왕실 복고가 맞았지만, 김준과 교정도감은 여전히 실세로 군림했고, 유경이 김준에게 호되게 혼난 뒤로는 김준의 교정도감이 국가 전반을 책임졌다. 교정도감의 권력에 빌붙은 이들도 부정부패를 일삼는 것 또한 아무것도 바뀌지 않았다.

지난 2011년 충청남도 태안 마도 해역에서 고려시대의 난파선, 일명 '마도 3호선'을 인양했는데 여기서 목간 32점이 발견되었다. 목간에는 김준에게 진상하는 품목의 리스트가 적혀 있었는데, 그 양이 상당하여 김준의 권세와 재산이 막강했음을 증명하고 있다.

마지막 전쟁 : 제9차 몽골 침입

김준이 최씨 정권을 타도하는 등 어지러운 국내 상황 탓에 고려의 태자가 몽골을 방문하지 않았고, 1258년 4월 자랄타이가 다시 고려를 침공했다. 몽골의 9차 침공이자 이 지긋지긋한 전쟁의 마지막이었다. 최씨 정권을 타도하고 새로운 세상을 약속하겠다며 교정도감의 주인이 된 김준은 일전의 두 사람과 달랐을까?

비록 최항과 최의만큼 잔혹한 패악질을 하지는 않았지만 '몽골과 싸

위야 한다'고 입만 나불댈 뿐 실제 전쟁의 지휘엔 손을 놓고 있음은 달라진 바가 없었다. 황해도 수안군이나 경북 성주의 기암성과 한계성에서 고려가 소규모 승리를 거두지만, 모든 승전은 마을 단위로 마을 사람이 목숨을 걸고 지켜 낸 승리들이었다.

전쟁은 1259년 3월까지 무려 1년이나 이어졌다. 김준은 언제나 같은 패턴으로 전쟁을 마무리지었다. 이전까지는 최씨 정권의 방해 탓에 몽골 입조가 지연되었던 것인데, 최의를 죽였으니 이제는 고려가 약속을 지키겠다, 고려의 왕 고종은 노쇠해서 움직이기 힘드니 태자가 직접 몽골을 방문하겠다고 협상하였으며, 자랄타이는 다음 달에 직접 고려의 태자를 호위하겠다며 같이 몽골로 가자며 9차 전투도 끝이 났다.

김준은 최씨 정권 때문에 몽골 입조가 늦어졌을 뿐 이제는 몽골과 화친을 맺겠다고 했지만, 어디까지나 겉으로만 말하는 거짓말이었다. 어쨌든 김준도 무신정권의 집권자로서 그의 권력 기반은 전쟁에서 나올 수밖에 없었다. 무신정권의 집권자는 대몽전쟁을 권력의 기반으로 여겼다. 그들은 전쟁이 끝나는 것을 전혀 원치 않았다. 전쟁이 중단됐다가 이어졌다가 매번 반복되는 패턴도 무신정권이 권력이 이어가기 위한 교묘한 술수였다.

그러나 김준이 전혀 예상하지 못한 변수가 튀어나오니 바로 태자 왕직이었다. 태자 왕직은 이번에야말로 본인이 실제로 몽골을 방문하겠다며 행차 준비에 나섰다. 태자 왕직도 알고 있었다. 대몽항쟁이 무신정권이 권력을 놓지 않으려는 명분이라는 것을 말이다.

최충헌에 의해 옹립된 고종은 즉위 전부터 무신정권의 집권자가 얼마나 무서운 자들인가를 똑똑히 봤다. 그래서 고종은 의도적으로 그들과 싸우기를 꺼렸다. 그들과 싸운 왕의 마지막이 언제나 좋지 않았기 때문이다. 최충헌의 뒤를 이은 최우도 많은 부정을 저지르기도 했지만, 고려 국정은 혼자서도 이끌어나가는 철혈의 카리스마를 보였다. 단 고종의 아들이었던 태자 왕직은 왕을 허수아비로 만드는 무신정권을 혐오했다.

태자 왕직의 아내는 원래 최우의 후계자였던 김약선과 최우의 딸사이에서 낳은 딸이었다. 하지만 김약선이 죽고 최우의 딸도 죽으며 부모를 모두 잃은 태자비는 그 충격에 일찍 죽었다.

최우의 뒤를 이은 최항과 최의는 어떠한가. 무능하고 포악한 최항과 최의는 좋지 못한 모습만 보여 주니 태자 왕직은 무신정권을 본인이 무너뜨리고 왕정 복고를 회복할 수 있으리라 다짐했다.

그래서 태자 왕직은 무슨 수를 쓰든 몽골을 방문해서 이 미친 전쟁을 끝내고자 했다. 그저 무신정권을 무너뜨리는 것만이 목적은 아니었다. 1231년에서부터 1259년까지 약 30년이나 이어진 전쟁으로 고려는 탈진되었다. 백성은 도륙당하고 국토는 황폐화되었다. 더 이상 고려는 전쟁을 수행할 수 있는 여력이 없었다. 태자 왕직은 김준의 반대에도 무릅쓰고 몽골군의 자랄타이와 몽골행을 선택한다.

40여 명의 호종하는 신하를 데리고 몽골로 떠난 태자 왕직은 가는 도중 자랄타이가 병으로 사망하는 바람에 거의 고려인만 데리고 길을 떠났다. 가는 길에 태자에게 다소 난처한 소식이 전해졌다. 태자가 입조해야 하는 몽골의 4대 칸 뭉케 칸이 사망했다는 소식이었다.

칸이 죽으면 차기 칸의 자리를 이을 그 후계자에게 입조하면 그만이지만, 문제는 칸의 자리를 두고 뭉케 칸의 두 동생 쿠빌라이와 아리크부카가 대립하였다.

쿠빌라이는 중국 남쪽의 한족 왕조였던 남송을 멸망시키는 책임을 맡아 중국 대륙을 담당하는 총독으로 부임해 있었다. 쿠빌라이는 남송 멸망 전쟁 덕에 막강한 군사력을 보유할 수 있었고, 그의 입지 또한 상당히 올라가고 있었다. 그래서 몽골 초원 수도 카라코롬에서는 쿠빌라이를 상당히 견제하고 있었다. 쿠빌라이가 남송을 거의 멸망 직전까지 몰아붙였던 1259년 뭉케 칸이 사망했다.

원래 후계를 잇기로 되어 있던 아리크부카는 부족장 회의의 추대를 받아 칸으로 등극했고 카라코롬에서 군대를 소집하는데 이 병력은 누가 봐도 쿠빌라이와 대항하기 위한 군대였다. 쿠빌라이 역시 남송 멸망 전쟁에 투입했던 병력을 총동원하여 본인의 근거지였던 내몽골의 상도개평부에 주둔하며 1260년 본인을 지지하는 부족장의 추대로 칸에 등극했다.

쿠빌라이와 아리크부카 두 칸이 공존하며 으르렁거렸다. 그렇다면 태자 왕직은 카라코롬에 가서 아리크부카에게 입조할 것인가, 개평부로 가서 쿠빌라이에게 입조할 것인가?

정확한 이유가 전해지지는 않지만, 태자 왕직은 쿠빌라이를 선택했다. 태자 왕직이 개평부에 도착하자 쿠빌라이는,

"과거 당태종이 굴복시키지 못했던 고구려의 후예들이 나에게 입조하러 왔다."

하며 뛸 듯이 기뻐하고 태자 왕직을 극진히 환대했다. 쿠빌라이는 태자 왕직에게 사돈을 맺자며 태자 왕직의 아들과 막내딸을 혼인시키기로 약속까지 하였다. 쿠빌라이의 약속은 하나가 더 있었다. 만약 쿠빌라이가 아리크부카를 퇴치하고 본인이 완전한 칸으로 등극했을 때 더 이상 고려를 침공하지 않을 것이며, 최대한 고려에 유리하게 강화를 체결할 것이라고 했다.

무엇보다 '불개토풍', 즉 고려가 몽골의 속국이 되더라도 절대 고려의 자주적인 풍습을 건드리지 않겠다는 원칙을 약속했다. 태자 왕직의 쿠빌라이 선택으로 사실상 길고 길었던 대몽항쟁이 종식된 것이다. 태자 왕직의 선택은 신의 한 수였다.

1264년 카라코룸의 아리크부카는 쿠빌라이에게 항복했고, 쿠빌라이 칸은 1271년 국호를 '원나라'로 정한 뒤 수도를 대도(오늘날의 베이징)로 천도했다. 쿠빌라이 칸은 후대의 칸들에게도 향후 고려와 원나라의 사이는 불개토풍을 원칙으로 해야 함을 단단히 일렀다.

독일의 철학자 임마누엘 칸트는 '반사회적 사회성'이란 개념을 제시

했다. 인간의 문명은 전쟁이라는 파괴를 겪고 나면 파괴된 파편을 재조각하는 과정에서 새로운 형태로 변화한다는 개념이다.

30년간에 걸친 9차례의 대몽항쟁도 마찬가지였다. 고려의 대몽항쟁은 고려의 많은 것들을 바꾸어 놓았다. 그중 가장 대표적인 변화는 민중 의식의 각성이었다.

몽골이란 외적에 싸우며 대몽항쟁을 이끌어 갔던 주체는 누가 뭐래도 민중이었다. 비록 백성과 단합하여 함께 싸우고 민심을 규합한 장수도 있었지만, 대부분은 몽골이 쳐들어오면 도망가기 바빴다. 방어의 책임은 온전히 그 마을에 사는 피지배층의 몫이었다. 농민, 승려, 천민 등 마을을 방어할 수 있는 모든 인원이 총동원되어 각자의 마을을 지켰고 승리를 거둔 사례가 대단히 많다.

전쟁을 지배층이 아닌 피지배층이 담당하며 민중은 그들의 자의식을 각성시켰다. 단적인 예로 지방 행정의 변화를 들 수가 있다. 고려의 지방 행정을 이루는 가장 기본적인 단위는 '현'이다. 고려시대에는 현이 '주현'과 '속현'으로 나뉘어 있다.

지방관은 오로지 주현에게만 파견되고 속현의 경우 인근 주현의 지방관이 파견한 향리가 통솔했다. 지방관이 직접 담당하지 않으니 향리가 속현의 백성에게 제멋대로 하기 일쑤였다. 그래서 주현의 백성보다 속현의 백성이 훨씬 고단한 삶을 살았다.

속현과 더불어 고려시대에는 향, 부곡, 소, 장, 처라는 악독한 특수 행정 구역이 있었다. 농산물, 수공업품 등 지정된 특정 물품을 지정받고, 지정받은 물품을 생산하기 위해 온 마을이 동원된다. 향, 부곡, 소, 장, 처의 사람은 천민은 아니지만, 천민에 가까운 대접을 받으며 그 어떤 고을보다 가혹한 징세에 시달렸다. 다른 마을 사람과 달리 같은 양민 신분임에도 거주 이전의 자유조차 없었다.

속현과 향·부곡·소·장·처 등의 마을은 대몽항쟁기에 각자의 마을을 지켜 내며 그 공을 인정받아 주현으로 승격되었다. 잘 알려진 용인의 처인부곡과 충주의 다인철소를 포함해 주현으로 승격된 수가 상당히 많았다.

그 결과 대몽항쟁기 이후 고려 후기의 속현과 향·부곡·소·장·처 수는 그 이전에 비해 현격히 적었고, 고려 말~조선 초가 되면 아예 그 모습이 사라져 조선시대에는 전국 모든 곳에 지방관을 파견하였다. 각 마을의 주현화 현상으로 그들은 괴로웠던 수탈의 고통에서 조금이나마 벗어날 수 있었고, 적어도 사람 대접받지 못하는 마을에서도 벗어날 수 있었다.

한국사의 시작과 함께 존재해 왔던 차별적인 지방 행정이 평등한 지방 행정으로 전환된 것은 대몽항쟁기에 각성한 민중 의식이 얻어 낸 값진 전리품이었다.

이로써 몽골에서 전쟁을 종식한 태자 왕직은 고려로 돌아가면 영웅이 될 것이고 무신정권은 흔들릴 것이다. 김준은 가만히 있을 수가 없었다.

원종 vs 김준

태자 왕직이 몽골에 머물던 1259년 고려에서는 재위 기간 내내 대몽항쟁기에 시달렸던 고려의 왕 고종이 재위 45년 만에 사망했다. 태자 왕직이 마땅히 뒤를 이어 즉위해야 했지만, 태자 왕직이 몽골에 있다 보니 당장 즉위할 수가 없었다. 고종은 사망 직전 태자가 아직 외국에 있으니 태자가 귀국할 때까지만 태자의 아들이 임시로 왕직을 대리하라는 유언을 남겼다.

그러나 김준은 태자 왕직의 귀국을 어떻게든 막고자 했다. 태자 왕직이 고려로 돌아오는 순간 전쟁은 끝난다. 그리고 종전의 책임자인 태자 왕직의 입지가 군부의 입지를 능가할 수 있게 된다. 대몽항쟁을 권력의 근원으로 두고 있던 군부에서는 가만히 좌시할 수가 없었다. 김준은 다른 왕족이었던 안경공을 차기 왕으로 추대하고자 하였다.

하지만 조정의 신하들은 승하하신 고종의 유언을 거스를 수가 없다며 안경공을 추대하려는 김준의 행보에 동의해 주지 않았다. 교정도감의 주인이자 군부 독재자였던 김준의 움직임을 막았다는 것만으로도 이미 군부의 위상은 옛날만 하지 못했음을 알 수 있다.

태자의 아들이 임시로 왕직을 대리하고 김준도 공동으로 국가를 운영했다. 1260년 고려로 귀국한 태자 왕직이 24대 왕 원종으로 즉위하였다.

원종은 겉으로는 군부의 김준과 함께 파탄이 난 민생을 수습하는 데 힘을 모으자고 했으나, 둘 사이에는 팽팽한 신경전이 오고 갔다. 원종은 개경 환도를 준비하고 있었고, 김준은 개경 환도만큼은 막으려고 했다. 원종의 개경 환도도 처음부터 강경하게 진행되지는 않았기에 원종과 김준의 관계에는 언제 어떻게 폭발할지 모르는 기운이 흐르고 있었다.

김준은 김준 나름 교정도감과 군부의 위상을 회복하기 위해 정치 영향력을 확대해 가고 있었다. 아무리 군부의 위상이 예전만 같지 못해도 그간 무신정권의 오랜 역사가 있었기에 그들의 권력은 상당했다. 원종과 김준의 권력의 크기는 거의 대등했다.

원종은 김준의 공을 치하하고 그에게 높은 관직을 많이 하사하였지만, 원종이 김준을 아꼈다기보단 아직은 김준과 제대로 싸울 시점이 아니었다고 본 것이다. 김준도 당장은 원종과 누구 한 명이 반드시 죽어야 하는 게임을 하기엔 이르다고 봤다. 김준에게 붙는 세력도 많았고, 중앙 조정과 지방관도 본인에게 충성하는 군부 쪽 사람으로 교체해 갔다.

김준의 사람은 김준의 뒷배를 믿고 불법적으로 재산을 불려 나가고 횡포를 부리며 백성의 재산을 갈취하다시피 뺏어가는 등 여러 문제가 공론화되기도 하였다. 그러나 김준은 어떻게든 본인 권력에 누가 될 만한 사건 덮기 바빴다.

원종이 즉위하고 몇 년 정도가 흐르니 서서히 김준과 원종은 서로 으르렁거리기 시작했다. 원종에겐 몽골이라는 큰 뒷배가 있었다. 원나라도 고려 내부에서 군부와 원종이 부딪히고 있음을 잘 알고 있었다. 원나라에선 김준을 직접 벌하겠다며 김준을 소환시키기도 했다.

김준은 매우 분개하며 몽골 사신을 죽여 버리자고 강력하게 주장했으나 원종은 오히려 몽골 편을 들었다. 김준은 절대 몽골로 가지 않을 거라며 버티면서 두 사람 사이의 갈등은 고조되었다.

한때 긍정적인 평가를 받았던 김준도 전국에서 불법적으로 토지와 재산을 불려 나갔다. 김준 나름 영향력을 행사하여 위상을 과시하려는 행동이었겠지만, 다른 관점에서 봤을 때는 권력의 크기가 많이 축소되어 다급해진 김준이 충성도와 힘을 확인해 보려는 과장처럼 보였다.

어느 순간부터 김준은 사이비 종교에 심취하는 등 불안한 모습을 보이기도 했다. 《고려사》에는 김준이 자기의 집을 넓히기 위해 겨울, 여름, 밤낮 상관없이 혹독한 공사를 진행하고 행실을 마치 왕족처럼 하고 다녔다고 기록되어 있다.

쫓기듯 다급해진 김준이 휘두른 칼날은 오히려 김준을 위협했다. 김준에게는 '임연'이라는 양아들이 있었다. 임연은 충북 진천 사람으로 대몽항쟁기 당시 자기 고을을 지키기 위해 자발적으로 마을 향리와 의용단을 조직해 고을을 지켜 낸 적이 있었다고 한다.

고을의 한 관리가 임연의 아내와 간통한 사건이 있었는데, 임연도 그 관리의 아내를 꾀어서 간통해 복수했다고 한다. 임연은 관리가 아니었으니 당연하게도 관리는 임연을 하옥시켜 버렸는데, 이때 하필 김준이 진천 쪽을 지나치던 중이었다. 당시 임연의 스캔들이 진천 쪽에서 꽤 유명한 스캔들이었나 보다.

김준이 사건을 듣고는 직접 임연을 찾아가 이야기해 보다가 임연의 비범함을 알아본 김준이 임연을 꺼내 주었다. 임연은 그 감사함에 보답하고 싶다며 김준을 따랐고 나이 차이가 얼마 나지도 않음에도 김준을 양아버지로 모셨다고 한다.

이후 임연은 김준의 비서 겸 경호원 역할을 자처하며 김준이 최씨 정권을 타도할 때도 그의 곁을 지켰다. 김준이 최고 권력자가 되고 나서는 임연도 관직을 받고 재산을 불려 나갔다. 권력과 돈과 지위를 얻으면 사람의 욕심은 한계가 없어지는 걸까.

임연은 지방의 토지를 마구잡이로 불려 나가다가 김준의 친아들과 토지 분쟁이 벌어졌다. 김준은 임연에게 자기가 살아 있는데도 이렇게 제멋대로니 내가 죽으면 오죽하겠느냐며 욕을 보였다. 또 임연의 아내가 자신의 심기를 건드린 김준 집안의 노비를 죽인 적이 있었는데, 김준은 임연에게 아내 간수를 잘하라며 그런 여자는 포악하여 유배를 보내야 한다고 모욕을 주었다.

원종은 김준과 임연의 악화된 관계를 이용하기로 했다. 원종이 한 번은 사람을 통해 임연을 떠본 적이 있는데 임연이 답하길,

"주상께서 명령을 내리시면 신하로서 어찌 목숨을 아끼겠는가?"

라고 하였다. 심지어 임연이 환관을 통해 거사를 치를 것이면 조속히 치러야 한다고 임연 쪽에서 먼저 원종을 재촉했다.

1269년 원종은 아주 급한 일이라며 김준을 궁궐로 불렀다. 김준이 원종을 만나는 일이야 이상하지 않아 아무 의심 없이 궁궐로 향했다. 환관 가운데 김준의 친척이 있었는데, 이 환관이 김준을 막으러 김준에게 달려갔지만 미처 김준에게 알려 주질 못했다.

김준은 원종을 만나기 위해 조당 안으로 들어오자 미리 숨어 있던 관노 김상이 몽둥이로 김준의 머리를 내리쳤다. 이 몽둥이는 임연이 직접 손수 제작하여 원종에게 선물해 준 몽둥이였다. 몽둥이를 맞은 김준은 그대로 쓰러졌지만, 아직 숨이 붙어 있었다. 그러자 관노 김상이 김준의 목을 베어 확실하게 사살하였다.

원종은 김준을 성공적으로 살해했음을 임연에게 알렸고, 임연은 준비된 삼별초 일부 병력을 동원하여 김준의 아들들과 측근을 체포해 모두 처형시켰다. 김준의 측근은,

"이렇게 될 줄 알았다. 진즉에 임연부터 죽였어야 했다."

라며 탄식했다고 한다. 김준을 제거한 임연은 교정도감의 주인이 되어 군부의 새로운 집권자가 되었다.

개경 환도, 무너진 무신정권

임연은 어떤 집권자였을까? 무엇보다 그는 기반이 매우 약했다. 신분

을 떠나 당시 교정도감의 군부 주요 인물들은 최우 이래 최항, 최의, 김준을 모시며 군부를 지탱해 왔다. 반면 임연은 갑자기 툭 튀어나온 김준의 측근이었기에 지지기반이 공고하지 못했다. 임연의 기습으로 김준과 그 일파를 제거하긴 했지만, 교정도감의 상당수는 임연을 집권자로 인정하지 못하는 분위기였다.

원종에게는 오히려 다행스러웠다. 임연의 권력은 일전의 최씨 정권이나 김준에 비하면 강하다고 할 수 없는 수준이었다. 그리고 김준을 제거하면서 원종과 김준의 갈등은 원종과 임연의 갈등으로 바뀌었다.

원종의 목표는 김준 한 명을 제거하는 것이 아닌 무신정권 자체를 무너뜨리는 일이었다. 원종이 임연과 함께 김준을 제거할 때 김경과 최은이라는 환관이 큰 역할을 하였다. 임연은 김준 제거의 공을 독차지하기 위해 김경과 최은을 죽였다. 두 사람은 원종이 총애하던 환관이었기에 원종은 임연도 절대 그냥 놔둘 수가 없었다. 다혈질에 흉악했던 임연은 김준보다 더 위험한 인물이었다.

임연은 조정의 대신을 불러 모아 왕이 환관을 시켜 본인을 죽이려고 해서 본인이 먼저 김경과 최은을 죽였다고 변론하며 왕도 폐위시키자고 주장했다. 임연 또한 본인의 지지기반이 강력하지 않음을 알고 공포 정치로 나선 것이다.

임연은 왕의 폐위에 반대한 신하를 체포하여 유배를 보내거나 사형시켜 버렸다. 임연은 안경공을 차기 왕으로 추대하겠다며 군사들을 궁궐로 보내 원종을 빼내 왔다. 원종은 우산도 없이 비를 맞으며 궁궐에서 나왔고, 임연은 원종을 사가에 감금해 버렸다.

하지만 원종에게도 권력의 배후가 있었다. 바로 몽골이었다. 원종의 태자가 해당 사실을 몽골에 알렸고 몽골에서는 임연에게 사건의 진위를 상세하게 보고하도록 하였다. 임연은 몽골이 두려워 본인이 왕을 폐위하지 않았고 왕이 스스로 양위하겠다는 되지도 않는 거짓말을 했다.

몽골에선 임연에게 직접 몽골로 찾아와 해명하라고 요구했다. 몽골이 두려웠던 임연은 다시 원종을 궁궐로 모셨다. 더불어 사태 해결을 위해 원종을 몽골로 보내 고려에서는 아무런 일이 일어나지 않았다고 몽골 정부를 달래기로 하였다.

임연 입장에서는 원종이 거짓말을 제대로 할지 모르는 일이었다. 원종이야 당연히 사실대로 말하고 임연을 벌해 달라고 부탁하는 시나리오가 더 자연스러웠다. 임연은 감시자 역할로 둘째 아들 임유간을 원종에게 딸려 몽골로 보냈다.

임연의 작전은 애석하게도 의미가 없었다. 몽골의 쿠빌라이 칸은 진상을 모두 알고 있었고, 임유간을 오히려 옥에 가두고 임연이 직접 몽골로 찾아와 벌을 받으라고 하였다. 극도의 두려움과 불안함에 임연은 평소 앓던 지병이 도져 1270년 2월 사망했다.

임연이 갑자기 죽었기에 당장은 임연의 장남 임유무가 교정도감의 주인을 이어받았다. 얼떨결에 임유무가 무신정권의 집권자가 되었지만, 임유무는 아버지 임연보다 더 지지기반이 없었다.

당시 임유무의 나이는 20대 초반의 새파란 애송이였다. 교정도감의 군부도, 조정의 문신도 임유무를 얕잡아 봤다.

몽골에서 고려로 다시 돌아온 원종은 개경 환도를 발표했다. 임유무가 불가능한 일이라며 개경 환도를 강력하게 반대했으나, 조정의 대신들은 왕의 명령을 어찌 거부할 수가 있냐며 모두 개경 환도를 지지했다. 이제는 왕의 왕권이 무신정권의 힘보다 더 강해진 것이다.

화에 북받친 임유무는 조정의 회의 자리를 박차고 나와 몽골과의 전쟁을 재개하겠다며 백성을 산성과 섬으로 이주시키고 삼별초 병력을 강화도 곳곳에 주둔시켰다. 임유무의 측근조차 임유무를 탐탁지 않아 했다.

그 가운데 송송례와 홍문계 두 사람은 삼별초 병력을 설득해 임유무의 집으로 쳐들어가 집을 부수고 임유무를 사로잡았다. 임유무는 원종의 지시로 저잣거리에서 사형당했고, 임유무의 어머니이자 임연의 아내 이씨는 막대한 재산을 가지고 도망가려다가 원한을 품은 이들이 그녀의 머리채를 잡아끌고 뺨을 마구 때렸으며, 그녀의 옷을 찢고 날라오는 기와 조각들에 맞았다고 한다. 그녀는 겨우 숨어 있다가 사로잡혀 임유무의 형제와 몽골로 압송되면서 임씨 집안도 풍비박산이 났다.

이로써 누구도 개경 환도에 반대하지 않았고, 원종은 1270년 약 38년 만에 강화도에서 나와 개경으로 환도하였다. 그렇다면 환도한 개경에서는 새로운 교정도감의 주인은 누가 될 것인가?

원종이 김준을 제거하고, 임연, 임유무 부자 대에 이르러 교정도감도 위세가 추락할 대로 추락해 있었기에 딱히 교정도감의 주인을 이을 적당한 후보가 없었다.

원종은 개경 환도 직후 교정도감을 철폐했다. 1170년 무신정변 이후로 수립된 무신정권은 정확히 100년만인 1270년 타도 되었다.

1271년 몽골의 쿠빌라이 칸은 원래 몽골 초원이었던 몽골의 수도를 대도로 천도하였고 국호를 원나라로 정하였다. 쿠빌라이 칸의 새로운 천도를 기리고자 고려에서는 원종의 태자가 베이징으로 가서 입조하였다.

쿠빌라이 칸은 과거 자신의 약속을 지키겠다며 원종의 태자와 자기 막내딸 보르지긴 쿠틀룩켈미쉬, 일명 제국대장공주를 혼인시켰다. 이제 고려는 또다시 새로운 시대로 접어들었다.

고려의 하늘을 나는 학, 상감청자

대몽항쟁기란 몽골의 1차 침입이 있었던 1231년(고종 18년)에서부터 개경으로 환도한 1270년(원종 11년)까지 40년을 말한다. 기나긴 40년 중 원종의 11년을 제외하고 나머지 29년은 고종의 치세에서 벌어졌다. 최씨 정권에 의해 강제로 등극한 고려 고종은 재위 기간이 무려 45년이 되지만 그중 절반 이상인 29년이 전쟁이었다. 최씨 정권의 허수아비 왕이면서 죽을 때까지 고려가 전쟁으로 고통받는 현장을 보기만 하였으니 고려의 고종도 비극의 군주였다.

재위 기간 절반 이상이 전쟁이다 보니 고종 치세의 고려는 오로지 파괴와 황폐화로 얼룩져 있을 것 같지만, 꼭 그렇지만도 않았다. 역설적으로 고종 치세에서의 문화 방면은 진일보를 이룩하기도 하였다.

대몽항쟁기 융숭해진 고려 문화의 두 가지 특징으로는 민족 문화와 귀족 문화가 있다. 40년간 외적에 대항해 싸우며 고려인은 민족끼리 똘똘 뭉치게 되었다. 뭉치지 않고서는 싸움에서 이길 수가 없었기 때문이다. 수많은 문화재가 파괴되면서 우리 문화재를 더 지키자는 의식도 대두되었다.

강화도의 고려 조정은 정부 주도로 민심을 규합하고 민족의 항전 의식을 다지기 위해 여러 문학 작품을 탄생시키고, 《팔만대장경》같은 문화재를 새로 만들어 냈다. 최씨 정권의 전속 작가라고 할 수 있는 이규보는 흉악한 몽골족을 규탄하는 시들을 연거푸 지었다. 이규보의 뒤를 이은 문인으로는 최자와 김구가 있었다.

최자는 강화도 천도의 정당성을 보장하고자 강화도를 '강도'라 부르며 개경, 서경과 비견되는, 아니 풍수적으로 두 지역보다 더 길하다고 예찬하는 〈삼도부〉를 지어 올렸다. 정작 최씨 정권이 무너지고 원종이 개경으로 환도할 때는 개경 환도를 지지했지만 말이다.

김구는 유린당한 고려 국토의 상흔을 애석해 하는 시들을 남겼다. 김구의 주 활동기는 대몽항쟁이 끝난 직후였는데, 사신으로 원나라를 자주 방문했던 김구는 《북정록》이라는 기행문을 남겼다. 1231년 몽골의 1차 침입 당시 백면서생이었던 철주수령 이원정이 몽골군과 싸우다가 상황이 불리하여지자 목숨을 내던진 충혼의 정신을 기렸던 작품 〈과철주(철주를 지나다)〉가 김구의 대표작이다. 김구는 무신정권이 타도된 후 고려의 문치주의가 다시 고려에 자리 잡도록 과거제를 부흥시키는 등 여러 방면에서 노력하였다.

대몽항쟁기의 문학 작품은 민족주의를 격려하는 동시에 귀족 문화의 맥을 이어 주는 역할을 했다. 무신정권 초기 고려 문단을 대표하는 문인이자 죽림고회의 핵심 구성원이었던 이인로가 죽고, 그로부터 40년 뒤 이인로의 아들 이세황이 1260년 아버지의 모든 작품을 모은《파한집》을 편찬했다.

《파한집》에는 이인로가 생전 지었던 시, 기행문, 산문 등은 물론, 고려문학사를 정리하고, 유명한 시에 대한 이인로의 평론 더 나아가 문학에 대한 일반론을 다룬 글들까지 수록되어 있다. 《파한집》은 단순히 작품 모음집이 아닌 '문학이란 무엇인가?', '예술이란 무엇인가'의 질문을 던지는 고차원적인 작품집이다. 이 때문에《파한집》을 한국 문학사에서 최초의 시화집으로 평가하기도 한다.

평론집이야 《파한집》 이전에도 알음알음 있었다지만, 《파한집》에 이르러 비로소 시화집의 문법과 관습이 정착되었기 때문이다.

이규보의 뒤를 잇는다고 했던 대몽항쟁기의 문인 최자는 이인로의 평론에 보충한다며《파한집》 간행보다 다소 이른 1254년《보한집》을 간행했다. 최자는 이인로의《파한집》보다 작가의 신분을 고려하지 않고 훨씬 더 많은 시와 그림들, 혹은 평론을 모으고 모은 《보한집》을 통해 고려문단계와 고려문학사를 집대성하기도 하였다.

13세기 고려 귀족 문화의 절정은 '상감청자'로 대표할 수 있다. 상감청자는 그간 고려가 고려만의 역사를 거치며 이룩한 고려의 정체성 그 자체였다.

상감이란, 도자기, 철제, 금속판, 목재 등에 원하는 그림을 음각으로 파내고 파낸 홈에 같은 재료를 박는 공예 기법으로 한국사에서는 고대 시절부터 발전시켜 온 기술이었다. 고려는 상감 기술을 순청자였던 고려청자에 적용하면서 상감청자를 탄생시켰다.

상감청자는 도자기에 그림을 음각으로 그리고 자기와는 다른 색깔의 흙을 집어넣어 한꺼번에 구워 내는 장식성이 도드라지는 청자로 무신정권기 직전 탄생했던 것으로 보인다. 대몽항쟁기가 한창이었던 고종 치세에 몽골이 대륙을 호령하며 중국 송나라와 교류가 끊기다시피 하자 고려가 독자적인 미학을 추구하여 상감청자의 수준이 비약적으로 상승했다.

고려청자를 생산하던 도요陶窯는 주로 남서해안에 집중되어 있었다. 그중에서도 최고급 청자를 만들어 내던 도요는 강진과 부안이었다고 한다. 본디 중국 송나라와 문화적 교류하는 과정에서 영감을 받아 시작한 고려청자였기에 도요는 남서해안에 집중되어 있다가 대몽항쟁기에 많은 도요가 문을 닫았고 실력 있는 도요 몇 군데만 남은 것이다.

강진과 부안에서만 수십, 수백 개의 도요지가 확인되고 있다. 강진과 부안의 땅이 고려청자를 완벽하게 빚어낼 수 있는 가장 적합한 색깔의 흙을 보유하고 있기 때문이라고 한다.

그렇다면 상감청자에서 느낄 수 있는 고려만의 장식성이란 무엇일까? 상감청자의 그림으로는 주로 나무, 꽃, 오리, 학, 구름, 수풀 등이 있다. 귀족 문화의 정수라고 하지만 감상자의 눈이 피로할 정도의 압도적인 화려함은 없다. 고귀하고 적요하고 은유적이다. 일종의 정중동의 미학이다. 혹자는 이것이 어떻게 장식적일 수 있느냐고 부정적으로 해석할 수도 있겠지만, 상감청자의 장식이야말로 우리 선조의 교양 엘리트층이 만끽하던 미학이다.

상감청자의 압권은 역시 학이 그려져 있는 상감청자이다. 분명 정지된 그림이건만, 고려청자의 비색 빛깔이 하늘의 역할을 해 주어 누구나 학이 청자를 날아다니는 모습을 상상하게 된다.

우리의 역사와 문화를 사랑하는 이라면 모두가 상감청자를 예찬한다. 고 최순우 미술사학자는 고려청자의 미학에 대해,

옥같이 푸르고 갓 맑은 살갗 위에 검고 희게 수 놓인 상감의 아롱진 무늬들이 마치 흘러간 고려 문화의 꽃 그림자처럼 차가운 청자 살갗 위에서 파시시 숨을 쉬고 있다. 학은 고려 사람의 마음속 하늘을 나는 하나의 꿈이었는지도 모른다.

라고 예찬했다. 또 다른 원로 미술사학자 고유섭은 상감청자의 감

상론에 대해,

도자는 실로 한 나라의 역사를 대변하고 정신을 대변하고 습성을 대변한다. 이것을 감상하는 데는 풍부한 식견이 필요하고 아름다운 심리가 필요하다. 또 도자의 감상은 오감을 가지고 하라는 사람도 있다. 눈으로 보고, 손으로 만지고, 귀로 듣고, 코로 맡고, 입으로 맛보라고 한다. 이것은 즉 몸으로써 감상하라는 것이다.

라며 상감청자로 청자미학의 완성을 이룩한 값진 걸작의 가치를 설명했다.

4부

이
행
의
시
대

1270년 원종이 강화도에서 나와 개경으로 환도하며 기나긴 대몽항쟁과 무신정권이 종언을 고했다. 이제 고려는 원나라의 부마국이자 복속국으로 '원나라 간섭기'의 역사가 시작하였다. 기나긴 대몽항쟁기가 끝나고 비록 국체를 보존할 수 있었지만, 그만큼 고려는 자주성을 상실하고 원나라의 압박에 물적, 인적 수탈을 당해야만 했다. 몽골의 문화와 생활 양식 그리고 정치적 압박의 강제적 수용에 따라 고려는 더 나아가 한국사는 외부 충격을 받아 새로운 역사의 길로 전개될 수밖에 없었다.

새로운 시대의 태동, 원나라 간섭기

삼별초의 항쟁

대몽항쟁은 '원나라 간섭기'라는 새로운 국면으로 접어들었지만, 무신 정권의 잔재는 남아 있었다. 대몽항쟁기 고려의 정규군 역할을 대신 해 왔던 삼별초 병력이었다.

무신정권이 무너지고 개경으로 환도하는 과정에서 삼별초도 원종을 지지하는 근왕파 쪽과 원종을 지지하지 못하며 대몽항쟁을 이어가자는 강경파 쪽으로 분열되었다. 특히 삼별초 내 신의군 소속은 과거 몽골 포로 출신으로 구성한 부대였기에 몽골에 대한 반감이 이만저만이 아니었다.

원종이 삼별초 병력을 처리하는 방식은 신중하지 못했다. 원종은 삼별초 병력의 향후를 보장해 주지 않은 채 일방적으로 삼별초 해산을 통보해 버렸다. 원종의 일방적인 조처에 삼별초 병력은 일제히 반발했고, 개경 환도를 거부하며 강화도에 머무르고 있었다.

이뿐만이 아니었다. 원종은 김지저 장군을 강화도로 보내 삼별초 군부 명단을 압수했다. 뒤늦게 사실을 알게 된 삼별초 장수들은 원종이 삼별초 명단을 원나라에 넘긴다고 해석했다. 생존에 직결되어 있던 사안이기에 삼별초 병력은 가만히 앉아서 당하기만을 기다릴 수 없었다.

1270년 배중손과 노영희의 지휘 아래 강화도에 남아 있던 삼별초는 강화도 주요 기지에 군사를 배치하고 반란을 일으켰다. 배중손과 노영희는 몽골군이 다시 쳐들어온다는 거짓 소문을 퍼뜨려 공포감을 조성하고, 당시 강화도에서 나오려고 빼곡히 가득 찬 포구를 삼별초가 장악한 뒤 1271년에는 그 모든 배들 이끌고 서해안을 따라 남해의 진도까지 내려갔다.

진도는 섬도 크고 수도 개경과도 멀었으며, 진도로 오는 해협의 물살도 급해서 반란을 일으키기에 최적의 장소였다. 훗날 급한 물살로 대승리를 거둔 이순신 장군의 명량대첩이 일어나는 울돌목도 진도 앞 바다이다.

삼별초는 강화도에서 진도까지 내려가면서 서해안을 따라 분포하던 해적까지 포섭하여 합류시켰다. 배중손과 노영희는 진도 용장산성에 고려 개경의 궁궐에 준하는 거대한 왕궁까지 건설하고 강화도를 나오며 납치하듯 데리고 나온 왕족 승화후 왕온을 왕으로 추대했다. 하나의 독립된 정부를 수립한 것이다.

삼별초는 그저 진도에 박혀 있기만 하지 않았다. 그들의 목표는 개경까지 북진하여 원종을 폐위하고 새로운 고려 조정을 이루려고 했다. 배중손은 전라남도에 상륙한 후 전라도 내륙 지방까지 진출했다. 배중손의 목표는 나주였다. 후삼국전쟁 당시 왕건이 그토록 나주를 두고 견훤과 공방전을 치렀던 역사에서 알 수 있듯 나주를 장악하며 전라도 전체의 장악은 떼 놓은 당상이었다.

나주를 중심으로 곳곳으로 진출하여 한반도의 최대 곡창 지대였던 전라도부터 흡수하려던 계획이었다. 배중손은 연전연승하며 나주로 북상하지만 정작 나주를 함락시키진 못했다. 작전을 바꾸어 배중손은 나주를 그냥 지나치고 나주 북쪽의 전주부터 함락시켰다. 그럼에도 나주를 반드시 점령해야 제대로 된 전라도 점령이라고 할 수 있었고, 배중손은 전주 함락 후 나주 공격에 병력을 쏟아부었다.

원종은 급하게 진압군을 조직한 후 원나라 부대까지 증원받아 나주로 파견했다. 진압군이 남하한다는 소식에 삼별초 병력은 지레 겁을 먹고 사기가 뚝 떨어지니 배중손은 별수 없이 나주를 포기한 채 진도로 돌아왔다.

삼별초 진압군의 사령관은 원나라 측 사령관 아카이, 고려 측 사령관 김방경, 그리고 대몽항쟁기 몽골에 빌붙었던 민족 반역자 홍복원의 아들 홍다구까지 세 사람이었다. 김방경 장군 또한 삼별초 출신이었지만, 무신정권에 반대하며 근왕파로 돌아섰던 장수였다. 김방경 장군뿐만 아니라 진압군 지휘관 상당수는 삼별초 출신이었다. 따라서 삼별초의 항쟁은 '삼별초 vs 삼별초'의 싸움이라고도 할 수 있었다.

고려와 몽골 연합군으로 구성된 진압군도 정예병이었지만, 역시 진도로 들어가는 해협이 문제였다. 함부로 함선을 이끌고 진도 공격을 감행했다간 좌초되거나 난파될 수밖에 없었다. 현장을 모르는 조정에선 김방경에게 진도 진격을 독촉했고, 조정의 등살에 김방경은 무리하게 군대를 투입하였다가 아니나 다를까 매번 실패했다. 김방경이 타고 있던 배가 물살에 휩쓸려 좌초되는 아찔한 순간까지 있었다.

원나라에 측에선 지원 병력을 더 증원하였고 사령관도 아카이에서 훈둔으로 교체하였다. 1271년 5월 마침내 진압군이 진도로 상륙하였다. 김방경이 진도의 벽파진 쪽을 공격해 삼별초 병력의 시선을 끈 사이 홍다구의 병력이 반대쪽 항구에 정박하는데 성공하였다.

김방경은 죽을힘을 다해 진격했다. 진도는 너무 큰 섬이었다. 아무리 삼별초 병력이 진도 백성의 지지를 받고 있다고 하지만, 진도 섬 전체를 방어하기엔 병력이 턱없이 부족했다.

진도의 용장산성은 무너졌고 홍다구는 삼별초가 왕으로 추대했던 승화후 왕온을 죽여 버렸다. 배중손과 노영희에 대한 최후는 전해지지 않고 있지만, 끝까지 싸우다가 죽은 것으로 추정한다.

진도가 무너졌지만, 아직 삼별초의 항쟁이 끝난 건 아니었다. 진도가 점령될 때 삼별초의 김통정 장군이 패잔병을 모아 진도를 탈출하는 데 성공하며 제주도로 들어갔다. 제주도의 항파두리에 거점을 잡은 김통정은 남은 삼별초 부대와 함께 삼별초의 건재를 알렸다.

김통정은 남해안으로 군대를 보내며 남해안 일대를 약탈하고 수도로 운송되는 세금선을 공격하기도 했다. 제주도에 남아 있는 삼별초 잔당을 토벌하기 위해 김방경, 홍다구, 훈둔이 이끄는 진압군이 재조직되었다.

진압군은 추자도에 기지를 두고 제주도 상륙을 노리고 있었으나 바람이 거세서 배를 출항시킬 수가 없었다. 김방경은 하늘을 보며,

"국가의 안위가 이번 정벌에 달려 있고, 오늘의 성패는 또 나에게 달려 있다!"

라고 소리치자 바람이 멈추고 순풍이 일었다고 한다.

진압군은 제주도의 조천면에 상륙한 뒤 내륙으로 진격했다. 삼별초의 병력은 진도를 수비하기에도 벅찼는데, 그보다 더 적은 병력으로 진도보다 훨씬 큰 제주도를 수비하긴 더 어려웠다. 김통정은 소수의 병력만 데리고, 깊은 산속으로 숨어 들어갔다. 혹시나 제주도의 백성이 삼별초에 붙을까 봐 김방경은 적괴의 수뇌부만 처단할 뿐 백성은 절대 건드리지 않겠다고 민심부터 수습해 가며 차근차근 삼별초 잔당들을 토벌해 갔다.

전세는 뒤집힐 수가 없었다. 삼별초 병력 중 무려 1,300여 명이 항

복했다. 홍다구는 김통정에게 몇 번이고 항복을 제의했지만, 김통정은 항복을 거절했다. 김통정은 70여 명의 군사로 끝까지 싸웠지만, 불리한 전세를 극복하지 못했다. 그는 한라산에서 부하와 함께 스스로 목숨을 끊으며 삼별초의 반란은 완벽히 진압되었다.

진압군은 고려군 1,000명, 몽골군 500명을 제주도에 두고 모두 개경으로 회군하였다. 회군하던 길에 전라도에서 삼별초에 호응했던 가담자를 색출하여 참수하였다. 개경으로 돌아오자 원종이 크게 기뻐하며 김방경과 그의 아들 그리고 제장 장수들에게 큰 상을 내렸다.

1270년 배중손이 강화도에서 원종의 개경 환도를 거부한 시점에서부터 1273년 김통정이 제주도에서 패배하기까지의 이 내전을 '삼별초의 항쟁'이라고 부른다. 삼별초를 진압하는데 원나라에서 그토록 병력을 많이 투입하고 지원해 준 다른 목적이 있었다.

원나라의 쿠빌라이 칸은 고려에 이어 일본 원정을 준비하고 있었다. 일본 원정을 위해 고려의 제주도만큼 적절한 전진기지가 없었다. 하필 제주도에서 삼별초가 항쟁 중이니 쿠빌라이 칸은 빨리 삼별초를 진압하고 일본으로 넘어가고 싶어 했다.

삼별초의 항쟁을 부정적으로 평가하는 시각에서는 '삼별초의 난'이라고 부른다. 삼별초의 내전이 굴욕적으로 외국에 머리를 조아리려는 조정에 반발하며 자주성을 지키기 위한 전쟁이었다고 포장하지만, 이는 어디까지나 삼별초의 명분이었을 뿐 그저 권력의 중심에서 도태되어 터뜨린 불만 그뿐이었다고 해석한다.

삼별초의 항쟁은 어느 쪽이 정의고 어느 쪽이 악이라고 규정짓기 어려운 정치적인 내전이었다. 그저 최씨 정권 60년의, 아니 무신정권 100년이 낳은 병폐의 잔재였다. 한 가지 특기할 점은 진도와 제주도에서 현지 백성이 고려 조정의 진압군이 아니라 삼별초에 호응했다는 것이다.

이는 삼별초 항쟁의 실질적인 이념을 떠나 적어도 당대 민심의 방향성을 알게 해 준다. 백성이 삼별초 자체를 지지했다기보다는 그간 대몽항쟁을 제대로 이끌어 주지 않았던 고려 조정에 대한 환멸과 반발이 더욱 컸다고 볼 수 있다.

삼별초의 항쟁은 실패로 끝났지만, 대몽항쟁을 거치며 민중 의식은 각성하였다. 하지만 사회의 근본적인 개혁은 부재했기에 조정에 대한 민심의 부정적인 인식은 지속되고 있었다. 백성은 대몽항쟁에 이어 원나라의 수탈이라는 새로운 고통에 신음하게 된다.

여몽 연합군의 일본 원정

삼별초의 항쟁 진압 후 원나라의 쿠빌라이 칸은 고려를 일본 원정의 교두보로 삼고는 일본 원정을 밀어붙였다. 특히 제주도는 일본 원정을 위한 최적의 전진기지였다.

쿠빌라이 칸은 제주도를 아예 원나라령으로 삼기로 하고 1273년 제주도에 탐라총관부를 설치하였다. 원나라 조정은 탐라총관부를 통해 다루가치를 파견하여 제주도 곳곳을 지배하였다. 쿠빌라이 칸은 원종에게 삼별초의 항쟁을 진압하며 제주도에서 싸운 경험이 있는 김방경과 홍다구를 필두로 일본 원정을 위한 군사를 조직하도록 하였다.

고려는 원나라의 요청을 거절할 수 없었기에 제주도에서 삼별초의 항쟁을 진압했던 부대를 다시 소집하였다. 일본 원정에 대한 쿠빌라이 칸의 야망은 엄청났는데, 홍다구는 쿠빌라이 칸에게 잘 보이기 위해 고려 조정을 압박하며 무리할 정도의 빠른 속도로 원정 준비에 착수했다. 또한 강제 동원된 고려 백성은 혹독한 노역 환경에서 함선을 건조했고, 홍다구는 고려 백성을 수탈하며 전쟁을 위한 물자를 마련하였다.

1274년 원나라 병력 약 2만 5천과 고려 병력 8천, 함선 900척의 원정군이 경남 합포를 출발하니 여몽 연합군의 1차 일본 원정의 시작이었다. 원나라 측 사령관은 훈둔, 고려 측 사령관은 김방경과 홍다구. 삼별초의 항쟁을 진압했던 군대와 동일한 지휘 편제였다.

여몽 연합군은 2주도 안 되어 쓰시마섬과 이키섬에서 일본군을 토벌했다. 여몽 연합군은 쓰시마섬과 이키섬에서 현지 일본인에게 무시무시한 학살을 자행했다. 합포를 출발한 지 3주 만에 여몽 연합군은 오늘날 규슈섬 후쿠오카의 하카타만에 상륙했다. 여몽 연합군은 김방경의 지휘로 일본 수비군을 격퇴하면서 하카타만을 장악하고, 더 나아가 인근 내륙 지역까지 여몽 연합군이 차지하였다. 누가 보더라도 승기는 여몽 연합군 쪽이 쥐고 있었다.

이제는 규슈섬 전체를 장악해 가기만 하면 되는데, 여몽 연합군은 하카타만에 정착하고는 진격하지 않으며 소극적인 모습만을 보였다. 그러던 중 큰 규모의 태풍을 만나 무려 200척이 그대로 침몰했다. 여몽 연합군이 싸워서 죽인 일본인의 수보다 태풍으로 인해 익사한 여몽 연합군 측 수가 더 많았다. 배가 태풍을 만나 침몰했을 때 수많은 여몽 연합군 병사가 익사했다는 뜻은 병사가 배 안에 있었다는 뜻이다.

어째서 여몽 연합군은 상륙과 해안가 장악에 성공해 놓고 육지로 나아가지 않고 배 안에서 주둔하고 있었을까? 후대의 학자는 하카타만에서 일본군을 무찌른 여몽 연합군이 이 정도로 일본 원정을 마무리하고 배를 타고 귀국하려던 찰나에 태풍을 만났다고 분석한다. 원나라의 일본 원정은 쿠빌라이 칸의 개인적인 야심일 뿐 원나라 조정 내에서도 회의적인 시선이 많았기 때문이다.

여몽 연합군의 1차 일본 원정이 실패로 끝나고 얼마 안 되어, 대몽 항쟁을 끝낸 장본인 고려의 24대 왕 원종이 승하했다. 원종이 죽기 3년 전부터 원나라에 머물고 있던 원종의 태자가 원종의 뒤를 이어 고려의 25대 왕으로 즉위하기 위해 아내 제국대장공주와 함께 고려로 귀국하였다.

3년 만에 귀국하는 태자의 모습은 고려인에게 적잖이 충격적이었다. 그의 머리는 변발을 하고 있었으며 옷은 몽골식 복장이었다. 수행원도 대부분 몽골인이었다. 그렇게 충렬왕이 고려의 25대 왕으로 즉위하였다.

충렬왕이 즉위하고 7년 후 1281년 쿠빌라이 칸은 다시 한번 일본 원정에 대한 뜻을 내비치며 고려에 원정군을 재조직하도록 하였다. 이미 일 년 전이었던 1280년 쿠빌라이 칸은 고려 조정에 일본 원정을 위한 일종의 작전사령부인 '정동행중서성(정동행성)'을 설치했다.

충렬왕은 쿠빌라이 칸에게 고려의 형편이 지금 많이 안 좋으니 뜻을 바꿔달라 호소했지만, 쿠빌라이 칸은 고려 정부를 달래기도 하고 압력도 넣으면서 결국은 2차 원정군을 경남 합포에서 출발시켰다. 1차 원정과 2차 원정 사이의 시차가 있는 것은 그사이에 원나라가 중국 남방의 왕조 남송과 싸우느라 시선을 분산시킬 여력이 없었기 때문이다.

1279년 남송이 멸망했고, 중국 남방까지 모두 차지한 쿠빌라이 칸은 제주도에서 여몽 연합군을 출발시켰다. 또 중국 남쪽 해안에서도 중국 한족으로 구성된 수군을 규슈에 파견하였다. 이렇게 2차 원정은 원나라 측 병력 1만, 고려 측 병력 2만이었으며, 중국 남쪽에서 출발하는 중국 한족 측 수군까지 자그마치 10만이 배에 타고 있었다. 그러나 10만의 병력 상당수가 전혀 훈련되지 않고 무기도 받지 못한 허수였다.

여몽 연합군의 2차 일본 원정도 1차 원정 때와 똑같은 루트로, 쓰시마섬과 이키섬을 거쳐 하카타만에 상륙했다. 루트는 같을지언정 양상이 같진 않았다. 쓰시마섬과 이키섬에선 만반의 준비를 하고 있었던 터라 여몽 연합군은 쓰시마 섬을 점령하지 못한 채 그냥 지나쳤으며, 이키섬은 장악하긴 했으나 저항의 강도가 워낙 강해서 여몽 연합군이 고전을 면치 못했다. 하카타만 상륙도 1차 원정 때보다 훨씬 더 어렵게 성공했고 지연된 시간이나 입은 피해가 막심했다.

더군다나 일본의 수도 교토에서는 1차 원정 때보다 더 기민하게 움직이며 대규모 지원 병력을 발 빠르게 규슈로 파견했다. 여몽 연합군의 규모도 만만치 않았기에 대규모 접전이 일어나는 줄 알았더니 싸워 보기도 전에 또 태풍이 몰아쳐서 여몽 연합군 상당수가 익사해 버렸다. 살아남은 이들도 후유증과 배고픔으로 사망했다.

원나라, 고려, 한족 측 함선 3,500척 중 90% 이상이 침몰했다. 다행히 고려군은 김방경의 유능한 지휘로 피해가 그렇게까지 크진 않았다. 그렇게 2차 일본 원정도 실패였다.

일본인은 두 번이나 일본을 지켜 준 태풍을 신이 내린 바람이라는 뜻에서 '신풍', 일명 '가미카제'라고 불렀다. 2차 원정까지 실패하고 정동행성은 폐지되었으나 여전히 쿠빌라이 칸은 일본 원정에 대한 미련을 버리지 못하였다. 1283년과 1285년 정동행성을 부활시켜 추가 원정도 준비하려고 했지만, 시간이 지연되고 쿠빌라이 칸이 죽는 바람에 무산되었다.

쿠빌라이 칸의 죽음을 기점으로 원나라 정부는 일본 원정을 깔끔하게 포기하였다. 원나라의 일본 원정은 쿠빌라이 칸 개인의 욕심이었지 원나라 조정이나 군부가 일본 원정에 동조하는 쪽은 아니었다.

그러나 정동행성은 계속 남아 고려의 내정에 간섭하는 기구로 변모하였다. 제주도에 설치되어 있던 탐라총관부도 전시를 위해 운영하던 목마장을 중단하지 않고 계속 경영하였다.

충렬왕은 쿠빌라이 칸의 뒤를 이은 원 성종 테무르 칸에게 제주도를 반환해 달라 요청했고, 원 성종은 이를 받아들여 1294년 탐라총관부를 폐지하였다. 탐라총관부를 없애 제주도를 원나라 직할령으로 삼지는 않았지만 대신 원 성종은 1301년 제주도에 만호부를 설치하여 원나라 관리를 지속적으로 파견하며 제주도에 영향력을 행사하며 거대한 목마장을 운영했다. 제주도 말의 전통이 이때 시작하였다.

공식적으로 제주도는 고려령으로 반환받았기에 충렬왕은 제주도를 제주목으로 정식 편입하면서 지방관을 파견하였다. 이로써 제주도는 원나라에서 파견한 만호부의 만호장과 고려 조정에서 파견한 제주목사의 공동 통치가 이루어지고 있었으며, 분할 공동 통치는 훗날 제주도에 큰 반란의 씨앗이 된다.

굴욕과 약탈의 시대

원종의 뒤를 이은 고려 25대 왕 충렬왕의 왕호는 이전 고려 왕들과 달랐다. 이전의 고려 왕들처럼 '~종' 혹은 '~조'로 끝나는 왕호를 묘호라고 한다. 묘호와 비슷한 개념으로 시호가 있다. 묘호나 시호나 죽은 이에게 붙이는 칭호인 건 같지만, 묘호는 오직 군주에게만, 시호는 왕족이나 신하에게도 붙을 수가 있다. 즉 묘호가 시호보다 더 권위가 높다.

원나라는 고려를 멸망시키진 않았지만, 복속시켰기에 원나라와 고려 사이의 명확한 수직 관계를 위해 고려 왕에게 묘호를 허락하지 않았다. 묘호는 오직 원나라 황제에게만 허용됐다. 충렬왕부터 고려의 왕이 원나라 황실 공주와 혼인하는 풍습이 생기면서 고려는 공식적으로 원나라의 사위 국가, 즉 부마국이었기에 고려 왕은 '~종'으로 끝나는 묘호가 아닌, 시호를 써야 했으며, 시호에는 원나라에 충성하라는 의미에서 반드시 '충忠'자를 넣어야 했다.

비단 왕의 호칭만 강등된 것이 아니었다. 고려는 내부적으로는 황제를 칭했기에 황제국에 준하던 고려의 관제가 제후국의 위상에 맞게끔 그 명칭이 격하되고 규모도 축소되었다. 기존 고려의 중앙관제였던 2성 6부는 1부 4사로 전환되었다. 중서문하성과 상서성은 '첨의부'로 통폐합되었고, 6개의 부처는 4개의 부처로 줄어들었다. 중추원은 명칭이 밀직사로 바뀌었다. 궁궐 용어도 태자는 '세자'가 되고, '조서'는 '교서'가 되고, '태묘'는 '종묘'가 되는 등 명칭상의 대변화가 이루어졌다.

매우 굴욕스러웠으나 원나라의 강압에 의한 관제 변동은 의외의 결과를 낳았다. 그간 고려는 송나라와 동일한 정치 용어를 사용하면서 황제국인 송나라와 대등한 관계를 위시했다. 즉 송나라의 정치체제와 명칭을 그대로 차용하였는데, 송나라에서 들어온 체제와 명칭은 고려의 실정과 맞지 않은 부분이 많았다.

송나라는 고려에 비해 인구나 국토 차이가 크기 때문에 송나라식 정치체제는 송나라에 최적화되어 있을 뿐 고려에 적확한 제도라고 할 수가 없었다. 송나라와 달리 고려는 중서성과 문하성을 하나로 합치긴 하였지만, 여전히 고려의 인구나 영토를 고려해 봤을 때 고려의 정치 기구는 비효율적으로 비대했다. 공무원의 수도 지나칠 정도로 많았다.

하지만 원 간섭기에 정치 체제와 제도가 축소되면서 오히려 고려의 실정에 맞는 규모를 되찾을 수가 있었다. 명칭상의 문제도 그렇다. 원나라의 강압에 의한 명칭 수정인지라 굴욕스럽긴 했지만, 중서성이니 문하성이니 상서성이니 중추원이니 모두 송나라식 명칭을 그대로 따온 것이라 자주적이진 않았다. 바뀐 명칭은 원나라에서 지정해 준 것이 아닌, 수정하라는 원나라의 지침에 따라 고려 정치인이 직접 명명한 명칭이었기에 오히려 송나라와 다른 고려만의 독자적인 명칭을 좇는 문화가 정착되었다.

그렇다고 원 간섭기를 긍정적으로 치켜세우는 뜻은 결코 아니다. 설령 원나라가 고려를 멸망시키지 않고 자주성을 보장해 주겠다고 약속하였지만, 원 간섭기 고려는 원나라에 극심하게 시달렸다.

원나라는 쌍성총관부, 동녕부, 탐라총관부를 설치하여 각각 철령 이북의 영토, 자비령 이북의 영토 그리고 제주도를 빼앗아 갔다. 1258

년 가장 먼저 설치되었던 쌍성총관부는 대몽항쟁이 한창인 와중에 설치되었다. 1258년은 김준이 최씨 정권을 타도했던 해였다. 애당초 함경도 지역에는 여진족을 포함한 여러 소수 민족이 살고 있었기에 주민 구성이 복잡했는데, 대몽항쟁을 거치며 함경도까지 고려의 행정력이 크게 미치지 못하자 이곳의 고려 조정에 대한 충성도가 급격하게 낮아졌다.

1258년 고려 조정에 반감을 품었던 고려 무장 조휘와 탁청이 원나라에 항복하면서 오늘날의 함경도 일대인 철령 이북의 영토를 바쳤다. 원나라는 해당 일대에 쌍성총관부라는 통치기구를 두고 조휘를 1대 쌍성총관으로 삼으면서 이 지역을 간접 통치하였다. 쌍성총관은 고려인을 임명하였지만, 쌍성총관부는 어디까지나 원나라 소속이었기에 쌍성총관부 담당 영토는 원나라 영토로 귀속되었다.

동녕부는 자비령 이북의 영토를 다스리던 통치 기구로 서경에 있었다. 1269년 아직 원종이 개경으로 환도하기 이전 서북면병마사였던 최탄이 원나라에 항복하면서 북계 54개의 성과 서해도 6개의 성을 바쳤고, 원나라는 해당 일대를 담당하기 위해 동녕부를 설치하였다. 동녕부 역시 총관에는 고려인이 임명됐지만, 엄연히 원나라 소속의 영토였다.

고려 조정에서는 쌍성총관부와 동녕부 반환을 거듭 요청했지만 받아들여지지 않다가 충렬왕 대에 동녕부의 영토만 반환되었다. 탐라총관부는 앞서 이야기한 대로 일본 원정을 위해 1273년 설치하였다가 1294년 충렬왕의 요청에 따라 폐지하였다.

원나라는 고려 내정에도 사사건건 개입하였다. 다루가치라는 감찰관을 계속 파견하여 고려 왕의 개혁에 제동을 걸었다. 원 간섭기에 고려는 10진법식 몽골 군사 편제에 영감을 받아 수도 개경·남해안·제주도·서경에 만호부라는 군사 조직을 설치하였는데, 원나라는 각 만호부에 영향력을 행사했으며, 만호부를 실질적으로 지휘하는 이들은 원나라에 빌붙은 친원파 관리였다.

일본 원정을 위해 설치되었던 정동행성도 고려의 내정에 간섭하는 기구가 되었다. 정동행성의 입김이 워낙 강했기에 원 간섭기의 고려 왕은 자주적인 개혁을 시도하다가 번번이 실패하였다.

원나라의 개입은 비단 정치권에만 해당하는 이야기가 아니었다. 강도 높은 원나라의 무리한 수탈 요구로 백성의 삶은 피폐해졌다. 1274년 원나라는 고려의 매가 유명하다며 매와 남편이 없는 여자 140명을 요구하였다. 고려 조정은 결혼도감을 설치하여 고려의 여성에게 비단 12필씩을 주며 공녀로 징발하여 원나라로 보냈다.

비록 보상금을 받긴 하였지만, 승낙 여부를 개인이 판단할 수 없으며, 강제적으로 보상금을 받고 원나라로 끌려가야만 했다. 연령대는 평균적으로 13~16세였다. 고려는 원나라가 요구한 숫자를 맞추기 위해 대대적인 금혼령을 내리기도 하였다. 고려 여성은 가족과 생이별해야만 했고, 그녀들이 원나라로 끌려갈 때는 곡성이 길을 가득 채웠다고 기록되어 있다.

1274년 원나라의 공녀 요구는 한 번의 해프닝이 아니었으며 이후로도 원나라는 거듭 공녀를 요구해 약 80년에 걸쳐 많게는 일 년에 2번, 적게는 2년에 한 번씩 총 50여 차례나 고려는 공녀를 원나라에 바쳐야만 했다.

공녀에 이어 원나라의 고려 매 징발 요구를 충족시키기 위해서 1275년 충렬왕은 '응방'이란 기구를 설치하였다. 수도 개경과 지방 주요 몇 군데에 응방을 설치하여 고려의 매를 잡아다 바쳤다. 원나라의 매 요구 강도가 해가 넘을수록 과해지니 응방의 규모 또한 점점 커졌다. 원나라를 위한 기구였던 만큼 응방이 받는 특혜는 엄청났으며 응방 소속의 관원은 거만하기 짝이 없었다고 한다.

고려 왕 간의 충돌, 충렬왕 vs 충선왕

충렬왕은 재위 초중반까지 지나친 수탈을 줄여 달라거나 영토 반환을 원나라 조정에 요청하는 노력을 보였으나, 말년으로 갈수록 정사를 멀리하고 개인 취미 생활이었던 매 사냥과 술에 빠지기 시작하였다. 그 기점이 되는 사건이 '카다안의 침입'이었다.

1290년 몽골족에게 저항하던 북방의 '합단적'이라는 민족이, 원나라의 제후국이 된 고려를 응징하겠다며 고려로 쳐들어왔다. 합단적의 부족장은 카다안. 하필 이 무렵 충렬왕은 원나라를 방문하느라 고려에 없었는데, 카다안의 합단적이 함경도로 들어와 무려 충청도까지 내려왔다.

충렬왕은 부리나케 귀국하였고 신하들은 충렬왕에게 피난을 간언하자,

"백성은 곧 나라의 근본인데 과인이 어찌 먼저 피난하여 민심을 어지럽히겠는가."

라며 직접 전쟁에 참여하겠다는 의지를 불태웠다. 하지만 실은 피난 준비를 하고 있었고 곧바로 강화도로 피난을 떠났다. 원나라 측에서는 왕이 수도를 비우면 민심이 어수선해지고 군사의 사기가 떨어질 수 있다고 주의하라 하였으나 충렬왕은 강화도에 틀어박혀 아무런 조처하지 않았다.

그 사이 카다안의 합단적은 고려 국토를 유린하고 백성을 도륙하거나 욕보였다. 충렬왕은 굳이 전시 상황의 보고를 듣지도, 무언가를 하려고 하지도 않은 채 강화도에서 연회를 개최하며 매일매일 취해 있었다.

원나라에서 합단적 토벌을 위해 지원병을 보내 주었다. 원나라 장수조차 충렬왕에게 사태가 급박하니 연회를 중단하라며 충렬왕은 말렸으나 충렬왕은 듣지 않았다. 원나라 장수는 충렬왕에게 직접적으로 직설을 할 수가 없어서 충렬왕이 보는 앞에서 재상 홍자번을 꾸짖었다고 한다.

원나라 장수는 충렬왕과 고려 조정과는 상의하지 않고 고려 군부 측하고만 대화하며 합단적 토벌전에 나섰다. 다행히 1291년 고려군 측

사령관 한희유 등의 활약과 원나라의 지원병 합류로 합단적을 토벌할
수 있었다.

> 적진의 용사 한 사람이 아군을 쏘는데 쏘는 대로 아군이 넘
> 어지자, 한희유가 창을 가누어서 말을 달려 적진 속에 돌입하
> 니, 사람과 말이 모두 놀라 뒤로 물러섰다. 용사를 잡아 목을
> 베어서 그 머리를 창끝에 매달아 보이니, 적이 모두 전의를
> 상실했다. 대군을 휘몰아 공격하여 크게 패배시키고, 드디어
> 회군하여 석파역石破驛에 머물렀다.
>
> ─《고려사절요》제21권, 충렬왕 3, 신묘 17년(1291년)

> 신미일에 적군 5백 80명이 한희유에게 투항하였다. 합단의
> 아들 노적이 군사를 인솔하고 죽전을 넘어 평양으로 향하는
> 것을 나유가 막는데, 배를 버리고 육지로 오르려 하자 현문혁
> 이 이를 말리면서 말하기를,
> "저 진펄이 움퍽움퍽하니 복병이 있을 듯합니다."
> 하였다. 나유가 듣지 않더니, 대열도 이루기 전에 적이 많이
> 밀어닥쳤다 나유가 군대를 손짓하여 퇴군시켜 겨우 배에 올
> 랐으나, 낭장 이무 등 수십 명은 미처 배에 오르지 못했다. 현
> 문혁이 배 위에 서서 불러 이르기를,
> "이무여, 힘쓰거라. 능히 기이한 공을 세우면 나라에서 상이

있을 것이니, 역적 오랑캐에 몸을 던져 처자까지 형을 받는 것과 어느 것이 낫겠는가."

하니 이무는 수십 명과 함께 독산으로 달아났다. 적장이 가볍게 보고 말에서 내려 걸상에 앉아 그의 무리를 나누어서 산을 포위하고 오르게 하니, 나는 화살이 빗발 같았다. 이무가 나무에 딱 붙어서서 화살을 피하고 있더니, 날은 저물고 기갈이 심하여 주머니 속에서 말린 밥을 꺼내어 씹으며 군사에게 이르기를,

"남아는 마땅히 죽음 속에서 삶을 찾아야 한다. 두려워하지 말라."

하고 활에 화살을 먹여 왼손으로 쏘자 바로 적장의 목에 명중하여 활시위 소리에 따라 쓰러지니, 적의 진중이 저절로 혼란하여 졌다. 무 등이 크게 함성을 지르며 다닥쳐 공격하여 머리를 베니, 그 수를 헤아릴 수 없었다.

－《고려사절요》제21권, 충렬왕 3, 신묘 17년(1291년)

카다안의 침입을 막은 후 충렬왕은 개경으로 환도하였다. 충렬왕은 수고해 준 장수들에게 공을 치하하고자 연회를 베풀었으나 원나라 장수들은 충렬왕에게 크게 실망하여 승전을 축하하는 자리를 거부하고 바로 본국으로 철수했다.

카다안의 침입 이후로 충렬왕은 정사에 관심을 두지 않고 음주가무와 향락에 빠졌다. 충렬왕은 후궁 무비를 총애하여 그녀에게 푹 빠져 살았는데, 이 때문에 충렬왕의 아내이자 고려의 왕후였던 제국대장공주와 부딪히기 일쑤였다.

제국대장공주가 무비를 질투했던 것도 있었겠지만, 충렬왕이 무능한 모습을 보이면서 제국대장공주는 충렬왕에게 잔소리해 댔다. 무비가 충렬왕의 눈과 귀를 어둡게 한다며 제국대장공주는 무비가 무당을 불러 자신을 저주하려고 했다는 사건을 조작해 무비를 유폐시키고 충렬왕을 보지 못하게 하였다. 이 사건을 계기로 충렬왕과 제국대장공주의 사이는 최악으로 치달았다.

제국대장공주는 고려로 시집을 온 뒤에 몽골에서 운영하던 상단을 데리고 와 고려에서 인삼, 도자, 모시 등을 수출하며 수익을 낼 정도로 궁궐에만 살던 조신하고 조용한 여자가 아니었다. 성격이 괄괄하고 강단 있는 여자였다.

충렬왕은 자꾸만 정사까지 개입하려는 제국대장공주와 싸웠고, 충렬왕으로부터 받은 스트레스 때문이었는지 1297년 제국대장공주가 사망했다. 충렬왕과 제국대장공주의 장남이었던 세자 왕원은 어머니 제국대장공주의 죽음이 충렬왕이 총애하던 후궁 무비 때문이라고 생각해 과거 무비가 제국대장공주를 저주했다는 죄를 내세우며 무비와 그녀의 측근 40여 명을 처형해 버렸다.

무비의 죽음으로 완전히 세상에 환멸을 느꼈던 충렬왕은 더 이상 고려의 왕직을 이행하기 힘들다며 1298년 세자 왕원에게 선위하고 원나라로 떠나 버렸다. 그렇게 고려의 26대 왕 충선왕이 즉위했다.

충선왕의 본명은 왕원, 즉위하고는 이름을 왕장으로 개명하였다. 몽골 이름은 이지르부카. 고려인 충렬왕과 몽골인 제국대장공주 사이에서 태어난 한국사 최초의 혼혈 군주다. 어머니 제국대장공주가 쿠빌라이 칸의 막내딸이었으니 충선왕은 직접적인 원나라 황실의 일원이었다.

충선왕 또한 세자 시절 원나라 황실의 공주였던 계국대장공주와 혼인하였다. 아버지 충렬왕과 어머니 제국대장공주 사이가 멀어질수록 충선왕도 아버지 충렬왕을 탐탁지 않아 했으며 어머니 사후로는 아버지 충렬왕을 끔찍이 싫어했다.

충렬왕의 행태는 비단 가족사에만 국한되지 않았다. 원나라의 직접적인 간섭을 받고 있던 고려에서 원나라 황실 공주인 제국대장공주와 사이가 안 좋아지고, 심지어 그 갈등으로 제국대장공주가 죽었으니 고려 조정은 원나라 눈치를 안 볼 수가 없었다. 고려 조정의 대신들도 충렬왕과 선을 그었다.

무비까지 죽은 마당에 이제 아무도 곁에 안 남았다고 느낀 충렬왕은 자의 반 타의 반으로 아들 충선왕에게 선위를 결정했다. 새롭게 즉위한 충선왕은 의욕이 넘치던 군주였다. 충선왕은 귀족의 부정부패와 비리를 철저하게 밝혀내어 부정 축재한 재산을 몰수하여 국고를 채웠다.

특권을 누리던 귀족 대신 풍부한 학식을 가진 학자를 관료로 키우겠다며 '사림원'이란 학술연구기관을 설치해 왕 직속의 씽크탱크 기능을 담당하는 한편 왕의 비서실 기능까지 겸하게 하였다. 엄청난 독서광으로 유명한 충선왕은 박전지, 최참, 오한경, 이진 등 흔히 사림원의 사四학사라 불리는 이들을 최측근으로 내세우며 개혁 정책을 밀고 나갔다.

충선왕이 이토록 자신 있게 고려의 귀족과 전면전을 시작할 수 있었던 건 본인은 쿠빌라이 칸의 외손자라는, 뒤에 원나라 황실이 있다는 자신감에서 기인한 것이었다.

그러나 예상하지 못한 사람이 충선왕의 발목을 잡았다. 아내 계국대장공주였다. 충선왕과 계국대장공주의 사이는 부모였던 충렬왕과 제국대장공주의 모습과 사뭇 비슷했다. 충렬왕이 무비를 좋아했듯 충선왕도 후궁 조비를 더 총애했다. 조비를 향한 충선왕의 사랑에 강한 질투심을 느낀 계국대장공주는 후궁 조비가 본인을 저주하였다고 원나라에 무고하였다.

분노한 원나라 조정은 충선왕에게 따지며 조비의 아버지인 조인규부터 그녀의 가족 전체를 원나라로 압송하였다. 그리고 원나라 조정은 충선왕에게도 책임을 물어 충선왕을 강제 퇴위시키고 충렬왕을 복위시켰다. 계국대장공주의 조비무고사건으로 충선왕은 재위 일 년도 안 되어 고작 몇 개월 만에 왕위에서 물러나 원나라로 강제 소환되었다.

복위한 충렬왕은 이전의 충렬왕과 사뭇 달랐다. 재위 초중반의 충렬왕을 보는 듯했다. 1301년 전민변정도감을 설치해 귀족의 불법 토지 재산을 색출해 내고 귀족에게 억울하게 노비가 된 자를 해방시켜 주었다.

1308년엔 한국 최초로 성리학을 들여온 안향을 중용하였으며 성균감의 이름을 '성균관'으로 개칭하였다.(충렬왕은 재위 초반기에 고려의 국립고등교육기관이었던 국자감의 명칭을 '성균감'으로 바꾼 적이 있었다.)

충렬왕은 원나라에 있는 충선왕이 언제든 다시 돌아와 또다시 본인과 정치적 대립할지 모른다는 생각에 충선왕의 정치권력 원천을 차단하기로 했다. 충선왕의 아내인 계국대장공주를 충선왕이 아닌 다른 고려 왕족과 재혼을 시키고자 했다. 충선왕이 원나라 황실 공주를 아내로 두지 못하면, 그는 고려 왕으로 복위할 수가 없게 된다.

충렬왕은 무려 세 차례에 걸쳐 며느리 계국대장공주를 다른 왕족과 개가시키려고 했다. 그렇다고 원나라에 있는 충선왕도 가만히 있진 않았다. 충선왕은 원나라 황실 가운데 실세 황족과 친해지며 고려에 설치되어 있던 원나라 기구 정동행성을 통해 고려 조정 내 본인의 측근과 연락을 취하고 있었다.

고려의 재상 홍자번은 충선왕파 사람이었는데, 원나라로부터 압도적인 신뢰를 받고 있던 고려의 신하였다. 홍자번이 거듭 원나라 조정에 충선왕의 복귀를 요청하기도 하였다. 이에 질세라 충렬왕도 자기 신하를 동원했다. 충선왕과 충렬왕은 원나라 조정에 서로를 모략하는 참소를 거듭 보냈다. 당시 원나라 황제였던 성종 테무르 칸은 중립이었던지라 누구의 편도 들어주지 않았다.

1307년 테무르 칸이 죽자 차기 칸을 두고 원나라 황실에서는 칸 쟁탈전이 벌어졌다. 이때 충렬왕과 충선왕이 지지했던 후보가 서로 달랐다. 누가 이기느냐에 따라 충렬왕과 충선왕의 싸움도 결판이 날 수밖에 없었다. 칸 쟁탈 경쟁의 승자는 무종 쿨루크 칸으로 충선왕이 지지하던 후보였다.

이제 고려 조정은 원나라에 있던 충선왕의 입김대로 좌지우지되었다. 충선왕은 우선 충렬왕의 최측근인 송린, 송균, 왕유소 등을 제거했다. 충렬왕이 며느리 계국대장공주를 개가시키려던 고려 왕족 서흥후 왕전도 처형하였다. 1308년 원 무종 쿨루크 칸은 충선왕을 요하 지역을 다스리는 심양왕으로 봉했다.

충렬왕을 폐위시킬 명분이 마땅히 없어 충선왕이 심양왕으로 대기하던 중이었다. 몇 달 후 노쇠해진 충렬왕이 사망했고, 심양왕 충선왕은 고려 왕으로 복위했다. 1310년 심양왕의 명칭이 '심왕'으로 바뀌며 고려 왕은 심왕을 겸임하였다.

복귀한 충선왕은 아주 기형적인 정치 행태를 보였다. 엄연히 고려 왕이었지만, 고려로 돌아가지 않고 원나라에 머무르고 있었다. 정작 고려의 내정은 왕족 제안대군 왕숙이 대리통치를 하고 있었으며, 충선 왕은 명분상 '고려 왕'으로 있을 뿐이었다.

대체 고려 왕이 고려에 없는 게 말이 되냐며 고려의 신하들은 충선 왕에게 귀국하길 요청했지만, 충선왕은 거부하며 원나라를 떠나지 않 고 있었다. 김의중 등의 일부 신하는 차라리 세자를 고려의 새로운 왕 으로 추대하려고 하였다. 이를 전해 들은 충선왕은 김의중과 심지어 자기 아들 세자까지 원나라로 압송시켜 죽여 버렸다.

고려의 신하는 거듭 충선왕에게 귀국할 것을 요청하였고, 1313년 충선왕은 고려에 있는 둘째 아들에게 양위하며 원나라에 머무는 쪽을 선택했다. 1313년 충숙왕이 고려의 27대 왕으로 즉위하였다.

충선왕은 오히려 퇴위 이후 원나라에서 남긴 업적이 더 컸다. 소문 난 독서광이었던 충선왕은 원나라의 수도 대도에서 원나라 정부의 지 원을 받아 원나라와 고려의 학문 교류를 활성화하겠다며 1314년 '만권 당'이라는 학술기관을 만들었다.

원나라의 영토가 워낙 넓으니 충선왕은 방대한 양의 저서를 사들였 고 유능한 학자를 초빙하고 또 젊은 학자를 키워 대학자로 배출해 냈 다. 대표적으로 고려의 백이정, 이제현 등이 있는데, 특히 만권당에서 수학한 이제현은 고려로 귀국하여 고려의 성리학이 자리를 잡고 발전 하는데 크게 일조했다.

1316년 말도 많고 탈도 많았던 충선왕의 아내 계국대장공주가 죽 고, 1320년엔 충선왕이 당시 원나라 조정의 실세였던 환관과 갈등을 빚으며 잠깐 유배 생활을 하기도 했다. 이후 충선왕은 조용히 지내며

1325년 원나라에서 사망했다.

《고려사》에는 충선왕에 대해 다음과 같이 기록하고 있다.

> 충선왕은 세자 시절 원나라 조정에 입시해 요수·조맹부 같은
> 명유(이름난 선비)와 교유했으며 간혹 그 나라 정치에 관여해
> 썩 훌륭한 의견을 내놓기도 했다. 그러나 임금의 자리는 온
> 백성이 우러르며 모든 정무가 집중되는 자리라 단 하루라도
> 비워서는 안 되는데도, 왕은 황제의 분부로 복위한 뒤 부녀자
> 와 내시의 꾐에 빠져 다섯 해나 연경(베이징, 원나라 수도)에
> 그대로 눌러앉았다. 이에 나라 사람들이 필요한 물자를 대느
> 라 고통을 겪었고 시종하는 신하는 오랜 객지 생활에 지친 나
> 머지 귀국 생각만 하면서 마침내 서로 모함하기에 이르렀다.
> 또한 원나라도 그에게 염증을 느껴 두 차례나 귀국을 종용해
> 오자, 왕은 회피할 구실이 없어 아들 왕도에게 왕위를 물려주
> 고 또 조카 왕고를 세자로 삼았다. 따라서 부자와 형제 사이
> 에 온갖 시기 질투가 일어나 결국 그 화가 여러 대에 이르기
> 까지 그치지 않았다.
>
> ─《고려사》 권34, 세가34, 충선왕2, 사신의 논평

《고려사》에 언급된 '아들 왕도에게 왕위를 물려주고 조카 왕고를 세
자로 삼아서 부자와 형제 사이에 온갖 시기 질투가 일어났다'는 기사에

서 알 수 있듯 고려 왕 사이의 혼란은 여기서 끝이 아니었다.

몽골풍과 고려양

불개토풍. 쿠빌라이 칸이 원종에게 기나긴 전쟁을 끝내며 약속해 준 고려에 대한 방침이었다. 원나라의 제후국이 되더라도 고려 고유의 풍속을 절대 원나라식으로 강요하지 않겠다는 것이었다. 하지만 80년 가까이 원 간섭기를 지나온 고려가 몽골의 문화를 수용하지 않을 수는 없었다.

원나라 황실의 공주가 고려를 찾고, 왕을 포함해 고려의 왕족들 상당수가 몽골 원나라에서 오래 머물렀기 때문에 왕실을 위주로 몽골 문화가 고려에 유입되었다. 귀족 지배층 또한 저마다 원나라에 빌붙기 위해 자의적으로 몽골 문화를 따르는 경향이 강했다.

왕족과 귀족은 변발하고 몽골식 의복을 입었다. 궁중 예법으로 시작한 몽골 문화는 지배층 위주로 퍼지더니 시간이 지나며 피지배층에게도 익숙한 문화로 퍼졌다. 이렇게 80년에 걸친 원 간섭기 동안 고려에 자리 잡은 몽골식 문화를 '몽골풍'이라고 한다. 몽골풍은 꽤 강력하게 고려 땅에 자리 잡아 오늘날 우리 문화에까지 이어지는 것도 많다.

가장 가시적인 몽골풍은 어휘에서 확인할 수 있다. 임금의 식사 상을 일컫는 단어 '수라'는 음식을 뜻한 몽골어 '슐라'에서 유래했으며, '벼슬아치', '장사치' 등 단어 어미에 붙는 '~치'라는 단어 또한 몽골어에서 유래했다. 현대의 언어 계보학에 따르면 한국어와 몽골어가 같은 언어 조상에 해당하기에 애당초 몽골어와 한국어 사이에는 언어적 유사성이 컸다.

후대에 세종대왕이 한글을 창제할 때 가장 많이 참고했던 글자도 몽골의 파스파 문자였다. 언어적 유사성 때문에 몽골어는 어렵지 않게 한국어와 합성되어 전해진다. 다만 애당초 몽골어와 한국어가 비슷하므로 순우리말 중 여러 단어가 원 간섭기 때 전해진 것이라는 잘못된 낭설들도 많이 퍼져 있어서 한국어의 유래 가운데 순우리말과 원 간섭기 때 전해진 몽골 기원설을 딱 잘라 구분하기가 여간 어려운 일이 아니다.

원 간섭기 때 전해진 음식 문화도 있다. 대표적으로 순대다. 돼지의 부속물을 삶거나 익혀서 여러 재료와 먹는 순대는 몽골식 식문화에서 유래했다.

원 간섭기 때 한국 식문화에 가장 크게 영향을 준 건 소주일 것이다. 원 간섭기 이전까지 고대 한국인은 술을 증류해서 먹지 않았다. 증류주 문화는 아랍 지역에서 유래한 것으로 보이며 중앙아시아와 시베리아를 누비는 유목 민족에게 전파되었고, 이들이 전 세계를 돌며 증류 기술을 퍼뜨렸던 것으로 보고 있다.

원 간섭기 때 고려에도 증류 기술이 전해졌다. 원래는 쌀로 빚은 술만 마시던 문화에서 쌀을 빚은 뒤 액체를 증류하여 소주 원액을 추출한 것이다. 다만 소주는 그냥 먹기도 귀한 쌀로 만들어야 했기 때문에 오늘날처럼 소주를 벌컥벌컥 마시지 못하고 지배층만 소량으로 먹었다. 피지배층은 막걸리를 마셨다.

고려의 불교 문화도 원 간섭기를 거치며 복합적으로 변했다. 몽골도 불교를 신봉했으나 몽골이 믿는 불교는 밀교라고 해서 전통적인 중국 왕조나 한국, 일본 등에 퍼져 있던 불교와 다른 색깔의 불교였다.

나중에 티베트 불교로 발전하는 밀교는 히말라야산맥 등지에서 유행하던 불교로 주로 몽골족을 포함한 유목 민족이 신봉했으며, 장식성이 도드라지는 것이 특징이다. 물론 원 간섭기 이전에도 고려에 밀교가 없던 것은 아니지만 원 간섭기를 통해서 대대적으로 밀교의 불교미술이 고려 불교에 틈입해 왔다.

밀교의 확산은 고려의 불교 미술을 더욱 화려하게 만들어 놓았다. 밀교의 화려한 장식성이 귀족의 취향에 딱 맞아떨어져 귀족이 밀교 풍의 불교를 강력하게 후원하였다. 밀교의 양식을 제대로 보여 주는 대표적인 불교 미술품이 천수관음이다. 우리나라에서 출토되는 천수관음상은 전부 원 간섭기 때 밀교의 영향으로 제작된 불상이다.

천수관음상과 더불어 거만하게 앉아서 한쪽 팔을 한쪽 무릎에 올려다 놓는 자세도 북방에서 전해진 것으로 보인다. 이러한 보살의 좌상은 밀교가 아닌 라마교 미술의 영향이라고 하지만, 어찌 됐든 원나라를 통해 고려로 유입되었다.

화려한 불상에 대한 지배층의 집착은 사대부가 등장할 때까지 지속된다. 국립중앙박물관 1층 로비 홀에 우뚝 서서 관람객이 가장 먼저 시선을 빼앗기는, 높이 무려 13m로 2층까지 치솟아 있는 경천사지 10층 석탑 또한 대표적인 밀교 양식의 석탑이다.

경천사는 개경 인근의 경기도 개풍군에 있던 규모가 상당했던 사찰이었다. 대리석으로 만들어진 '아쬬'자형 구조로 각종 부조가 층마다 면마다 세밀하게 조각되어 있다. 경천사지 10층 석탑은 총 세 부분으로 구성되어 있다.

기단부는 3단 구조로 안정감 있는 둔중한 볼륨을 과시하고 있으며, 그 위로는 탑신부가 상륜부의 구분 없이 대단한 상승감을 뽐내며 하늘 위로 뻗어 올라가고 있다. 탑신부의 3층까지는 '아쬬'자형을 유지하고 있으며, 나머지 7층은 사각형으로 전환된다.

각 층에는 지붕과 난간을 설치하여 흡사 건물 하나를 보는 느낌이다. 이 석탑에 새겨진 조각상을 하나하나 다 구경하자면 하루로 부족하고 다 봤을 때쯤이면 처음 본 조각상이 기억나지 않을 것이다. 그래서 더더욱 몇 번을 봐도 구경하는 재미가 있고 국립중앙박물관의 층수에 따라 보이는 조각상이 또 다르다는 점에서 감상하기엔 맛갈진 문화재임은 분명하다.

구한말 순종 황제 재위 당시 일본궁내대신 다나카 미츠아키가 석탑을 마음대로 해체한 후 일본으로 반출시켜 버린 적이 있었다. 내막을 알게 된 〈대한매일신보〉의 창간인 겸 영국 언론인이었던 어네스트 베델이 경천사지 10층 석탑의 무단 반출 문제를 공론화했고, 일제강점기 총독부 측에서 일본에 있던 경천사지 10층 석탑을 다시 가지고 왔다.

조선총독부의 데라우치 총독은 조선의 문화재는 총독부에서 직접 관리하겠다며 일본 본국에서부터 가져온 것이었다. 해방 후 경복궁에 전시해 두었다가 보존상의 문제로 인해 현재 국립중앙박물관에서 소장 중이다.

문화변동의 방향이 일방적인 경우는 드물다. 원 간섭기라는 특수한 정치적 상황에서 고려로 유입된 몽골 문화가 훨씬 더 강력하긴 했지만, 그 반대로 원나라에 퍼진 고려의 문화를 '고려양'이라고 한다. 고려 왕족이 원나라에 머물렀을 때 수많은 수행원이 옆에 있었고, 원나라에서 출세해 보려던 환관들, 결혼도감으로 차출되어 원나라로 가게 된 공녀들, 그 외 포로로 잡혀 왔다가 풀려난 자들이 원나라에 고려의 문화를 퍼뜨렸다. 더군다나 원나라는 고려인을 우대하였다.

고려양은 몽골풍과 마찬가지로 의복 문화와 식문화에서 두드러졌다. 여성의 경우 치마와 저고리를 같이 입는 의복과 남성의 경우 두루마기를 걸치는 문화가 전해졌는데, 이러한 의복은 명나라 때까지 이어진다. 다만 명나라 중기 여성의 치마·저고리 문화와 남성의 두루마기 문화는 명나라의 문화가 아니라는 이유로 금지된다.

원나라에 퍼진 고려인의 식문화로는 고려의 조청, 고려의 만두, 고려의 떡, 쌈을 싸 먹는 문화 등이 있다. 원나라에서 유행했던 음악도

주로 고려의 음악이었다. 원나라의 대칸들이 고려인 공녀의 악기 연주를 칭찬한 기록이 많으며, 명절마다 고려인이 고려의 음악을 연주하면 주변에 수많은 몽골인이 몰렸다고 한다.

공녀는 특히 음악적 재능을 발휘하며 많은 사랑을 받았는데, 이에 따라 원래 원나라 황실에서만 요구하던 고려의 공녀를 원나라의 귀족과 장군도 요구하였다. 원나라의 피지배층은 음악적 재능이 다분한 고려인 공녀를 동경하며 고려로 넘어가 음악을 배우고 올 정도였다고 한다.

80년간의 원 간섭기 고려에는 몽골풍이, 원나라에는 고려양이 쌍방향으로 이루어졌지만, 고려 내부에 고려만의 독자적이고 자주적인 문화를 지키고자 하는 노력도 이어졌다. 무분별한 원나라 문화의 유입에 민족주의 사상을 강조하는 저작물이 나오기 시작하였다.

일연 스님의 《삼국유사》가 바로 이 시점에 등장한다. 일연 스님은 무미건조한 사실만 기사로 나열한 《삼국유사》와 상반되는, 삼국시대에서부터 통일신라까지를 시대적 배경으로 전해지는 각종 전설과 민담, 신화를 수집하여 집대성하였다. 일연 스님은 《삼국유사》의 서론에서 집필의 목적을 명백하게 밝힌다.

> 대저 옛 성인聖人은 예악으로 나라를 일으키고 인의로 가르침을 베푸는 데 있어 괴력난신怪力亂神에 대해서는 말하지 않았

다. 그러나 제왕이 장차 일어날 때 하늘의 명령에 응하거나 하늘로부터 도록을 받아 반드시 일반인과 다름이 있은 연후에야 능히 큰 변화를 타고 큰 그릇이 되어 대업을 이룰 수 있는 것이다. (중략) 그런즉 삼국三國의 시조가 모두 신이神異한 데서 나왔다는 것이 어찌 괴이하다 할 수 있겠는가! 이 기이紀異가 제편諸篇의 첫머리에 실린 것은 그 뜻이 바로 여기에 있는 것이다.

-《삼국유사》제1권 <기이 편> 서왈

　　불교적 색채를 배제한 김부식의 《삼국사기》와는 다르게 일연 스님은 불교적, 도교적 역사에도 지대한 관심을 보였으며, 무엇보다 일연 스님은 고조선의 단군 신화를 한국사의 첫 시작으로 삼았다. 한국 역사상 단군 신화를 한국사의 시작으로 삼은 최초의 역사서였다.

　　단순한 설화집을 어떻게 역사서로 간주할 수 있냐는 비판의 목소리도 있지만, 일연 스님이 《삼국유사》에서 밝혔듯 그는 모았을 뿐 결코 새롭게 만든 이야기는 없다고 말한다. 설화는 민중의 역사 인식과 현실 인식을 반영하기 때문에 《삼국사기》가 담지 못한 역사적 사실을 유추할 수 있는 주요한 원천이 된다. 성격이 완전히 다른 《삼국사기》와 《삼국유사》 모두가 존재하기에 현대의 우리는 더 풍성하게 삼국시대를 접할 수가 있다.

일연 스님의 《삼국유사》 편찬으로부터 몇 년 후 이승휴의 《제왕운기》가 완성되었다. 《삼국유사》가 역사서라면 《제왕운기》는 역사시다. 충렬왕에게 직언하다가 파직된 이승휴가 남는 시간에 서사시를 집필하였고, 1287년(충렬왕 13년) 완성하였다. 《제왕운기》는 상·하권으로 이루어졌는데, 상권은 삼황오제~원나라까지의 중국사를, 하권은 단군 신화에서부터 시작하는 한국사를 망라하였다.

중국사와 한국사를 각각 상권과 하권으로 다룸으로써 중국사와 한국사를 동등하게 인식하고 있으며 중국의 삼황오제 신화만큼 한국의 단군 신화도 유서 깊음을 피력하였다. 역시 단군 신화를 한국사의 시작으로 삼은 역사서다. 고구려·백제·신라 모두 단군의 후예이며 그것은 발해와 고려로 이어졌음을 강조하였다. 그간 고려는 고구려를 계승했다는 건국 이념에 따라 발해를 다소 등한시했는데, 본격적으로 발해도 고구려를 계승한 한국사로 편입하기 시작한 것이다.

이승휴의 《제왕운기》를 서사시라고 했지만, 엄밀히 말해선 한 주인공을 따라가는 이야기가 아니기에 서사시라기보다는 역사를 말하는 '영사시(역사적 사실을 소재로 한 시)'로 분류된다.

고려 민중에서는 고려가요의 맥이 계속 이어졌다. 고려 후기 창작된 고려가요로는 〈쌍화점〉, 〈청산별곡〉 등이 있다. 〈쌍화점〉은 전형적인 속요俗謠로써 남녀의 사랑 이야기가 정제되지 않은 문체로 솔직하고 과감하게 드러낸 작품이다.

〈쌍화점〉은 충렬왕 때 만들어졌다는 이야기가 있으며 노래 속 남자 주인공은 회회인, 즉 위구르인으로 추정되며 원 간섭기 때 고려로 들어온 것으로 추정된다. 조선시대 때는 너무 야하고 음란하다는 이유로 배척되었다.

〈청산별곡〉은 속세를 떠나 자연에 은거하려는 주인공이 부르는 노래로, 언뜻 보면 그저 자연을 예찬하는 내용이지만, 실은 세상에 환멸을 느끼고 현실을 등지려는 무기력함이 깔린 작품이다. 원나라의 간섭을 받으며 원나라에 이리저리 휘둘리는 고려 조정에 큰 실망감을 느끼고 낙향하는 지배층 혹은 엘리트 학자가 노래로나마 위안받으려는 작품이 아닐까 한다.

만둣집에 만두 사러 갔더니만
회회인 아비 내 손목을 쥐더이다
이 소문이 이 가게 밖에 나고 들면
다로러거디러 조그마한 새끼 광대 네 말이라 하리라
더러둥셩 다리러디러 다리러디러 다로러거디러 다로러
그 잠자리에 나도 자러 가리라
위 위 다로러거디러 다로러
그 잔 데 같이 답답한 곳이 없다

삼장사에 불 켜러 갔더니만

그 절 지주 내 손목을 쥐더이다

이 소문이 이 절 밖에 나고 들면

다로러거디러 조그마한 새끼 상좌 네 말이라 하리라

더러둥셩 다리러디러 다리러디러 다로러거디러 다로러

그 잠자리에 나도 자러 가리라

위 위 다로러거디러 다로러

그 잔 데 같이 답답한 곳이 없다

두레우물에 물을 길어 갔더니만

우물 용이 내 손목을 쥐더이다

이 소문이 이 우물 밖에 나고 들면

다로러거디러 조그마한 두레박아 네 말이라 하리라

더러둥셩 다리러디러 다리러디러 다로러거디러 다로러

그 잠자리에 나도 자러 가리라

위 위 다로러거디러 다로러

그 잔 데 같이 답답한 곳이 없다

술 파는 집에 술을 사러 갔더니만

그 집 아비 내 손목을 쥐더이다

이 소문이 이 집 밖에 나고 들면

다로러거디러 조그마한 시궁 바가지 네 말이라 하리라

더러둥셩 다리러디러 다리러디러 다로러거디러 다로러

그 잠자리에 나도 자러 가리라

위 위 다로러거디러 다로러

그 잔 데 같이 답답한 곳이 없다

- 〈쌍화점〉

살겠노라 살겠노라 청산에 살겠노라

머루랑 다래를 먹고 청산에 살겠노라

얄리얄리 얄랑셩 얄라리 얄라

우는구나 우는구나 새야 자고 일어나 우는구나 새야

너보다 시름 많은 나도 자고 일어나 우노라

얄리얄리 얄라셩 얄라리 얄라

가던 새 가던 새 보았느냐 물 아래 가던 새 보았느냐

이끼 묻은 쟁기를 가지고 물 아래 가던 새 보았느냐

얄리얄리 얄라셩 얄라리 얄라

이럭저럭 하여 낮일랑 지내 왔건만

올 이도 갈 이도 없는 밤일랑 또 어찌할 것인가

얄리얄리 얄라셩 얄라리 얄라

어디다 던지는 돌인가 누구를 맞히려는 돌인가

미워할 이도 사랑할 이도 없이 맞아서 우노라

얄리얄리 얄라셩 얄라리 얄라

살겠노라 살겠노라. 바다에 살겠노라

나문재, 굴, 조개를 먹고 바다에 살겠노라

얄리얄리 얄라셩 얄라리 얄라

가다가 가다가 듣노라 외딴 부엌 가다가 듣노라

사슴이 장대에 올라서 해금을 켜는 것을 듣노라

얄리얄리 얄라셩 얄라리 얄라

가다 보니 불룩한 술독에 독한 술을 빚는구나

조롱박꽃 모양의 누룩이 매워 붙잡으니 내 어찌 하리이까

얄리얄리 얄라셩 얄라리 얄라

- 〈청산별곡〉

❀

적진의 용사 한 사람이 아군을 쏘는데 쏘는 대로 아군이 넘어지자,
한희유가 창을 가누어서 말을 달려 적진 속에 돌입하니,
사람과 말이 모두 놀라 뒤로 물러섰다. 용사를 잡아 목을 베어서
그 머리를 창끝에 매달아 보이니, 적이 모두 전의를 상실했다. 대군을 휘몰아
공격하여 크게 패배시키고, 드디어 회군하여 석파역石破驛에 머물렀다.

－《고려사절요》제16권, 제21권, 충렬왕 3, 신묘 17년(1291년)

원 간섭기가 시작되며 무신정권기 이전부터 쌓여 왔던 묵은 귀족과 그 폐단이 부활하였다. 이 귀족은 원나라 권력에 빌붙어 '권문세족'이라는 지배층이 되었다. 그간의 고려 역사를 거치며 폐단이 누적된 만큼 권문세족의 부패함은 이루 말할 수 없는 지경에 이르렀다. 왕권을 지키려는 고려 왕과 또 성리학이라는 새로운 이념을 바탕으로 성장한 성리학자가 권문세족에게 맞서 싸우려고 했지만, '기황후'라는 변수가 나타나며 싸움은 더 어려워졌다. 고려가 권문세족에 의해 완전히 원나라로 편입될 뻔한 시점에 공민왕이 등장한다.

6

권문세족,
묵은 귀족의 부활

부패한 사회의 근원, 권문세족

100년간의 무신정권은 개경으로 환도하며 무너졌다. 고려는 다시 귀족 사회로 회귀했다. 무신정권 후 다시 수립된 고려의 귀족을 '권문세족'이라고 한다. 권문세족을 직역하면 권력을 누린 문벌과 세습적으로 기득권을 유지해 오던 가문 정도로 해석할 수 있다.

무신정권 이전까지만 해도 고려는 철저한 귀족 사회였기에 귀족 사회로 회복하는 건 어렵지 않았다. 아무리 무신정권기를 거친 고려였지만 무신정권기에도 대대로 내려오던 명문 가문은 계속 이어지고 있었다. 혹은 무신정권과 결탁해 있던 귀족 가문도 있었다.

무신정권기 이전의 문벌 귀족과 이후의 권문세족에게 차이가 있다면 무신정권 이후 고려는 원 간섭기였다는 시대적 특수성이 있다. 고려 왕의 옹립과 폐위조차 원나라 조정이 결정하던 시대였기에 원나라의 영향력은 절대적이었다. 권문세족의 권력 원천은 바로 원나라였다. 그들은 고려인이면서 고려보다는 원나라에 더 충성하여 원나라의 비호를 받으며 절대적 권력자로 군림했다.

원나라도 고려의 지배층을 포섭해 고려를 마음대로 주무르기도 쉬웠다. 원나라를 믿고 고려의 왕실을 능멸하는 권문세족도 부지기수였다. 그래서 권문세족을 '부원배'라고 비하하기도 한다. 유서 깊은 귀족 가문이 아님에도 원나라에 아부하며 귀족화한 권문세족도 허다했다. 가장 가능성이 큰 직업은 몽골어에 능통한 역관이었다.

> 조인규는 풍모가 아름답고 근엄했으며 전해 오는 기록을 두루 통달하였다. 처음에 나라 사람이 몽골어를 배우기는 했어도 회화를 능숙히 해내는 자가 없어서 사신이 원나라 수도로 가면 반드시 대녕총관 강수형을 시켜 사신을 데리고 가서 황제에게 아뢰게 하였다. (중략) 왕이 매번 황제에게 요청할 일이 있으면 반드시 조인규를 보냈으므로 그가 사신으로 원나라에 간 것이 30회나 되었는데, 근면하고 노력한 바가 상당히 많았다. 그러나 그는 미천한 신분에서 출세해 갑자기 국가의 중요한 관직을 차지한 사람으로, 겉모습이 장중하고 단아

해 보여 왕의 총애를 받아 항상 왕의 침소에까지 출입하였으며 많은 전민을 긁어모아 큰 부를 쌓았다.

－《고려사》 권105, 열전18, 조인규 열전

역관과 더불어 환관도 친원파를 자처하며 지위가 상승했다. 고려의 왕을 가장 가까이서 모시는 환관이 고려 왕이 아닌 원나라 편이라면 원나라 조정에선 고려 왕을 좌지우지하기 얼마나 편하겠는가.

고려 역사를 통틀어 환관이 이토록 정치적 권력과 경제적 부를 누린 적이 없었기에 일반 백성 중 거세하고 환관이 되려는 숫자가 기하급수적으로 늘어났다. 본디 한국에선 환관은 거세하지 않았지만, 원 간섭기 때 환관이 거세하는 문화가 고려에도 정착되었다.

조금이나마 고려만의 주체성을 회복하려던 고려의 왕과 기득권을 누리려던 권문세족은 서로 부딪힐 수밖에 없었다. 권문세족은 오로지 그들의 기득권을 유지해 나가는 것이 가장 중요했다. 문벌 귀족 이래 고려에 쌓여 오던 병폐는 무신정권이라는 커다란 후폭풍을 맞았지만, 무신정권의 집권자 또한 사회 구조적 개혁을 단행하지 않고 기존 귀족의 병폐를 답습할 뿐이었다.

무신정권이 무너져도 마찬가지였다. 원 간섭기를 통해 민생은 더 피폐해지고 사회 구조적 모순은 축적되는 과정에서 권문세족은 이러한 모순을 권력의 원천으로 삼았다. 원나라 간섭으로 원나라가 고려에 수많은 인적·물적 자원을 수탈해 가던 때에도 여전히 호화로운 생활을 영위하던 존재가 권문세족 지배층이었다.

그들은 정치 사회적 권력을 이용해 힘없는 양인을 노비로 만들고 그들의 재산을 빼앗아 불법적으로 토지를 겸병해 댔다. '대농장'이라고 불리던 권문세족의 토지재산은 산과 강으로 경계를 구분 지어야 할 정도였다. 고려의 왕도 어쩌지 못하는 권문세족으로 인해 고려 말 사회 경제 구조는 파탄 지경에 이르렀다.

권문세족과 결탁한 또 다른 사회 계층의 한 축이 있었으니 바로 불교계였다. 무신정권기에 불교계가 세속화되었으나 보조국사 지눌의 수선사 결사운동과 원묘국사 요세의 백련사 결사운동으로 불교계 개혁 운동의 바람이 불었다. 하지만 원 간섭기에 이르러 불교계는 그 어느 시대보다 타락한다.

같은 불교 국가인 원나라가 고려 불교계를 지원해 주었으며, 권문세족도 불교계 승려를 후원하며 일종의 '카르텔'이 형성되었다. 권문세족의 힘을 받아 불교계는 돈벌이 장사에도 뛰어들었다.

승려가 사찰에서 베, 모시, 기와, 술, 소금 등을 생산하여 시장에 판매하는 등 수공업을 운영하였고, 심지어는 고리대금업으로 백성의 재산과 토지를 빼앗아 갔다. 큰 사찰은 웬만해서 전부 권문세족이 뒤를 봐주고 있어서 언제나 권문세족의 집회지가 되었고, 승려도 기고만장하여 백성을 괴롭히기 일쑤였다.

성리학의 도입

권문세족이 고려를 부패하게 만드는 동시에 새로운 지배층이 형성되기도 하였다. 바로 성리학자이다. 유학은 아주 오래전부터 한국에 뿌리내리고 있었다. 또한 송나라에서 유학의 분과 학문으로 성리학이 탄생하여 유학의 주류를 이루고 있었다.

송나라에서는 성리학이 크게 발달하였지만, 그간 고려에는 들어오지 않고 있었다. 원나라가 송나라까지 멸망시키고 중국 전체를 통일했을 때 성리학도 고려로 유입되었다. 한국 역사상 최초로 성리학을 도입시킨 유학자는 안향이었다.

한국 최초의 성리학자인 안향은 경상북도 영주의 토착 호족 가문에서 태어나 원나라에 유학할 일이 있었는데, 그때 주자(성리학의 창시자)가 정리한 성리학 저서들을 직접 손으로 베끼곤 그 책들을 1290년 고려로 가지고 들어왔다.

당시 왕이었던 충렬왕은 안향을 크게 중용했다. 안향은 정치원로가 되어서도 원나라로 파견되는 사신단을 통해 유학자의 화상, 성리학 저서들을 대량으로 구해오게 했으며, 국가의 유학 교육에도 힘썼다. 아울러 국가장학재단인 섬학전을 만들어 성리학 교육에 힘썼다.

하위 지배층 가운데 권문세족의 부패한 기득권을 문제 삼는 이들도 더러 있었다. 권문세족만큼이나 세습할 수 있는 대농장이나 가문의 명망이 없는 이른바 중소 지주는 사회 지배층의 핵심에 진출하기 위해 뛰어난 학문적 식견을 터득하여 내세울 수밖에 없었다.

따라서 안향의 제자를 자처하는 지식인이 늘어났다. 안향의 가르침을 이어받아 성리학을 발전시켜 나가던 성리학자는 음서로 사회 주류로 진출하는 권문세족을 비판하고, 과거의 우수함을 강조했다.

안향의 학맥을 정통으로 이은 제자는 백이정이다. 과거를 통해 관직에 진출한 백이정은 충선왕이 원나라로 갈 때 함께 따라가 원나라에 오래도록 머물렀다. 스승 안향을 통해 성리학을 접했던 백이정은 성리학의 고장인 중국에서 더 다양한 성리학자와 교류하며 성리학을 더 깊이 연구할 수 있었다.

고려로 귀국한 백이정은 원나라에서 배운 성리학 체계를 바탕으로 고려의 성리학 학계를 닦았다. 백이정이 내린 자양분에서 이제현, 박충좌 등의 내로라하는 성리학자가 나타나기도 하였다.

성균관 수석 입학을 할 정도로 수재였던 이제현은 백이정의 제자였으며 그의 장인어른인 권부도 성리학자였다. 이제현의 학식이 워낙 정평이 나 있었기에 당시 아들에게 양위하고 원나라에서 개인 독서에 심취해 있던 충선왕이 이제현을 원나라로 초대하였다.

1314년 충선왕은 원나라의 수도 대도에서 원나라 정부의 지원을 받아 원나라와 고려의 학문 교류를 활성화하겠다며 만권당이라는 학술기관을 만들어 국적을 불문하고 학자를 초대해 학문에 힘썼다. 이때 충선왕은 이제현도 초대하여 만권당에서 수학하도록 하였다.

충선왕의 만권당에는 남송 출신의 정통 성리학자가 많이 모여 있었기에 이제현 역시 그들과의 교류였으며, 고려로 귀국해 고려 땅에 성리학이 더 뿌리내릴 수 있도록 공헌하였다.

1319년 한번은 이제현이 충선왕과 원나라를 여행하는데 충선왕은 원나라 화가 진감여를 불러 이제현의 초상을 그리게 했다고 한다. 다만 귀국할 때 이제현은 미처 이 초상화를 가지고 오지 못했는데, 한참 뒤에 이제현이 고려의 재상이 되어 외교 차 원나라를 방문했을 때 우연히 자신의 초상화를 발견하고는 귀국할 때 가지고 왔다고 한다. 이 그림이 국보 110호인 〈이제현 초상〉이다.

이제현은 철학 사상 면에서도 큰 성과를 선보였지만, 문학적 능력도 남달랐다. 이제현은 《역옹패설》이라는 평론서를 집필하였는데, '역옹'이란 자신의 호를 말하고 '패설'이란 '이런저런 잡다한 이야기'라는 뜻으로, 고려의 문학 예술사를 정치와 사회 속에서 평론한 글이며 향후 고려 문단의 방향성까지도 제시하고 있다.

역사에도 관심이 많던 이제현은 성리학적 유교 사관에 따라 고려사를 정리하여 《사략》을 편찬하였지만, 현재 전해지지 않고 있다.

성리학이 고려 문단에 퍼지기 전까지 고려의 지식인은 유교 경전에 대한 이해도보다 문학적 저술 능력을 더 높이 평가했다. 고려 초 광종이 과거제를 시행한 이래 문신을 뽑는 문과 시험에서 명경과보다 제술과 합격자가 훨씬 많았던 것만 봐도 고려 문단이 지식인의 어떤 능력을 더 중시했는지 가늠할 수가 있다.

고려 후기 성리학이 고려로 유입되고, 시간이 지나며 성리학이 보편화되면서 문학적 저술 능력보다 유교 경전에 대한 이해, 성리학적 원칙에 따른 철학적 사유가 더 중시된다. 《역옹패설》을 저술한 이제현은 그 과도기에 놓여 있던 성리학자였다.

이제현은 성리학과 문학을 접목한 새로운 문학을 원했지만, 후대의 성리학자는 문학을 오락성으로 치부하고 철학과 사상, 학문 연구에 방점을 두었다. 그 시발점은 이제현의 제자 이색이다. 엄밀히 말해서 이색의 아버지가 이제현의 제자였다. 이색은 고려에서 과거에 합격한 후 원나라 유학을 떠나 원나라에서도 외국인 전형으로 치르는 과거에 2등으로 합격하는 전설을 남기기도 하였다.

고려의 성리학이 안향, 백이정, 이제현 등 세대를 거치며 더 발전해 내려오면서 이색 세대에 이르면 정통성리학에 더 집중한다. 이색은 지식인으로서 문학성보단 성리학의 철학성에 주목하였다. 그리고 이색의 학맥을 이어받은 제자 대에 이르면 이제 성리학이 완전하게 정착한다. 이색의 제자들을 '신진사대부'라고 하며, 신진사대부는 훗날 성리학으로 고려의 귀족 사회를 해체하는 개혁의 주체로 성장한다.

권문세족의 위협을 받는 충숙왕

원나라 붙박이였던 충선왕은 계속 원나라에 남고자 1313년 차남에게 양위한다. 고려의 27대 왕 충숙왕이 즉위하였다. 충숙왕의 본명은 왕도, 몽골 이름은 아라트나시리. 충숙왕은 충선왕과 충선왕의 몽골인 후궁이었던 예수진 사이에서 낳은 아이였다. 충선왕의 정비였던 계국대장공주 사이에서는 두 부부 금실이 워낙에 최악이었으니 아이가 없었다.

그간 고려에서는 충숙왕의 할아버지 충렬왕과 아버지 충선왕이 서로 치고받고 꼴사나운 모습을 자주 보여 준 터라 원나라가 고려 왕실을 믿지 못해 충숙왕 등극 이후부터는 원나라가 고려에 간섭의 정도를 더 강화했다.

충숙왕은 재위 초반에 원나라 조정과 원만한 관계를 수립하려고 노력하여 원나라의 내정 간섭을 많이 축소시켰고, 원나라에 바치던 공녀와 공물의 양도 줄일 수 있을 만큼 줄였다. 충숙왕은 고려의 자주적 문화를 강조하며 서서히 원나라의 문화에서 벗어나야 한다는 태도를 내비치기도 하였다.

충숙왕은 수완이 좋은 왕이었으나 충숙왕의 발목을 잡는 사람이 있었으니, 바로 원나라에 머물고 있던 아버지 충선왕이었다. 아버지 충선왕은 양위하고 나서도 말썽이었다. 1313년 고려 왕직을 아들 충숙왕에게 양위한 충선왕은 3년 후 1316년 심왕의 자리에서도 물러났다.

충선왕은 심왕 겸 고려 왕을 겸하고 있었는데, 충선왕이 고려 왕은 아들 충숙왕에게, 심왕은 조카였던 연안군 왕고에게 물려주었다. 그러다 보니 심왕으로 등극한 연안군 왕고는 고려 왕까지 욕심을 내었다.

심왕 왕고의 아내 역시 원나라 황실 공주였던지라 심왕 왕고도 얼마든지 고려 왕이 될 자격이 있었다.

1320년 원나라에선 원 영종이 새로운 황제로 즉위하였다. 하필이면 심왕 왕고가 원 영종과 가까웠다. 심왕 왕고는 원 영종에게 고려의 자주권을 박탈하여 원나라의 지방 행정 구역인 '성'으로 편입시키라는, 이른바 입성책동을 주장하며 원 영종의 환심을 샀다.

충숙왕은 최대한 원나라의 내정 간섭에서 벗어나려는 정책을 펼치고 있어서 친원파 권문세족이 충숙왕을 벼르고 있었다. 차라리 원나라 황제와 친한 심왕 왕고를 새로운 고려 왕으로 추대하는 편이 권문세족에게 유리했다. 조적 등의 권문세족은 심왕 왕고와 내통하여 원나라 조정과 원 영종에게 충숙왕이 주색잡기에 빠져 고려를 도탄에 빠뜨리고 있다며 모함하였다.

1321년 원 영종은 충숙왕을 원나라로 압송해 약 5년간 고려는 왕이 부재해 있었다. 심왕 왕고는 본인을 '고려 왕'이라고 자칭하였다. 이때의 사건을 '심왕옹립운동'이라고 한다.

하지만 1323년 심왕 왕고를 총애하던 원 영종이 살해당하고 원 진종이 새롭게 등극하면서 심왕 왕고의 영향력이 급격하게 쇠퇴하였다. 원나라 조정의 내분으로 고려에 대해 신경을 쓰지 못했고, 충숙왕 귀국 문제는 차일피일 미루어지다가 1325년이나 되어서야 충숙왕은 고려로 돌아올 수 있었다.

복귀한 충숙왕은 고려의 신하가 외국의 군주에게 자신을 모함하고, 또 너무나도 쉽게 폐위된 경험에 그만 무기력해졌다. 원나라와 결탁하고 있는 권문세족의 개입은 너무나 강력했다. 조적은 여전히 원나라에 충숙왕을 무고하고 있었다. 충숙왕은 결국 좌절감을 이기지 못하고 심왕 왕고에게 선위하겠다고 밝혔다. 한종유 등 충숙왕의 측근 신하들이 겨우 말렸지만, 이미 충숙왕은 왕으로서 의욕을 잃은 상태였다. 충숙왕은 도저히 왕으로 있을 수가 없다며 1330년 세자에게 양위하였다.

고려 최악의 폭군, 충혜왕

1330년 충숙왕의 뒤를 이어 충혜왕이 28대 왕으로 즉위했다. 충혜왕의 본명은 왕정, 몽골 이름은 부다시리이다. 충혜왕의 아버지 충숙왕에게는 복국장공주와 조국장공주라는 두 명의 몽골인 아내가 있었다. 무슨 이유에서인지 충숙왕은 복국장공주와 동침하지 않아 후사가 없었고, 복국장공주는 원인 모를 병을 앓다가 사망했다.

충숙왕과 복국장공주는 사이가 매우 좋지 못했는데 부부싸움이라고 할 수 없을 정도의 폭력이 오갔다. 한번은 충숙왕이 복국장공주의 얼굴을 가격해 복국장공주가 코피를 흘렸다는 기록이 있었다. 일부 학자는 충숙왕의 상습적인 폭행이 복국장공주의 사망과 관련이 있지 않을까 추측한다.

복국장공주가 죽자 충숙왕은 두 번째 원나라 황실의 공주 조국장공주와 혼인했다. 조국장공주는 아들을 출산했지만, 출산 후 바로 사망하고, 출산한 아들도 16살이라는 어린 나이에 요절했다.

충숙왕은 고려인이었던 후궁 덕비 홍씨를 총애했다. 충숙왕과 덕비 홍씨 사이에서 낳은 장남이 충혜왕이고, 차남은 훗날 공민왕으로 등극한다. 본래 차기 고려의 왕은 몽골인 어머니 사이에서 낳은 아들이 뒤를 이어야 하지만, 후사가 없었기에 별다른 선택지 없이 충혜왕이 뒤를 이었다. 충혜왕의 아버지, 할아버지가 모두 혼혈인이긴 하지만 말이다.

충혜왕은 고려 역사 500년을 통틀어 최악의 폭군이었다. 충혜왕의 갖은 극악무도한 짓거리에 고작 재위 2년 만인 1332년 원나라 조정은 충혜왕을 폐위시켰다. 《고려사》와 《고려사절요》에 기록된 2년간의 충혜왕 기사는 온통 사냥하러 떠났다는 내용으로 도배가 되어 있다.

정사에 전혀 관심을 두지 않은 것이다. 심지어 양위하고 물러나 있던 충숙왕이 충혜왕을 혼내기도 하였으나 충혜왕은 전혀 듣지 않았다.

> 왕이 국가의 주요 업무를 폐신嬖臣인 배전과 주주 등에게 맡기고 매일 내수와 함께 씨름 놀이를 벌이는 통에 상·하의 예의가 없어져 버렸다.
> – 《고려사절요》 권36, 세가36, 충혜왕, 충혜왕 즉위년(1330년)

> 대언 이군해, 전 장령 안목, 성균승 정오, 도관좌랑 정세충으

로 하여금 관리의 선발을 주관하게 하고 호종한 신하에게 작
위를 하사하니 폐행嬖幸으로서 분수에 넘치는 관직을 받은 자
가 많았다.

－《고려사절요》권36, 세가36, 충혜왕, 충혜왕 2년(1332년)

밤에 왕이 폐인嬖人 양선, 송명리 등을 데리고 평복 차림으로
몰래 거리를 쏘다녔다.

－《고려사절요》권36, 세가36, 충혜왕, 충혜왕 즉위년(1330년)

고려 조정은 충혜왕의 마음에 들고자 아부하고 잇속만 챙기는 간신
으로 가득했다. 국가 재정에 타격을 줄 정도의 규모로 성대하게 매 사
냥을 개최한 것만 11번, 대규모 물놀이 2번, 이외 각종 잔치와 연회와
술 잔치 기록은 도저히 셀 수 없을 정도다.

원나라 조정에서도 충혜왕의 사치벽과 방탕한 생활을 인지하고 있
었다. 특히 원나라 조정 내 실세였던 메르키트 바얀이 충혜왕을 미워
하여 1332년 충혜왕을 폐위시켜 원나라로 소환하고, 그의 아버지였던
충숙왕을 다시 복위시켰다.

왕의 자리를 누구보다 싫어했던 충숙왕은 여전히 무기력한 나날을
보냈다. 충숙왕이 아들 충혜왕만큼 막장 짓을 하진 않았지만, 그렇다
고 정사에 열심히 임하지도 않았다. 충숙왕은 이른바 삼청이라 불리는
박청, 이청, 신청 등 내시 세 명을 신임하여 모든 권한을 일임하였다.

조적 등의 권문세족도 여전히 권세를 누리고 있었다. 의미 없는 충숙왕의 복위 기간이 이어지다가 1339년 충숙왕이 사망했다. 충숙왕이 죽자 폐위되어 있던 충혜왕이 복위하였다.

충혜왕 복위를 두고 원나라 조정에선 말이 많았다. 과거 충혜왕 폐위에 앞장섰던 바얀도 아무리 충혜왕이 장남이라 한들 저런 망나니를 왕으로 복위시킬 수 없다며 반대했다. 하지만 원나라 조정은 그래도 고려의 장자 승계 원칙을 존중하겠다며 충혜왕을 고려로 귀국시켜 고려 왕으로 다시 임명했다.

복위한 충혜왕의 비행은 입이 다물어지지 않을 정도로 충격적이었다. 과거 충혜왕의 첫 재위기였던 2년은 귀여운 수준이었다. 충혜왕은 장모님 황씨를 간음했으며, 아버지 충숙왕의 후궁인 수비 권씨를 겁탈했다. 충혜왕의 편력은 끝이 없었다. 충혜왕은 술에 취해 아버지 충숙왕의 다른 아내였던 경화공주의 침실에 마음대로 들어가 그녀를 겁탈했다.

왕실 여성을 이렇게 다룰진대 왕실 여성이 아닌 여성에겐 어땠을까. 예천군 권한공의 아내인 강씨가 예쁘다는 소문을 들은 충혜왕은 호군 박이라치를 시켜 강씨를 궁궐로 데려오게 했는데, 오는 도중 박이라치가 강씨와 간통하자 충혜왕은 두 사람을 모두 때려 죽였다. 그리고는 죽은 박이라치의 집을 찾아가 그의 아내를 또 겁탈하였다.

한번은 신하 전자유의 집을 찾아가 그의 처 이씨를 덮쳐서 강제로

욕을 보이기도 했다. 심지어 재상이었던 배전의 집으로 가서 배전의 아내와 동생 김오의 처를 간음했다. 이외에도 충혜왕이 욕보인 여성은 헤아릴 수가 없었다.

충혜왕은 폭군에 암군이었다. 새로운 궁궐을 공사해 국가 재정에 막대한 피해를 주고 백성을 강제 노역에 동원했다. 항간에는 왕이 새로운 궁궐을 위해 민간의 어린아이 수십 명을 잡아다가 새 궁궐의 주춧돌 밑에 묻으려 한다는 소문이 퍼져 집집이 아이를 안고 도망쳐 숨는 사람이 생겼다고도 한다.

충혜왕은 마구간을 짓겠다고 민가 백여 채를 헐어 버렸고, 도성 동쪽에서 길 가던 사람에게 '탄환을 사람에게 쏘는 장난을 쳤'고도 하며, 민천사라는 절의 누각에 올라가 비둘기를 잡다가 절을 전부 불태워 버리기도 했다.

충혜왕의 각종 비행에 1339년 조적 등 과거 심왕 왕고를 지지하던 세력이 충혜왕을 살해하려고 하다가 실패한 적이 있었다. '조적의 난'을 기점으로 의심병이 도진 충혜왕은 조금이라도 본인 마음에 들지 않으면 곧바로 처형시켰다.

아무도 충혜왕을 막질 못하자 실덕이라는 한 신하가 고려를 방문한 원나라 사신에게 충혜왕의 악행을 고자질했는데, 분노한 충혜왕이 실덕을 불러서 피가 날 때까지 실덕의 뺨을 때렸다.

원나라가 무서운 줄은 알았던 충혜왕은 고려인 출신 원나라 황후인 기황후의 가족을 극진히 대우했다. 충혜왕의 보살핌에 기황후의 오빠 기철이 권문세족으로 부상하여 고려 조정의 실세로 군림하고 있었다.

하지만 충혜왕을 보내 버린 장본인은 다름 아닌 기철이었다. 충혜왕을 차마 가만히 놔둘 수가 없던 기철은 여동생 기황후를 통해 원나라 조정에 충혜왕의 음탕하고 부도덕한 행위를 전부 일러바치며, 고려를 원나라의 직접 지배 형태로 다스려 달라고 제안했다.

원나라는 사실을 확인하고자 1343년 나이주 등 8명의 사신이 1차로, 도치와 베시케 등 6명의 사신이 2차로 고려를 방문했다. 묘한 분위기를 감지한 충혜왕은 병을 핑계로 사신을 만나지 않으려고 했다.

충혜왕이 총애하던 간신 환관 고용보가 일단은 만나 보라고 하자 충혜왕이 원나라 사신단과 만났는데, 만나자마자 도치와 나이주가 충혜왕을 발로 차고 구타하고는 바로 체포해 버렸다. 알고 보니 환관 고용보도 원나라 사신단과 한패였다. 원나라 사신은 충혜왕을 포박한 뒤 환관 고용보와 함께 원나라로 향했다.

그래도 고려의 왕이 죄인의 신분을 원나라에 끌려가는 모양새가 찜찜했던지 고려 조정에서는 일부 신하가 원나라 황제에게 충혜왕을 용서해 달라는 표문을 올렸다. 기황후의 남편이었던 원 혜종은 충혜왕에게,

"왕정(충혜왕)은 백성의 윗사람이면서 백성을 심하게 착취했으니 네

피를 천하의 개들에게 먹여도 오히려 부족할 것이다. 그러나 짐은 살생을 좋아하지 않기에 너를 게양으로 유배 보내니 나를 원망치 말고 가도록 하라."

라며 유배를 보냈다. 충혜왕의 유배지가 원나라 수도에서부터 2만 리가 떨어져 있었다고 하는데, 수행원이 없이 유배지 가는 내내 혼자서 모든 짐을 짊어지고 갔다. 그렇게 충혜왕은 유배지까지 가지도 못하고 1344년 가는 도중 사망했다.

요절한 군주, 충목왕과 충정왕

원나라 조정은 충혜왕을 폐위하고 충혜왕의 아들 충목왕을 29대 왕으로 옹립했다. 29대 왕 충목왕은 충혜왕과 원나라 황실의 여인 덕녕공주 사이에서 낳은 장남이었다. 충목왕의 고려 이름은 왕흔, 몽골 이름은 바스마도르지.

1344년 왕으로 등극한 충목왕의 나이는 고작 여덟 살로 고려 역대 왕 중 최연소의 나이로 즉위하였다. 아버지 충혜왕이 워낙 사고를 많이 쳐서 폐위되다 보니 충목왕이 왕으로 등극할 때 원나라의 황제 혜종이 충목왕에게,

"너는 아버지를 닮겠느냐, 어머니를 닮겠느냐?"

라고 물어보자 충목왕은 어린 나이임에도 눈치를 보고는,

"어머니를 닮겠습니다."

라고 대답했다고 한다.

충목왕은 나이가 너무 어려 어머니 덕녕공주가 대비로서 섭정을 맡았다. 덕녕공주가 섭정했을 때 고려 조정은 기철, 홍빈 등의 친원파 권문세족과 충혜왕을 팔아넘긴 환관 고용보의 입김이 절대적이었다.

이들은 고려의 내정 간섭 기구인 정동행성을 장악하고 충혜왕이 폐위되고 충목왕이 등극하기까지 왕의 공백기에 국사를 총괄했다. 덕녕공주는 설령 자기 남편을 팔아넘겼더라도 원나라 황실 사람과 조정의 실세와 인맥을 다지고 있던 환관 고용보를 우대했다.

하지만 덕녕공주와 기철, 홍빈 사이는 달랐다. 기철, 홍빈도 친원파 권문세족이긴 하지만, 기철은 여동생의 뒷배를 믿고 덕녕공주를 낮잡아 보았다. 기철의 거만함에 덕녕공주는 기철과 기 싸움을 벌였다.

덕녕공주는 기철, 홍빈 등 정동행성의 친원파 권문세족을 견제하고자 예전 무신정권 때 조직되어 아직 잔존하고 있던 관청 정방을 통해 남편 충혜왕의 심복 가운데 살아남은 신예, 강윤충, 배전 등을 측근을 내세워 덕녕공주 파벌을 형성했다.

1349년 원나라 황제 혜종은 덕녕공주에게 '정치도감'이라는 임시관청을 신설할 것을 제안했다. 정치도감은 전국의 토지와 노비를 조사하여 귀족이 부당하게 빼앗은 토지나 노비를 환수하거나 해방하도록 하는 사찰 기구였다.

덕녕공주는 정치도감을 명분으로 전국적으로 관원을 보내 기철 일가 등 권문세족의 경제력을 약화하려고 했다. 그러나 아이러니하게도 덕녕공주의 측근조차 불법적으로 재산을 늘리려는 권문세족이었기에 정작 덕녕공주 측근의 방해로 덕녕공주의 개혁은 흐지부지되었다.

1348년 재위 4년 만에 충목왕은 고작 열두 살의 나이에 사망했다. 기록에는 충목왕의 사인이 역병이었다고 하는데, 구체적으로 유럽발 흑사병으로 사망한 것으로 추정된다. 원나라 영토가 유라시아 대륙을 아우르다 보니 유럽만큼은 아니었지만, 유럽발 흑사병이 아시아까지 퍼져 있었다.

하필이면 충목왕이 흑사병에 걸린 것이다. 어린 나이에 사망한 충목왕은 당연하게도 후사가 없었다. 충목왕의 이복동생 왕저(미스겐도르지)가 1349년 열 살이라는 어린 나이에 고려의 30대 왕 충정왕으로 즉위하였다.

충정왕의 생모는 희비 윤씨로 고려인이기에 섭정은 덕녕공주가 그대로 맡고 있었다. 어느 순간 덕녕공주가 측근으로 두었던 환관 고용보도 기철 등의 권문세족과 결탁하고 있었다. 그간 원나라 조정에 예쁨을 받던 환관 고용보였지만, 점점 원나라 조정도 환관 고용보를 간신으로 인식해 덕녕공주에게 거만하다는 이유로 고용보를 유배 보내 버렸다.

그러나 고용보는 여전히 유배지에서 기철 등의 친원파 권문세족과 내통하고 있었다. 덕녕공주가 원나라 황실 여인이고 원나라 황실과 조정에서 덕녕공주를 보호하려고 해도, 기황후의 오빠인 기철만큼은 원나라에서도 함부로 대할 수가 없었다.

《고려사》 기록에선 충정왕 치세에 대해 다음과 같이 평가하고 있다.

> 충목왕과 충정왕은 둘 다 어린 나이로 왕위에 오르는 바람에
> 덕녕공주와 희비가 모친임을 내세워 안에서 권력을 휘둘렀
> 으며 간신과 외척들이 밖에서 권세를 잡았으니 두 임금이 아
> 무리 빼어난 천품을 가졌다 한들 무엇을 할 수 있었으랴.
>
> ─《고려사》 권37, 세가37, 충정왕, 사신의 논평

충정왕은 나이가 어려 도저히 고려 국정을 운영해 갈 수 없다는 판단에 고려 조정은 원나라 황실에 새로운 고려 왕 추대를 부탁했다. 덕녕공주는 번듯한 왕이 온다면 자신의 섭정이 끝이 나니 어떻게든 충정왕을 지키려고 했다.

그러나 기황후가 주도하고 있던 원나라 조정은 덕녕공주보단 고려 권문세족의 편을 들어주고 있었다. 자기 손으로 무언가를 할 수 없음을 깨달은 덕녕공주는 1350년 원나라로 귀국해 버렸다. 원나라 조정은 충혜왕의 동생 강릉대군 왕기(바얀테무르)를 새로운 왕으로 임명했다.

1351년 원나라에 있던 강릉대군 왕기는 고려로 귀국해서 31대 왕으로 즉위하니 바로 공민왕이었다. 충정왕은 폐위되어 강화도로 유배 갔는데 얼마 못 가 그곳에서 독살되었다. 범인은 정확하게 밝혀지지 않았으나 원나라 조정과 공민왕이 그 배후였다고 보고 있다.

기황후

고려 역사 통틀어 가장 유명한 여성 인물을 꼽으라면 아마 대부분 기황후를 고를 것이다. 고려인으로 태어났으나 고려에 버려져 원나라에서 황후 자리에까지 오른 입지 전적의 여인이다.

그녀의 집안은 최충헌 이래 무신정권에 참여하였던 무관 가문이었다. 무신정권이 타도된 이후로도 그녀의 집안은 어느 정도 지배층에 속하던 가문이었다.

고려에서 기황후의 신분이 천했다는 이야기는 사실이 아니다. 기황후의 본명은 전해지지 않으며 그녀에게 5명의 오빠와 2명의 자매가 있었다는 가족 관계만 전해진다. 문제아 충혜왕이 폐위되고 선왕이었던 충숙왕이 복귀했을 시기인 1333년 기황후는 공녀로 차출되어 원나라로 끌려갔다.

그녀의 집안과 신분이 미천하지 않음에도 공녀로 꼽힐 정도로 원나라의 공녀 차출은 도가 지나쳤다. 지배층도 끌려가는 마당에 일반 백성의 처우는 더 열악했을 것이다. 공녀로 끌려가는 어느 여인이나 고려를 원망할 수밖에 없었다.

흔히 '공녀'라고 하면 원나라로 끌려가서 비인간적인 대우를 받으며 살아갔을 거라는 인식이 있지만 원나라가 차출한 공녀는 원나라 황족 혹은 귀족 등 주로 지배층의 첩이 되었기에 공녀는 원나라 지배층 가까이에 있었다.

공녀로 끌려간 기황후의 미모를 눈여겨본 이가 있었으니 고려의 환관 고용보였다. 원 간섭기 때는 가난한 남성들이 스스로 거세하여 원나라에서 환관이 되는 경우가 허다했다. 매우 가난한 집에 태어난 고용보도 같은 경우였다.

환관 고용보는 출세의 기회를 기가 막히게 파악하는 기회주의적인 인물이었다. 환관 고용보는 당시 원나라 황제 원 혜종의 총애를 받고자 의도적으로 미모가 빼어난 기황후를 원 혜종에게 차를 따라 주는 시녀로 삼았다.

환관 고용보의 계획대로 원 혜종은 기황후에게 빠져 그녀를 가까이 하였다. 원 혜종의 황후였던 다나시리는 기황후를 질투하여 기황후를 학대하고 심지어는 고문까지 했다고 한다. 그러나 다나시리의 가문은 원 혜종에게 반란을 일으키다가 실패하여 다나시리는 황후 자리에서 폐위된 후 독살당하였다.

원 혜종은 기황후를 후궁으로 들였고 다나시리가 죽자 아예 기황후를 황후로 삼으려고 했다. 그러나 고려인을 황후로 삼을 수 없다는 의견에 기황후는 후궁으로 남고 후투그가 새로운 황후가 되었다. 1338년 기황후가 원 혜종의 아들을 낳았다. 원 혜종은 후투그를 제1 황비, 기황후를 제2 황비로 삼았다.

기황후는 결코 황제의 사랑만을 받으며 황궁의 뒷자리만 지키는 평범한 여인이 아니었다. 기황후는 원 혜종을 부추겨 황실 업무를 담당하던 관청 휘정원의 책임자가 되었다. 기황후는 휘정원의 이름을 '자정원'으로 바꾸고 자신을 황후로 만들어 준 일등 공신 환관 고용보를 자정원사로 임명하였다.

기황후에게는 또 한 명의 측근이었던 고려인 환관이 있었으니 박불화(박부카)였다. 박불화는 기황후가 원나라에서 아직 시녀였던 시절 고려인이 모여 살던 비루한 동네에서 같이 컸던 청년으로, 기황후가 본격적으로 궁궐로 들어가면서 박불화도 거세하고 환관이 되었다.

박불화 역시 자정원에 소속되어 기황후를 모셨다. 원 혜종은 기황후에게서 낳은 아들 아유시리다라를 황태자로 책봉하며 기황후의 위상은 범접할 수 없는 수준에 이르렀다.

1339년부터는 충숙왕이 죽자 문제아 충혜왕이 복귀하였다. 1342년에는 환관 고용보가 원나라에서 고려로 돌아왔다. 기황후의 최측근으로 엄청난 권한을 부리던 고용보는 충혜왕 옆에서 고려 정사에 강력하게 개입하였다.

기황후는 고려로 보낸 환관 고용보를 통해 그 어느 때보다 강도 높은 공물과 공녀를 차출해 갔다. 원나라 눈치만 보던 충혜왕은 왕임에도 오히려 고용보의 마음에 들려고 노력하였고, 고용보가 무리한 공물을 강탈해 갈 때도 충혜왕은 그를 말릴 생각이 전혀 없었다. 오히려 고용보를 부추겼다.

고려의 왕은 무능하고 원나라의 기황후 일파가 고려에 강력하게 영향력을 행사하려고 하니 친원파 권문세족의 기세가 하늘을 찔렀다. 특히 기황후의 오빠였던 기철의 권력이 무한정 커졌다.

원나라 황후의 오빠라는 이유만으로 기철은 순식간에 고위 관직에 제수되며 또 여러 관직을 겸임하였다. 탐욕스러웠던 기철은 권력을 이용해 불법적으로 늘려가는 재산이 많아 그의 노비가 되거나 토지를 빼앗기는 백성이 매우 많았다.

권신이 한 명만 있는 경우는 거의 없다. 한 명의 절대적 권신이 있으면 언제나 그 옆에서 콩고물을 얻으며 기생하여 각종 악행을 일삼는 소위 악당이 새끼를 치기 마련이다. 기철을 포함해 그 중심 권문세족의 횡포에 백성은 너무나도 큰 고통을 받았다.

환관 고용보나 기철 등의 권문세족조차 감당이 안 될 정도의 왕이 충혜왕이었다. 기철이 기황후에게 충혜왕 폐위를 거론하였고 기황후는 원 혜종에게 고려의 왕을 교체하자고 제안하였다.

원 혜종도 충혜왕의 부도덕한 행위를 인지하고 있었기에 고려로 원나라 사신단을 보냈다.

충혜왕은 원나라 사신단을 만나지 않으려고 했으나 고용보의 함정으로 바로 체포되어 원나라로 압송되어 먼 곳으로 유배를 가는 도중 사망했다

충혜왕 폐위 후 충목왕, 충정왕 등 어린 왕들이 연달아 즉위하니 고려 내에서는 환관 고용보와 기철 등 권문세족의 전횡이 더 심각해졌

다. 고려 조정에서는 고려의 혼란이 전부 제대로 된 왕이 즉위하지 못했기 때문이라고 인식했다.

충혜왕은 폭군이었고, 충목왕과 충정왕은 너무 어렸다. 고려 조정은 원나라 황실에 번듯한 새로운 왕의 임명을 부탁했다. 원 혜종과 기황후는 이를 받아들여 원나라에서 10년간 생활하던 강릉대군 왕기를 고려의 왕으로 임명했다.

고려의 왕은 반드시 원나라 황실의 여인과 혼인해야 한다는 원칙에 따라 1349년 원 혜종과 기황후는 강릉대군 왕기를 노국대장공주와 혼인시켰다. 1351년 강릉대군과 노국대장공주 부부가 고려로 귀국해 각각 왕과 왕비로 등극하니, 그가 바로 고려 31대 왕 공민왕이었다.

공민왕은 그간의 고려 왕과 부원배 권문세족 사이의 오랜 싸움을 끝내고, 원나라 간섭기를 타도하였다. 공민왕이 개혁에 성공한 것은 원나라가 쇠퇴하고 있었다는 국제적 흐름의 시기도 겹친 덕이 있지만, 공민왕에게 반원 자주 개혁은 결코 쉽지 않은 험난한 길이었다. 그렇게 공민왕은 고려에 새로운 세상을 안겨다 줄 고려의 희망으로 반짝 떠올랐으나, 공민왕은 누구도 예상치 못하게 타락하였고 또 누구도 예상치 못한 시나리오로 죽었다. 시대의 분수령에서 시대의 역경을 온몸으로 받아 내려고 발악했던 공민왕의 눈물겨운 사투, 그리고 씁쓸한 그의 마지막까지. 공민왕의 치세는 사실상 고려의 마지막이었다.

7

시대의 분수령에 선 공민왕

기철 일파를 제거하다

31대 왕 공민왕은 27대 왕 충숙왕의 아들이자 문제아 충혜왕의 동생이다. 왕자 시절 작위는 강릉대군으로 본명은 왕기이나 왕으로 등극하고 이름을 왕전으로 개명하였다. 몽골 이름은 바얀테무르.

1351년 공민왕이 기황후에 의해 고려의 왕으로 등극했을 때 고려 조정은 고려보다 원나라에 충성하는 부원배 권문세족으로 가득했다. 공민왕은 즉위와 동시에 '국지불국 일국갱시國之不國 -國更始', 즉 '작금의 나라는 나라라고 할 수 없으니 고려를 새롭게 다시 시작하겠다'고 선언했다.

공민왕은 몽골식 복장인 호복과 변발을 금지하였다. 왕자 시절 오랫동안 원나라 생활하던 공민왕은 원나라 쇠퇴의 조짐을 확신하였다. 조금 더 기다리면 원나라가 더 급격하게 무너질 것이며, 공민왕은 그 기회를 삼아 부원배 권문세족을 공격할 계획을 세우고 있었다.

공민왕과 기철 사이에 묘한 긴장감이 흘렀다. 다만 기철은 공민왕을 크게 신경 쓰지는 않았다. 공민왕 이전에도 몇몇 고려의 왕이 자주적 개혁을 시도하려 했지만, 권문세족과 원나라에 막혀 오히려 폐위되는 일이 빈번하게 일어났다.

기철 등의 권문세족은 원나라의 존재를 맹신했다. 기철은 공민왕 앞에서 전혀 예의를 갖추지 않고 공민왕을 업신여겼다. 공민왕은 이제 갓 즉위한 신생 왕으로 왕권이 그렇게까지 강력하지는 않았다. 또한 부원배 권문세족의 뿌리가 공고하여 공민왕이 섣부르게 나서지도 못하고 있었다.

1352년 '조일신의 난'이 일어났다. 조일신은 공민왕이 원나라에 있을 때 공민왕 옆을 지켰던 최측근이었다. 누구보다 공민왕의 의중을 아는 신하였다. 그 총애 덕에 공민왕이 즉위하고 권력을 남용하였다. 그런 조일신을 공민왕이 내쳤는데, 이에 불만을 품고는 조일신이 반란을 일으켰다가 최영 등에 의해 진압되었다.

공민왕은 조일신을 왜 내쳤을까? 공민왕한테 버림받기 전 조일신은 기씨 일파를 습격하다가 실패했다. 비록 실패로 돌아가긴 했지만, 조일신은 공민왕 대신 공민왕의 최종 '적'이었던 기씨 일파를 공격한 것이다. 하지만 돌아오는 공민왕의 답은 조일신이 권력을 빙자해 횡포를 부린다는 것이었다. 자신을 위해 나서 준 조일신을 공민왕이 토사구팽한 것이다.

조일신의 난은 그래서 고려사의 풀리지 않은 미스터리 사건이다. 많은 학자가 해석하기를, 공민왕도 권문세족을 내치려고는 했으나 아직은 시기상조라 생각해 그 기회만 엿보고 있었는데, 조일신의 과잉 충성으로 공민왕의 허락 없이 단독으로 군사 행동을 자행하는 바람에 오히려 일을 그르칠 뻔했다는 것이다.

만약 공민왕이 조일신을 내치지 않았더라면 조일신의 배후에 공민왕이 있다고 판단한 권문세족이 공민왕을 가만두지 않았을 것이다. 아직 왕권이 강력하지 못했던 공민왕의 재위 초반엔 권문세족의 정치적 압박을 쉽사리 이겨내기는 쉽지 않았을 것이다. 그래서 조일신과 공민왕은 무관하다는 것을 보여 주기 위해 조일신을 내쳐야만 했다.

조일신의 난으로부터 2년 후 1354년 원나라 정부는 고려의 공민왕에게 군사 지원을 요청해 왔다. 공민왕이 대군 시절부터 원나라에서 본 대로 너 이상 원나라는 그 영광스러웠던 세계 대제국의 위상을 잃고 있었다. 지배층의 부패함과 사치로 몽골족은 특유의 유목 민족 정서를 잃고 향락에 빠져 무능함으로 가득 차 있었다.

몽골의 학정에 반발한 중국 정통 한족은 몽골의 원나라를 타도하겠다며 중국 전역 곳곳에서 궐기하였다. 이중 오늘날의 강소성 태주의 장사성이 태주와 인근 지역을 장악하고 스스로 왕을 칭하며 원나라 궐기의 물결에 가담하였다.

초반 원나라는 '장사성의 난'을 물량으로 밀어붙였으나 사령관이 교체되는 바람에 원나라 진압군은 맥을 추리지 못한 채 장사성의 반란군에 쓸려나가기만 했다. 이 장사성의 난으로 골치를 앓던 원나라가 고려 공민왕에게 군사 요청을 한 것이다.

비록 공민왕은 원나라의 쇠퇴를 바라고 있었으나 아직은 원나라의 기세를 무시할 수가 없어서 우선은 원나라의 군사 파병 요청을 받아들였다. 사령관은 최영 장군이었다. 최영이 단독으로 사령관을 맡은 첫 대외정벌이었다.

최영은 고려 병력 2천을 이끌고 장사성의 난 진압전에 투입되었다. 최영은 27번의 작전에서 27번을 모두 이겼다고 한다. 더불어 최영은 원나라 군대와 함께 군사 작전을 하며 원나라 군기가 매우 흐트러져 있으며 정치권의 개입으로 원나라가 정치적으로 또 사회적으로 국가 기능을 하지 못하는 지경까지 왔음을 눈으로 보고 익혔다.

이후 귀국한 최영은 보고 듣고 느낀 바를 공민왕에게 아뢰었고, 더 이상 원나라가 막강한 힘을 발휘하며 고려의 부원배를 지켜 주지 못하겠다고 확신한 공민왕은 본격적인 반원 정책에 나서기로 했다.

1356년 공민왕은 연회를 베풀겠다며 재상을 소집시켰다. 기철과 권겸 두 사람이 먼저 도착했다. 공민왕은 두 사람뿐만 아니라 두 사람의 일가친척과 측근까지 모두 모으려고 했지만, 시간을 끌면 의심을 살까 봐 바로 행동을 개시했다.

공민왕은 궁궐에 자객을 숨겨 두었다가 기철이 나타나자 철퇴로 기철의 머리를 내리쳤다. 눈앞에서 기철이 즉사한 광경을 본 권겸은 두려움에 달아나지만, 자객은 권겸마저 살해했다. 공민왕은 바로 군사를 풀어 기철과 권겸 등의 일가친척과 측근을 잡아내어 모조리 도륙하였다.

그간 기철의 횡포가 얼마나 심했는지 철퇴로 내리찍어 죽인 기철의 시체를 저잣거리에 던졌는데, 기철에게 당했던 백성이 기철의 시체를 난도질했다고 한다.

공민왕의 기철 숙청은 회심의 일격이었다. 기철 일파를 제거한 바로 다음 날 공민왕은, 고려의 내정 간섭 기구인 정동행성이문소를 폐지하였다. 정동행성은 예전 일본 원정을 위해 설치했던 작전 사령부였지만, 점차 권문세족이 정동행성을 차지하며 원나라의 상황을 대변하는 기구로 변질하여 있었다.

원나라에서 일가친척이 모조리 살해당했다는 소식을 들은 기황후는 매우 분노했지만, 별다른 손을 쓸 수가 없었다. 원나라는 내부적으로 극심한 혼란에 휩싸여 추락하고 있었다. 기황후는 공민왕에게 복수할 날만을 기다렸다. 한편 또 다른 매국노였던 환관 고용보는 숨어 살다가 훗날 공민왕이 보낸 자객에게 암살당했다.

쌍성총관부 탈환

기철 일파를 숙청하고 정동행성이문소를 없앤 공민왕은 쌍성총관부로 시선을 옮겼다. 쌍성총관부는 대몽항쟁기 때 몽골에 망명한 고려 장수들이 바친 철령의 이북의 영토로, 원나라에서 관리하던 원나라 직할령이었다.

쌍성총관부는 원나라에서 파견한 관리와 함경도 현지 고려 토호에 의해 운영되고 있었다. 고려 토호 중 가장 세력이 컸던 가문이 천호장인 이자춘의 가문이었다. 이자춘의 가문은 전주 이씨 집안이었지만, 이자춘의 증조부인 이안사가 함경도로 이주하였고 이후 대몽항쟁기와 원 간섭기 때는 집안 대대로 쌍성총관부의 고려인을 다스리던 천호장과 다루가치로 거듭났었다.

하지만 시간이 지나며 원나라가 쇠퇴하니 이자춘과 그의 아들 이성계는 쌍성총관부의 탈환을 노리던 공민왕에게 협조하기로 하였다. 이자춘은 사전에 공민왕과 내통해 군대를 쌍성총관부로 보내면 본인이 쌍성총관부 내부에서 호응하기로 하였다.

쌍성총관부 내부에서 알력 다툼이 있었는데, 쌍성총관직을 세습하던 조씨 가문과 천호장이었던 이자춘 집안과의 싸움이었다. 고려 조정에 반감을 품었던 고려 무장 조휘가 몽골에 망명한 이래 원나라는 해당 지역에 쌍성총관부라는 통치 기구를 두고 조휘를 1대 쌍성총관으로 두면서 그의 후손이 쌍성총관직을 세습하고 있었다. 쌍성총관부의 총괄자는 엄연히 쌍성총관이었다.

하지만 함경도 내 이자춘 가문의 명망이 백성으로부터 워낙 압도적인지라 이자춘 가문의 영향력이 쌍성총관보다 더 강력했다. 4대 쌍성총관이었던 조소생은 이자춘을 매우 경계하였고, 조소생과의 갈등 때문에도 이자춘은 공민왕과 힘을 합치기로 한 것이었다.

1356년 공민왕은 유인우, 이인임 등에 군대를 주어 쌍성총관부를 탈환하도록 하였다. 조소생은 숙부 조돈을 불러 고려군을 막게 했지만, 오히려 이인임이 조돈을 회유하여 조돈의 항복을 받아 냈다. 이자춘이 내부에서 호응해 준 덕분에 어렵지 않게 쌍성총관부를 수복해 냈다.

철령 이북의 영토가 90년 만에 고려로 돌아왔다. 조소생은 쌍성총관부를 탈출해 두만강 너머까지 도망처 그곳에서 호시탐탐 다시 고려로 들어가 쌍성총관부를 회복할 틈만 노리고 있었다.

공민왕은 오래도록 쌍성총관부의 관할지였던 곳에 중앙 정부의 관리를 파견하면 백성의 반감을 살까 봐 그간 그 지역 백성에게 신망받아 왔던 이자춘에게 관리를 맡기도록 하였다. 공민왕은 이자춘을 동북면병마사로 임명하였고, 이로써 아들 이성계까지 고려 무장의 길을 시작하였다.

홍건적의 난

공민왕의 치세는 원나라의 쇠퇴와 더불어 동북아시아 세력 균형에 지
각 변동이 일어나는 과도기였다. 그 과도기 속에서 '홍건적의 난'이 일
어났다. 홍건적이란 원나라 말기 원나라의 무능한 통치와 차별에 분
개한 중국 한족이 조직한 도적 떼로, 한족의 국가를 새로 수립하겠다
며 전국적으로 봉기를 일으켰다.

홍건적은 하나의 거대한 조직체가 아닌 지방별로 자체적으로 활동
하는 여러 개의 집단이었으며, 홍건'적'이긴 하지만 도적 떼라기보단
일종의 군벌에 가까웠다.

원나라와 고려 사이에 분포해 있던 홍건적이 1359년과 1361년 2차
례에 걸쳐 고려를 침공했다. 홍건적이 왜 고려를 침공했는지는 밝혀진
바가 없다. 후대에서 추측하기론 공민왕의 반원 정책을 몰랐던 홍건적
은 고려가 원나라의 간섭을 받는 원나라 협조국이라고 여겼고, 더 큰
이유는 군량미 조달을 위해 고려를 약탈해 보급을 충당하기 위해서이
지 않을까 싶다. 혹은 홍건적이 원나라와 전쟁을 벌이기 위해 고려를
기지로 삼으려고 했다는 견해도 있다.

1359년 1차 홍건적의 침입 당시엔 4만 명의 홍건적이 압록강을 건
넜는데, 지금의 평양인 서경까지 내려왔다. 이때 최영이 나서서 이방
실과 함께 서경 탈환전에 성공했고, 홍건적 2만 명을 격파하는 대승을
거두었다.

1차 홍건적의 난 때 패배가 홍건적에게 경험이 되었는지 2년 후 1361년 2차 홍건적의 난은 고려에 절체절명의 침략이었다. 무려 10만의 홍건적이 압록강을 넘어 매우 빠른 속도로 남하해 압록강을 도강한지 한 달 만에 수도 개경을 함락했다.

공민왕은 수도를 나와 지금의 안동까지 피난을 가는데 《고려사》에는 당시 공민왕의 피난 행렬에 대해,

> 어가가 남쪽으로 떠나는데, (노국대장) 공주는 연을 버리고 말을 탔으며 차비 이씨가 탄 말은 파리하고 연약하기 짝이 없어 보는 사람이 다 눈물을 흘렸다.
>
> - 《고려사》 권40, 세가40, 공민왕3, 공민왕 11년(1362년)

라고 표현할 정도로 상황은 참담했다. 개경은 고려의 수도였던 만큼 인구가 많았다. 이런 개경을 점령한 홍건적은 개경의 백성에게 일방적 학살을 자행했다.

> 이날 적군이 개경을 함락한 후 수개월 동안 진을 치고 머물면서 말과 소를 죽여 그 가죽으로 성을 쌓고는 물을 뿌려 얼음판을 만들어 아군이 기어오르지 못하게 했다. 또 남녀 백성을 죽여 구워 먹거나 임신부의 유방을 구워 먹는 등 온갖 잔학한 짓을 자행했다.

이때 최영 장군이 피난을 간 공민왕에게 개경 탈환을 위한 군대 조
직을 거듭 주청하자 공민왕은 끌어모을 수 있는 모든 인력을 총동원해
정세운, 이방실, 안우, 김득배, 최영 등의 명장을 뽑아 20만의 개경 탈
환군을 조직했다.

20만의 고려 병력이 개경으로 향하는데 이때 눈부신 공을 세운 젊
은 장수가 있었으니, 바로 이성계였다. 이성계는 본인이 직접 데리고
다니던 2천의 기병대를 지휘하며 최전선에 뛰어들었다.

이성계는 혼자서 7~8명의 홍건적 병사를 단숨에 해치웠고, 말을 타
며 성벽을 뛰어넘자 2천 기병대가 이성계의 뒤를 따라 고려군 중 가장
먼저 개경 궁성의 문을 여는데 성공했다. 그 틈을 타 총지휘관 정세운
은 고려 전 병력을 개경 안으로 들여보내며 홍건적 상당수를 도륙하고
개경을 탈환했다.

개경 탈환에 성공했단 소식에 공민왕은 개경으로 환도했다. 그러나
쑥대밭이 된 개경으로 바로 돌아올 수가 없었다. 한동안 개경 인근의
홍왕사라는 절에서 머무르고 있었다. 2차 홍건적의 난 당시 개경 탈환
전에 동원된 장수가 많아 이들 상당수가 공을 인정받아 공신으로 책봉
되었다.

이중 김용 장군은 공민왕이 왕이 되기 전 몽골에 있던 시절부터 공

민왕 옆에 있던 측근인데, 권력욕이 지나치고 성정이 포악하였다. 개경 탈환전에 참여한 김용도 여러 혜택을 하사받았는데, 총사령관이었던 정세운과 안우에게 경쟁심을 가지고 있었다.

1362년 김용은 안우에게 접근해 정세운을 모함하며 안우를 속여서 안우가 정세운 장군을 암살하는 일을 꾸몄다. 안우가 정세운을 암살하자 돌변한 김용은 안우의 죄를 물으며 안우를 처벌하였다.

개경 탈환전에 함께 참여했던 이방실, 김득배 장군 또한 김용이 처형시켰다. 개경 탈환전에 참여했던 고위직 장수가 김용이란 간신배에 의해 허망하게 희생되었다. 마찬가지로 고위직 장수였던 최영도 긴장을 늦출 수가 없었다.

과거 부원배와도 암암리에 접선하던 김용은 차라리 원나라에 붙는 편이 낫다고 생각하고, 1363년 공민왕을 시해하기 위해 군사를 데리고 홍왕사를 습격했다. 환관 안도치가 공민왕으로 위장하고 대신 죽으며 공민왕은 변을 피할 수 있었다.

때마침 최영이 이끄는 군대가 홍왕사에 당도하였고 놀란 김용은 부하를 죽이고 자기가 반란을 저지했다며 사태를 빠져나가려고 했다. 공민왕은 끝까지 김용을 믿었으나 살아남은 김용의 부하가 모두 실토해 김용은 극형에 처했다. 이 사건이 '홍왕사의 변'으로 불리는 사건으로, 김용이 고려의 주요 군부 장교를 모조리 살해하면서 최영이 고려 군부의 유일한 초고위 핵심 세력이 되는 계기가 되었다.

원나라의 공격을 막아라

공민왕의 싸움은 끝이 없었다. 공민왕의 반원 정책에 원나라는 틈만 나면 고려 침략을 노렸다. 1362년 지금의 중국 심양시에서 원나라의 비호 아래 독자적인 세력을 거느리던 군벌 나하추가 공민왕의 쌍성총관부 탈환한 후 도망 와 있던 조소생을 비롯한 옛 쌍성총관부 병력과 연합해서 쌍성총관부를 부활시키겠다며 함경도로 쳐들어왔다.

공민왕은 이성계를 동북면병마사로 임명하여 나하추를 막게 했다. 이성계가 혼자서 총지휘관을 맡은 첫 전투였다. 나하추 부하 중엔 빨간색 꼬리 깃털을 달고 다니던 무시무시한 맹장이 있었는데, 고려 병사에게 공포의 대상이었다.

이성계가 이 붉은 꼬리 깃털 장수와 일대일로 붙었다. 말 위에서 싸우던 중 이성계가 거의 죽을 뻔하였지만, 순간적으로 이성계가 활을 쏴서 붉은 꼬리 깃털 장수를 사살했다. 나하추는 5명의 장수를 추가로 이성계에게 보냈으나 이성계는 다섯을 모두 죽였다.

나하추는 몽골인이 가장 자신 있어 하는 평야 지대에서 기병술로 싸우기 위해 이성계의 고려군을 함흥평야로 유인했다. 뻔히 유인임을 알면서도 이성계는 당당하게 함흥평야로 갔고, 기병 대 기병 전면전에서 나하추의 부대를 박살 냈다. 나하추는 패퇴하면서 이성계의 용병술에 연신 감탄했다고 한다.

나하추의 군대가 실패하자 이번엔 기황후가 원나라 본국에서 군대를 조직해 고려를 침공하도록 했다. 1364년 원나라는 덕흥군으로 고려의 왕을 교체하겠다며 덕흥군과 나라를 배신한 친원파 고려 장수를 긁어모아 원나라 병력 1만이 국경을 넘었다.

공민왕은 최영과 이성계에게 덕흥군을 막게 했다. 평안북도 의주에서 최영과 이성계가 덕흥군과 원나라 부대를 격퇴했는데, 이때 살아 돌아간 원나라 병력이 17기의 기병뿐이었다고 한다.

이 전쟁 이후 이성계는 최영의 부대 운용에 반했고 최영은 이성계의 무공에 반해, 이성계는 최영을 거의 아버지 대하듯 모셨다. 덕흥군의 부대를 물리쳤지만, 아직 안심할 수가 없었다. 그럼에도 최영과 이성계가 덕흥군의 군대를 막아 내자 공민왕은 크게 기뻐했다.

문익점이 목화씨를 가져온 것도 이 시점이다. 흔히 알려진 문익점의 영웅적인 일화에 따르면 원나라에 사신으로 간 문익점은 원나라 황제와 기황후의 겁박에도 공민왕의 반원 정책을 끝까지 옹호하다가 귀양을 갔다고 한다. 하지만 실상은 정반대다.

《고려사》의 문익점 열전에는 문익점이 덕흥군파였다고 명시되어 있다. 홍건적의 난 이후 홍건적 처리 건을 두고 고려는 두 차례 원나라에 사신을 파견했다. 원나라의 기황후는 1차에 파견된 고려 사신단을 포섭하여 고려의 왕을 공민왕에서 덕흥군으로 교체하겠다고 선포했고, 2차로 파견된 고려 사신단도 포섭하려고 했다.

문익점은 2차 사신단에 끼어 있는데, 덕흥군을 지지하는 쪽은 원나라에 남고 지지하지 않는 쪽은 원나라를 탈출해 고려로 귀국했다. 이때 문익점은 덕흥군을 지지하며 원나라에 남았다.

하지만 덕흥군의 세력은 군사를 이끌고 고려 국경을 강제로 넘자마자 최영과 이성계의 군대에 막혀 돌아가야만 했다. 줄을 잘못 선 문익점은 강제 귀국을 당하고는 그나마 목숨만 부지한 채 파직되어 낙향하였다.

이때 고려로 귀국한 문익점이 원나라에서 얻은 목화씨를 가져와 고향인 오늘날의 경남 산청군에서 목화 재배에 도전했다. 여러 번의 실패가 있었지만, 3년 만에 극적으로 재배에 성공하였다. 이후 목화가 한반도 전국으로 보편화되어 한국 의류사에 지대한 영향을 주었다.

문익점에 이어 목화 재배에 또 다른 공신이 있는데 바로 문익점의 장인 정찬익이다. 정찬익은 사위 문익점이 가져온 목화를 재배할 때 동참했으며 씨와 실을 뽑는 물레 등의 기계를 직접 만들었다.

문익점의 목화씨 밀반입 일화는 사실 여부가 증명되지는 않았다. 문익점이 어떻게 목화씨를 가져왔는가는 거의 전해지지 않으며, 후대에 영화처럼 각색되어 퍼졌을 뿐이다. 원나라 때 목화는 수출금지품목이 아니었으며 원나라를 방문하는 누구든 쉽게 접할 수 있었다.

다만 원나라의 목화가 북부 지방과 남부 지방으로 품종이 구분되어 있었는데, 문익점이 가져온 품종이 어디 품종인지 정확히 알 수가 없다. 각색된 영웅담에서는 중국 남부 지방으로 유배 갔던 문익점이 남부 지방 품종을 몰래 가져왔다지만, 실제 문익점이 유배하였다는 기록은 없으며 공민왕이 아닌 덕흥군을 지지했던 문익점이 유배를 갈 이유도 없었다.

다만 조선시대 기록에서,

> (문익점이) 길가의 목면 나무를 보고 그 씨 십여 개를 따서 주머니에 넣어 가져왔다.

라고 전해질 뿐이다.

덕흥군의 군대를 물리치자마자 요동의 원나라 군벌 박백야가 서북면의 연주에 침입을 해 왔다. 최영이 나서 박백야의 군대를 물리쳤다. 연이은 원나라군의 고려 침략 실패는 원나라의 국력이 어느 정도로 쇠퇴했는지를 여실히 드러내 주었고, 이후 다시는 원나라가 고려를 침공하지 못했다.

신진사대부의 성장

공민왕 치세에 많은 것이 바뀌어 가고 있었다. 덕흥군, 나하추, 박백야의 군대를 연달아 물리치면서 이제 원 간섭기는 사실상 종료된 것이나 다름없었다. 공민왕은 더 이상 원나라의 제후국을 자처하지 않왔다.

개혁이란 절대 왕이 혼자서 일굴 수 없다. 동참하는 지지자가 필요하다. 공민왕이 기철 일파를 제거했다고 하더라도 가장 극성의 친원파 권문세족을 제거한 것일 뿐, 뿌리 깊은 고려의 체제에서 탄생해서 귀족인 권문세족 자체는 아직도 공고했다. 공민왕은 권문세족의 대항마로 새로운 신진 지식인을 육성하기로 하였다.

공민왕 대에 이르면 이젠 고려에서도 성리학이 완전하게 정착하던 시점이었다. 수많은 성리학자가 활동하고 있었으며 공민왕은 성리학자들이 정치적으로도 진출할 수 있도록 토대를 닦아 주었다.

공민왕은 그 토대를 위해 성균관을 강화하였다. 본디 성균관은 국자감 시절부터 유교학부와 기술학부로 구성되어 있었다. 공민왕은 성균관에서 기술학부를 떼어내어 성균관을 오로지 유학만을 가르치는 학업 기관으로 개혁하였다.

공민왕은 재위 초부터 이제현을 조정의 주요 자리에 앉히며 국정 운영을 이제현에게 전적으로 의지하였다. 이제현은 고려의 국무총리인 문하시중으로서 공민왕의 반 원나라, 반 권문세족 정책에 힘을 실어 주었고, 은퇴한 이후로도 공민왕에게 조언을 아끼지 않았다.

1367년 이제현 사후 공민왕은 이제현을 대리할 새로운 대학자가 필요했다. 이제현은 생전 이색이란 성리학자를 추천한 적이 있었다. 이색은 원나라에서 외국인 전형 과거 시험에서 2등으로 합격할 정도의 수재였다.

공민왕은 이색을 내세워 고려의 성리학 발전에 일조하도록 하였다. 공민왕은 성균관 개혁에 맞추어 이색을 성균관대사성에 임명했다. 오늘날로 비유하자면 서울대학교 총장에 임명한 것이다.

이색의 명성이 이미 남달랐기에 이색이 성균관대사성이 되자 성균관 생도가 기하급수적으로 늘어났다. 이색이 교육하고 배출해 낸 성균관의 생도는 성균관을 졸업하고 그대로 정계에 진출했다. 이들은 성리학을 바탕으로 과거의 중요성을 내세우며 음서로 관직을 독점하는 권문세족을 공격했다.

공민왕의 반 원나라, 반 권문세족 정책에 칼이 되어준 성균관 생도 출신인 이색의 제자들을 '신진사대부'라고 한다. 신진사대부는 정통성리학에 따라 권문세족은 물론 권문세족과 붙어먹은 타락한 불교계를 비판하였다. 대표적인 인물로 정몽주, 박상충, 정도전, 이숭인, 권근 등이 있었으며 이들은 훗날 고려 말의 주역으로 등장한다.

신진사대부가 권문세족과 겨룬 것은 비단 사상적 차이에만 있지는 않았다. 경제적 차이도 있었는데, 대부분 신진사대부의 가문이 지방 향리 출신이었다. 고려 초 지방 호족에서 파생된 향리는 각자의 지방 내에서 강력한 영향력을 발휘할 수는 있어도 전국적으로 뻗칠 수는 없었다.

반면 권문세족은 전국을 대상으로 대농장으로 겸병하며 재산과 토지를 확산해 나갔다. 대지주 권문세족의 '규모의 경제'에서 지방 중소 지주인 힘없는 향리는 권문세족에게 토지의 지배권과 영향권을 빼앗겼다.

향리의 자식이나 자손이 지배층으로 확실하게 거듭나기 위해선 권문세족과 싸워야 했고, 경제적으로는 붙을 수가 없으니, 지식인 엘리트가 되어 권문세족의 약점과 한계를 꼬집을 수밖에 없었다. 출신 자체가 달랐던 권문세족과 신진사대부였기에 서로 근본적으로 경쟁해야만 했다.

신돈의 전민변정도감

즉위와 동시에 새로운 고려를 세우겠다며 개혁의 의지를 다진 공민왕이었지만, 그 과정이 쉽지만은 않았다. 그래도 공민왕에겐 옆에서 지지하고 응원해 주던 연인이 있었으니 그의 부인 노국대장공주였다.

원나라는 고려 왕이 꼭 원나라 황실 공주와 혼인하게 하여 두 국가의 친선이라는 명분으로 고려를 감시하고 제후국으로 종속시키려 했다. 그러나 원나라의 의도와는 다르게 노국대장공주는 공민왕을 도와 반원 정책을 주도하였다.

앞서 충렬왕과 제국대장공주, 충선왕과 계국대장공주의 관계를 생각해 보면, 원나라 황실 공주 출신의 왕후가 고려 왕의 개혁에 제동을 걸지 않고, 권문세족의 편을 들어주지 않은 것이 얼마나 공민왕에게 큰 힘이 되어 주었는가를 느낄 수 있다.

그랬던 노국대장공주가 아이를 출산하다가 아이를 낳지도 못하고 1365년 사망했다. 노국대장공주의 죽음에 실의에 빠진 공민왕은 이후 모든 개혁 의지를 상실했다. 그토록 유능한 군주가 한순간에 암군으로 전락해 버렸다.

> 공주가 얼마 후에 훙하니, 왕이 매우 슬퍼하여 사도감四都監 (빈전·국장·조묘·불재를 담당하는 네 관청)과 13색色을 설치하여 상사에 이바지하게 하고, 각 관사에 명하여 제사를 차리게 하여 풍성하고 정결하게 차리는 자에게는 상을 주었다. 참경회懺經會를 빈전殯殿에 설치하였다. 왕이 본래 불법을 믿었는데 이때 와서 맹신하여 불사를 크게 일으켰다.
>
> ─《고려사절요》제28권, 공민왕3, 을사 14년(1365년)

공민왕은 정사를 돌보지 않고 평소 친하게 지내던 승려 편조에게 '신돈'이란 새로운 이름을 하사하고 신돈을 왕사로 모시며 신돈에게 고려 국정 운영의 전권을 위임했다. 공민왕이 승려를 정치에 개입시켰던 적은 이번이 처음이 아니었다. 재위 초부터 권문세족을 적으로 삼았던 공민왕에게는 권문세족과 연결된 불교계도 개혁의 표적이었다.

공민왕이 즉위할 무렵에는 고려의 불교계가 형언할 수 없을 만큼 타락하고 부패해 있었다. 공민왕은 보우대사를 통해 교단 정비를 도모했다. 보우대사는 원나라에 유학하면서 당시 아시아에서 보편적으로 유행하던 선종의 종파 '임제종'의 정통 불법을 전수하고 고려로 귀국했던 터라 공민왕은 어떻게든 보우대사를 모시고 싶어 했다.

보우대사는 공민왕의 여러 부름에도 응답하지 않았으나 반강제적인 거듭된 설득에 공민왕의 왕사가 되었다. 보우대사는 왕사임에도 고려의 수도 개경에서 권력과 가까이하지 않았고, 지방에 머물면서 잘못된 불교계 폐단을 고치려고 노력했다.

그러나 신돈은 보우대사와 전혀 다른 유형이었다. 매우 가난한 어린 시절을 보낸 신돈은 먹고 살기 위해 승려가 되었다고 한다. 더 자세한 기록이 전해져 내려오고 있지 않지만, 총명했던 공민왕이 애초부터 신돈을 가까이했으니 신돈의 재주가 재주이긴 했나 보다.

어찌 됐든 신돈은 주요 불교 종파에서 동떨어진 승려로 독실한 승려라기보단 각종 세속적인 야욕에 물들어 있었다. 신돈은 권력을 잡자 보우대사부터 가두어 버리고 최영 장군을 비롯한 영향력이 강한 군부의 수장을 좌천시켰다.

노국대장공주가 죽고 일 년 후 1366년 신돈은 공민왕의 승인으로 '전민변정도감'을 설치했다. 전민변정도감은 고려의 토지 개혁을 진행하기 위해 설치한 관청으로, 그간 원나라와 결탁한 권문세족의 재산을 철저히 조사하여 부당하게 축적한 재산과 토지를 압수하고, 억울하게 노비가 된 백성을 양민으로 해방하는 업무를 진행했다.

건전하고 정의로운 명분을 내세운 건 맞지만 모든 전권을 위임받은 신돈은 전민변정도감을 내세우며 마구잡이식 칼부림을 부렸다. 전민변정도감 덕에 권문세족의 불법적 농장이 상당 부분 해체되었다.

단 권문세족이라고 다 똑같은 권문세족이 아니었다. 더 정확히 말하자면 전민변정도감의 타깃은 권문세족 하나가 아니라 고려 사회 내 기득권을 가진 지배층 전부를 표적으로 삼았다. 권문세족이 아니더라도 그간의 여러 전쟁에서 공을 세워 성장한 지배층 상당수가 큰 피해를 봤다.

이러니 신돈에 대한 지배층의 불만이 쌓일 수밖에 없었다. 자기 세력을 만들지 않고 모두를 공격해 대니 신돈의 지지층은 매우 엷었다. 공민왕이 뒤에 있다곤 하지만, 공민왕은 적극적으로 개입하지 않았으며 방관만 하고 있었다. 그나마 신돈은 자신의 개혁을 뒷받침해 줄 성리학자를 신진사대부로 육성하였다. 하지만 신돈이 승려라는 점, 게다가 신돈 개인적으로도 그다지 깨끗하지 못했기에 정작 신진사대부는 신돈을 꺼렸다.

신돈이 국정에 참여하여 권세를 잡은 지 30일 만에 훈친과 명망 있는 자를 파면시켜 내쫓고, 재상과 대간의 임명이 모두 그 입에서 결정되었다. 신돈이 신사년에 성인聖人이 세상에 나온다는 참언으로써 공언하기를,

"이른바 성인이 어찌 내가 아니겠는가."

하였다. 이때 와서야 비로소 대궐 안에서 나와 기현의 집에서

우거하니, 백관이 그 집에 나아가서 일을 의논하였다. (중략)

처음에 기현의 후처가 과부로 있을 적에 신돈이 중의 신분으로 간통하였는데 후에 기현에게 시집왔다. 신돈이 귀하여지니 기현이 그 아내에게 신돈의 식사를 맡게 하였다. 신돈은 탐욕과 음탕이 날로 심해져, 뇌물이 그 집으로 몰려들었다. 집에 있을 적엔 술을 마시고 고기를 먹으며 음악과 여색을 마음대로 즐겼으나, 왕을 뵈올 적엔 맑고 고상한 이야기를 하며 채소와 과실을 먹고 차를 마셨다.

— 《고려사절요》 제28권, 공민왕3, 을사 14년(1365년)

신돈은 과감한 토지 개혁을 시행했지만 지나치게 과속했고, 스스로가 깨끗한 삶이면 모를까 승려 신분에도 문란하고 사치스러운 생활에 빠져 살았다. 권문세족으로부터 압수한 토지는 백성에게 돌아가지 않고 신돈 개인의 사유 재산으로 들어갔다.

신돈도 점차 자신에 대한 불만 여론이 쌓여 간다고 인지하면서 사회경제적 모순과 병폐를 해결한다는 명분으로 청렴하고 충성스러운 인재조차 숙청했다. 그간 공민왕이 방관하던 바람에 신돈이 행패를 부릴 수 있었지만, 마지막 순간에는 공민왕이 신돈을 저지하려 나섰다.

위기감을 느낀 신돈은 공민왕을 시해할 계획을 세우다가 내부고발로 인해 사전에 발각되어 신돈은 체포되어 탄핵당한 후 1371년 처형당했다.

신돈의 죽음과 더불어 최영을 비롯한 기존의 지배층이 복귀할 수 있었다. 그렇다면 신돈을 죽이고 공민왕이 대신 개혁을 이어받았느냐 하면 그것도 아니었다. 공민왕은 신돈을 죽이기만 하고 사태 수습은 하지 않았다. 그러다 보니 신돈 이후 악덕 권문세족이 부활하였고 몇 년간 전민변정도감의 개혁은 무위로 돌아갔다.

공민왕의 요동 정벌

노국대장공주 사후 공민왕이 모든 정치의 일선에서 물러났다고 알려졌지만 그렇게까지 모든 걸 내려놓진 않았다는 해석이 최근에 주목받고 있다. 공민왕의 재위 후반기는 의문투성이다. 분명 노국대장공주 사후 공민왕은 모든 정사에서 손을 뗀 것으로 보이지만, 신돈의 개혁기 중간에도 공민왕은 대외 분쟁 관련해서는 주도적으로 진두지휘를 하였기 때문이다.

공민왕은 예전부터 요동 정벌에 대한 원대한 꿈을 넌지시 비추어 왔다. 아무리 원나라가 쇠퇴했다고 한들 여전히 강대국으로 군림하던 원나라로 인해 공민왕은 적극적인 요동 정벌을 도모하기 곤란했다.

신돈이 정권을 잡고 있던 무렵이었던 1368년 원나라는 한족이 건국한 명나라의 북벌로 중국에 대한 모든 패권을 상실한 채 몽골 초원으로 쫓겨났다. 이제 공민왕은 원나라 눈치를 안 봐도 되는 것이다.

원나라는 몽골 초원 지대로 물러났을 뿐 아직 멸망하지 않았기에 원나라는 지속적으로 명나라와 전쟁을 벌이고 있었다. 명나라와 원나라가 서로에게만 신경을 쓰는 이 타이밍이야말로 고려가 요동으로 진출할 수 있는 적기였다.

공민왕은 곧바로 요동 정벌군을 조직했다. 신돈이 한창 전민변정도감으로 패악질을 하던 1370년 공민왕은 이인임을 총사령관으로 하는 1만 5천의 부대를 편성했다. 이성계 또한 참전하였으나 신돈에 의해 유배가 있던 최영은 참전하지 못했다.

정벌군은 압록강을 넘어 1,600명의 군대를 이끌던 이성계의 부대가 가장 먼저 오녀산성을 점령했다. 오녀산성은 옛 주몽이 부여에서 탈출해 처음으로 도읍을 삼았던 '졸본'이란 곳이다. 역사적 상징성이 대단한 이 오녀산성에서 이성계가 편전이란 화살 70발을 쏴서 적군 70명의 머리에 그대로 명중시켰다고 한다.

오녀산성 점령 후 정벌군은 그대로 북진하였다. 요동에 있던 기철의 아들 기사인테무르가 남아 있는 원나라 병력을 모아 반격하지만 패퇴하였다. 기세등등했던 고려 정벌군은 1370년 11월 요동성을 점령하는데 성공했다. 공민왕은 요동성 주민들에게 고려 귀화를 장려하는 등 요동에 대한 지배권을 확립하고자 했다.

그러나 승리의 기쁨도 잠시, 나하추 등 요동의 잔존 몽골 군벌이 격렬하게 저항했고, 아군의 실수로 군량미가 전부 불타버리면서 요동을 바로 빼앗기고 말았다. 요동을 잠시나마 점령했다는 기쁨만으로 고려군은 전원 철수했다.

공민왕은 대외 원정에 대한 열의는 대단했다. 하지만 노국대장공주 실의 후 그녀를 위한 대규모 토목 공사에 지나친 국가 재정을 투입하느라 정벌군 보급에는 크게 신경을 쓰지 않았던 듯하다.

공민왕의 요동 정벌은 명나라도 자극하였고, 양국 외교 관계가 냉랭해지자 공민왕은 추가적인 군사 행위를 하기 어려운 실정이었다. 그리고 이듬해 신돈이 숙청됐다.

왜구의 등장

고려 말부터 왜구가 기승을 부리기 시작했다. 왜구는 일본의 해적을 일컫는 말로, 일본이 남북조 시대로 분열되어 혼란한 틈을 타 쓰시마섬, 이키섬, 규슈섬의 해적이 고려를 약탈했다. 역사서는 왜구의 고려 침공의 시작을 1350년으로 콕 집는다. 공민왕이 제위에 오르기 2년 전이었다.

처음 왜구의 주 타깃은 남쪽 지방의 해안가였지만, 점차 공격의 수위가 높아져 중북부 지방과 내륙 지방까지 진출하였다. 심지어 고려인 보다 왜구가 고려의 지리 대한 이해가 더 높았으며, 극심한 왜구의 피해로 해안가에 분포해 있던 도요가 망가지면서 고려청자의 맥도 끝나버렸다.

고려가 왜구를 효과적으로 진압하지 못하니 왜구는 겁도 없이 고려의 세금을 운반하는 조운선까지 노렸다. 공민왕과 고려 조정이 취할 수 있는 조치는 별다른 방법 없이 해안가에 사는 백성을 내륙으로 이주 장려를 할 뿐이었다.

공민왕 재위 초중반에는 최영이 왜구를 토벌하는 공을 세웠지만, 내륙으로 진출한 왜구를 막을 뿐 근본적인 승리를 거두진 못했다.

신돈이 제거되고 최영이 복직되었다. 천성 군인이었던 최영은 복귀하자마자 공민왕을 찾아가 왜구에 대한 방안을 제안했다. 군부의 핵심으로 있다가 잠시나마 일선에서 멀어져 있던 사이 알게 모르게 왜구로 인한 백성의 피해를 몸소 보고 겪으며, 최영은 생각이 많아졌던 듯하다.

최영이 공민왕에게 제안한 건은 고려군 전군을 수군으로 전환하자는 것이었다. 이전까지 한국사에서 수군이 없지는 않았다. 삼국시대에는 고구려, 백제, 신라가 강을 이용해 싸운 기록이 있으며 삼국 모두 항구를 운용하기도 했다.

신라는 나당전쟁의 대미를 장식한 기벌포 해전에서 큰 승리를 거둔 적이 있으며, 통일신라 시기에는 울산항에 아라비아 상인의 왕래가 잦을 정도로 고대 한국의 선박이나 항해 기술이 전혀 없지 않았다.

그러나 고려는 분열되어 있던 삼국시대와 달리 국토 내부에서 싸울 일이 없었다. 고려의 초중반 대외 분쟁은 전부 북방 유목 민족의 침입이었다.

대몽항쟁기 시절 몽골군이 수전에 약하다는 약점을 파고들어 부분적으로 수군을 운용하였기도 하였으며, 벽란도라는 큰 무역항이 있었고 누전선이라는 군함도 있었다. 다만 육군처럼 상비군의 개념이 아니라 필요시에 육군을 수군으로 동원하는 임시 부대였다.

최영은 왜구를 상대로 확실한 승리를 거두기 위해선 전 병력 수군화를 할 필요가 있으며, 전함은 최소 2,000척은 필요하다고 주장했다.

당시 고려 전함이 다 합쳐서 100척 내외 정도였으니 최영의 주장은 파격적이었다. 공민왕도 최영의 말에 수긍하면서도 2,000척 건조는 여건이 따라 주지 않는 비현실적인 숫자라는 것을 알고는 시원한 결정을 내려주지 못하고 있었다.

그 사이 1374년 왜선 350척이 경남 마산의 합포에 출몰해 군영의 병선을 불사르고 아군 5천 명의 전사자가 나왔다. 이후로 인천, 강릉, 경주, 삼척 등으로 침입해 왔다. 고려군은 속수무책으로 당하기만 했다. 무언가 방도가 필요했는데 최영의 2,000척 주장은 무리였고 이러지도 저러지도 못하는 상황이었다.

이때 초야의 군 장교 이희가 공민왕에게 독립된 수군 부대를 따로 창설하자는 상소문을 올렸다. 전 병력 수군화라는 최영의 주장에 다소 부담감을 느끼고 있던 공민왕에게는 그나마 현실 타협적인 제안이었다.

공민왕은 크게 기뻐하며 조정의 대신에게,

"초야에 묻힌 이희도 이러한데 백관이나 위사 중에서는 이러한 인재가 없느냐."

라며 일갈했다고 한다. 이희의 상소문에 용기를 얻은 '정지'라는 다른 장교가 비슷한 내용의 상소문을 올렸다. 이희의 상소문보다는 조금 더 구체적이었다.

"내륙에 사는 백성은 배를 부리는데 익숙하지 못하니 왜구를 막기 어렵습니다. 바다 섬에서 나고 자랐거나 해전에 참여하기를 원하는 자만 등록시켜 저희에게 그들을 지휘하게 하면 5년 내 바닷길을 깨끗이 할 수 있을 것입니다."

공민왕은 이희와 정지를 등용했고 정지를 전라도안무사로 임명한 후 본격적인 수군 창설에 돌입하였다.

목호의 난

이 사이 최영은 어디에 있었을까? 바로 제주도에 있었다. 1374년 제주도에서 일어난 '목호의 난'을 진압하러 최영은 제주도로 파견되었다. 역사적으로 가장 외진 곳 중 하나였던 제주도는 원 간섭기 때 본격적으로 개발되었다. 원 간섭기를 거부하며 최후의 항전을 벌이던 삼별초가 마지막까지 투쟁하던 곳이 제주도였다.

고려와 원나라 연합군이 제주도에서 삼별초의 난을 진압한 이후 탐라총관부를 설치하고 일본 원정을 위한 전진기지로 삼았다. 일본 원정이 흐지부지 끝나면서 원나라는 제주도를 목마장으로 경영했다. 관광지로서 목마장이라기보단 원나라가 수탈해 가는, 고려가 원나라에 조공을 바쳐야 하는 물적 자원으로 말을 기르던 목마장이었다.

초반에는 원나라에서 직접 말 사육사를 파견해 주었으나 몽골인 관리가 고려인 사육사를 교육하고 양성하며 언젠가부턴 고려인이 말 사육의 주축이 되었다. 이 말 사육 관리를 '목호'라고 불렀다. 제주 목마장은 어디까지나 수탈을 위한 사업이었던 만큼 목호와 제주도의 행정 관리는 말을 포함해 물적 자원을 수탈하며 지나친 폭리를 취했고, 제주도민의 민심은 대단히 흉흉했다.

그러던 중 공민왕의 강경한 반원 정책으로 목호의 위세가 곤두박질 쳤다. 목호는 몇 번이고 반란을 일으켰지만, 그때마다 진압되었다. 이 전까진 원나라 정부가 목호의 뒷배가 되어 주었지만, 원나라가 내우외환으로 점점 무너지면서 목호를 지켜 줄 세력이 사라져 갔다.

원나라를 끝까지 믿었던 목호지만 결국 명나라에 의해 원나라는 몽골 초원 지대로 물러가며 원 간섭기가 종료되었다. 이제 목호는 낙동강 오리알 신세가 되어 버렸으며 그간 누려왔던 모든 것들을 잃게 되었다.

공민왕은 요동 정벌 이후 악화한 명나라와의 관계를 회복하기 위해 그간 원나라에 바쳐 온 제주도의 말을 명나라에 대신 바치기로 했다. 목호는 원나라 칸이 아닌 명나라 황제에겐 말을 바칠 수 없다며 고려 조정에서 파견한 관리와 제주목사를 죽이고 반란을 일으켰다.

제주도에 대한 지배권도 확실히 해야 했던 공민왕은 1374년 최영을 보내 진압하게 했다. 전함 300여 척에 2만 5천이 넘는 병력이었다.

> 탐라국(제주도)은 바다 가운데에 있으면서 대대로 우리 조정
> 에 공물을 바쳐 온 지 오백 년이 되었다. 그러나 최근 목호인
> 시데리비스, 샤오쿠투부카, 관음보 등이 우리 사신을 살육하
> 고 우리 백성을 노비로 삼는 등 그 죄악이 극도에 달하였다.
> 이제 그대(최영)에게 절월節鉞을 주노니 가서 모든 부대를 독
> 려해 기한 내에 적도를 깡그리 섬멸하도록 하라.
>
> ─《고려사절요》공제29권, 공민왕 4, 갑인 23년(1374년)

　　최영은 제주도의 여러 오름에서 밤낮없는 전투를 벌인 결과 얼마
안 되어 목호의 난을 평정하였다. 최영은 모든 목호를 낱낱이 체포해
전원 처형하였다. 이때 묵호의 시체가 들을 덮었다고 한다.

　　반란을 평정한 최영은 개경으로 돌아가기 위해 육지로 돌아왔는데
최영에게 충격적인 소식이 전해지니, 공민왕이 시해되었다는 소식이
었다.

타락한 군주, 공민왕의 최후

노국대장공주를 잃은 후 공민왕이 얼마나 정치 일선에 나섰는지 불분
명하지만, 말년으로 갈수록 공민왕이 타락한 군주로 전락한 것은 부
정할 수 없다. 공민왕은 각종 음란한 변태 행위에 빠져 '자제위'라는
미소년 호위 부대를 만들고 수많은 후궁과 어울리며 남색을 즐기기도
했다.

공민왕의 어머니 명덕태후는 노국대장공주를 잊게 하고 후사를 이을 왕자가 필요해 여러 후궁을 붙여 주었지만, 공민왕은 그 어떤 후궁과도 동침하지 않았다. 자신의 후궁과 자제위 무사와 관계를 시켜 놓고 그것을 감상하던 것이 공민왕의 취미였다. 자제위는 공민왕을 믿고 매우 오만방자하였다.

궁실이 워낙 문란해지니 신하들이 몇 번이고 문제로 삼았으나 공민왕은 귀를 닫았다. 도저히 예전 그 개혁의 군주라고 믿기 어려운 지경이었다. 그러다 공민왕이 노국대장공주의 무덤을 찾는 날이면 공민왕은 밤새도록 울부짖거나 정신이 나간 사람처럼 배회하였다고 한다. 공민왕은 오직 노국대장공주의 제사나 그녀를 기리는 사당 건설에만 신경을 쏟았으며, 국가 재정에 막대한 타격을 줄 정도의 예산이 투입되었다.

> 왕은 공주가 죽고 나서부터 밤낮으로 시름에 잠기고 여색을 즐기지 않아 마침내 마음의 병을 얻게 되어 비록 왕비를 들이기는 하였으나 별궁에 두고 가까이하지 않았다. 김흥경이 총혜하고 잘 알랑거려 용양의 총애가 있어 항상 금중에서 왕을 모시고 있으면서 권세가 날로 성해갔는데, 이때 이르러 경대부卿大夫의 자제로 나이 젊고 용모가 아름다운 자를 뽑아 소속시켜 흥경으로 총괄하게 하고 '자제위'라 불렀다. 또 두리속고치를 설치하여 역시 미남자로 채워서는 부담 없이 마구 굴

그러던 중 자제위 소속의 홍륜이 덜커덕 공민왕의 후궁을 임신시켰
다. 공민왕이 후궁과 자제위 무사를 억지로 관계 맺게 한 것은 어떻게
든 후사를 만들기 위함이었다는 해석이 있다. 아무리 공민왕이 무너졌
다고 한들 자신의 뒤를 이을 후사를 늘 생각하고 있었다.

공민왕은 노국대장공주 사후 그 어떤 여자와도 동침을 거부했기에
모두가 공민왕의 후사를 기대할 수가 없었다. 대신 공민왕은 후궁과
다른 남자를 통해 아이를 얻고자 한 것이다. 그때 마침 공민왕의 후궁
익비 한씨가 홍륜의 아이를 뱄다.

공민왕은 익비 한씨 배 속에 있는 아이가 홍륜의 아이임을 숨기려
고 했다. 그래서 홍륜을 살려 둘 순 없었다. 공민왕은 환관 최만생에게
비밀리에 홍륜을 죽이고 사건을 덮으라고 했다. 그때 공민왕이 덧붙인
말이 있었는데, 진심이었는지 아니면 그냥 던진 말이었는지 알 수 없
지만 최만생에게,

"너도 이 계획을 알고 있으니 마땅히 죽음을 면하지 못할 줄 알아라."

라고 한 것이다. 공민왕의 의도를 떠나서 최만생은 극도의 공포를
느낄 수밖에 없었다. 최만생은 홍륜을 비롯한 다른 자제위 무사에게

찾아가 공민왕이 홍륜을 죽이려 한다고 말했다.

　죽음의 공포를 마주한 최만생과 홍륜은 공민왕이 술에 취해 잠이 든 틈을 타 공민왕의 침소에 잠입해 공민왕을 난도질했다. 온방이 피로 범벅되고 공민왕의 시신은 형체를 알아볼 수 없었다. 시대의 분수령에서 새로운 시대를 열고자 했던 개혁의 군주 공민왕은 그렇게 비극적 결말로 끝이 났다.

고려의 마지막 등불과도 같던 공민왕이 죽고는, 남은 사람 중 누군가는 권력을 누리는 간신이 되었고, 누군가는 우직한 충신이 되었다. 또 누군가는 '고려'라는 체제를 전복시키려고 했다. 원 간섭기도 끝이 나고, 자주적인 정신을 가지고 고려의 새로운 방향성을 도모할 수 있었다. 그러나 그간 고려라는 체제의 혜택을 받지 못했던 이들은 고려 자체를 부정해 버리기로 한다. 그들은 하나둘 고려의 근본을 뿌리 뽑더니 최종적으로는 역성혁명을 꿈꾸게 된다.

8

고려 멸망 :
아웃사이더의 반격

우왕, 출생의 비밀

공민왕이 시해된 그날 새벽 공민왕의 어머니인 명덕태후가 가장 먼저
아들의 죽음을 확인했다. 명덕태후는 공민왕의 죽음을 당장은 비밀에
부치려고 했으나 왕의 죽음은 감춘다고 감춰질 수가 없었다. 이인임이
궁궐에 들어가 진상을 파악하려는데 최만생이 다른 이를 모함했다.

그런데 이인임이 최만생의 옷에 묻은 혈흔의 흔적을 파악하곤 곧바
로 그를 붙잡아 국문하니 모든 사실을 실토했다. 이인임은 최만생과
홍륜 등을 붙잡아 거열형으로 처형했다.

이제 다음 문제는 공민왕의 뒤를 이을 후계였다. 이인임은 공민왕

의 유일한 아들인 왕우를 옹립하고자 했으나, 공민왕의 어머니 명덕태후와 문하시중이었던 경복흥이 반대하며 왕실 종친 중 한 명을 고르자고 했다.

명덕태후는 손자의 즉위를 왜 반대했을까? 왕우를 손자로 여기지 않았기 때문이다. 왕우의 아명은 모니노로, 공민왕의 유일한 혈육이라고 '알려진' 왕자 모니노는 그 출생이 석연치 않았다.

공민왕은 노국대장공주 사후 그 어떤 여인과도 동침하지 않았다. 공민왕의 생모 명덕태후가 후궁을 그렇게도 많이 붙여 주며 노력하였건만 아무 자식도 낳지 못했다. 아직 신돈이 막강한 권세를 누리고 있던 시절 공민왕은 신돈의 여종이었던 '반야' 사이에서 아들을 낳았다. 이 아이가 모니노였다.

그런데 그 어떤 여자와도 접촉하기를 꺼렸던 공민왕이 어떻게 반야라는 여인에게서 모니노를 볼 수 있었을까? 모니노가 공민왕의 아이라는 건 공민왕의 일방적 주장이었을 뿐 그 증거가 없었다.

반야는 모니노를 신돈의 집에서 계속 기르다 아이가 일곱 살이 되자 왕자의 신분으로 궁궐에 들어왔다. 세간에서는 모니노가 신돈의 아이라는 말이 떠돌았지만, 누구도 공론화할 수 없었다. 명덕태후는 모니노를 손자라고 인정하지 않았다.

하지만 공민왕 살해의 주범을 이인임이 직접 소탕하면서 국정은 이인임이 주도하고 있었다. 최영은 제주도에서 돌아오지 않았으며, 문하시중 경복흥은 성정이 완강하지 못해 어물쩍대고 있었다.

이인임은 1374년 강압적으로 왕우를 32대 왕 우왕으로 추대했다. 우왕의 나이 고작 열 살이었고, 명분상 명덕태후가 섭정을 맡는다고는 했지만, 조정의 실권은 우왕을 추대한 이인임의 손아귀에 있었다.

신진사대부 탄핵

고려가 대격변을 겪고 있을 때 중국에서도 명나라와 원나라가 요동치며 격돌하고 있었다. 아무리 원나라가 몽골로 쫓겨났다고 한들 여전히 원나라는 건재했다.

새로운 정권이 수립되며 이인임은 새로운 외교 노선을 결정해야 했다. 명나라와 원나라 중 누구를 선택하느냐에 따라 본인의 권력 입지에도 영향을 주기 때문이다. 이인임은 명나라와 원나라 사이 묘한 저울질을 하면서도 원나라와의 관계를 회복시키기로 하였다.

이인임의 친원적인 정책에 미친 듯이 반대하던 사람이 대거 나오니 바로 성리학을 숭상하며 명나라를 사대해야 한다고 주장하던 신진사대부였다. 이색의 제자들인 신진사대부는 공민왕이 육성한 새로운 세대의 정치 집단이었지만, 공민왕 말기 공민왕의 실정으로 많이 위축되어 있었다.

우왕 즉위 이후 이인임이 친원적인 성격을 보이자 신진사대부는 긴장하던 차에 1375년 원나라에서 사신단을 고려에 파견하기로 했다는 소식을 들었다. 이때 신진사대부가 우르르 몰려가 극구 반대에 나섰다.

유독 강렬하게 반대하던 젊은 신진사대부가 있었으니 바로 정도전이었다. 정도전은 이색의 제자였을 때부터 다혈질에 성격이 워낙 대쪽 같아 한 번 무언가를 하기로 마음을 먹으면 앞뒤 가리지 않았다고 한다.

정도전의 맹렬한 반대에 언짢았던 이인임은 우왕을 통해 정도전에게 원나라 사신단을 직접 접견하라는 명령을 내렸다. 정도전은 문하시중 경복흥을 찾아가,

"내가 만약 북원 사신단을 만나면 그 자리에서 그놈들 목을 베든지 체포해서 명나라로 보내 버리겠다."

라고 겁박에 가까운 말을 남겼다. 정도전이 괘씸했던 이인임은 정도전을 유배를 보내고자 하였다. 성격이 온화했던 경복흥은 이인임을 달래 유배령을 철회하지만, 정도전은 이따위 나라에서 일하고 싶지 않다며 스스로 유배를 자처하여 전남 나주로 떠났다.

정도전의 유배는 오히려 남은 신진사대부를 자극했다. 신진사대부는 정도전에 대한 선처와 함께 원나라 사신단 방문을 대놓고 방해하려고 했다. 심지어 이인임을 죽이라는 상소문까지 올라오자 이인임은 젊은 신진사대부들을 그냥 두지 않기로 하였다.

이인임은 박상충, 정도전, 이숭인 등 신진사대부를 집단으로 유배를 보내 버렸다. 그중 박상충은 고문 후유증으로 사망하고 말았다. 이

인임이 신진사대부를 유배 보낼 때 적극적으로 이인임에게 협조한 사람이 있었으니 바로 최영이었다.

최영이 왜 신진사대부의 뜻을 따르지 않고 이인임과 뜻을 같이했는지에 대한 명확한 의도는 전해지지 않는다. 최영은 과거 공민왕과 함께 반원 정책의 핵심 구성원이었다. 이제 원나라의 자리를 명나라가 대신하고 명나라가 고려에 개입하려는 움직임을 최영이 탐탁지 않아 했을 수도 있다.

또 하나, 어찌 됐든 최영은 이인임과 같은 세대의 주축이었다. 원나라에 이리저리 휘둘리기만 하던 고려를 재건하고자 공민왕을 도와 제대로 된 국가로 다시 회복시켰던 세대였다. 한 세대의 관록을 공유하고 있던 최영은 이인임의 정치적 판단을 조금 더 신뢰할 수밖에 없었고, 반면 젊은 신진사대부의 고집스러운 무모함을 치기 어린 행동으로 치부해 버렸을 수도 있다.

그나마 최영의 설득으로 1~2년 이내에 신진사대부에게 내려진 유배령이 해배되었다. 다만 가장 이인임의 심기를 건드렸던 정도전에 대해서는 유배를 해배하더라도 수도 개경엔 접근할 수 없다는 금지령이 떨어졌다.

이인임은 독재 권력을 강화해 나갔다. 이인임의 집은 그에게 뇌물을 바치러 온 사람과 물자로 가득 찼으며, 이인임과 조금이라도 척을 진다면 곧바로 사라졌다.

우왕 재위 6년째이던 1380년엔 우왕을 손자로 여기지 않던 공민왕의 생모 명덕태후가 죽었다. 아무리 이인임이 실세라지만, 왕실의 최고 어른인 명덕태후가 우왕을 친손으로 인정하지 않았다는 사실은 널리 알려져 있었다. 그 자체로도 우왕에겐 왕실 정통성에 훼손이 갔으며 우왕을 옹립한 이인임도 찝찝했던 부분이었다. 그런 명덕태후가 노환으로 죽은 것이다.

그해에 이인임과 그 일파는 고려 조정의 최고였던 경복흥도 탄핵하였다. 이제 그 누구도 이인임을 건드릴 수가 없었다.

홍산대첩, 진포대첩, 황산대첩, 관음포 해전

고려의 혼란스러운 상황과는 무관하게 왜구는 끊임없이 고려를 침략해 약탈을 일삼았다. 1376년 왜구가 20여 척의 선박을 이끌고 전라도 해안가를 약탈한 후 내륙으로 진입하여 충청도까지 북상했다.

충청도 방면의 고려군이 연전연패하고 있자 직접 출정을 결정한 최영이 우왕의 허락을 구했다. 우왕이 최영의 나이를 걱정하여 출정을 허가하지 않자 최영은,

"보잘것없는 왜구들이 이처럼 방자하고 난폭하니, 지금 제압하지 않으면 뒤에 반드시 다스리기가 어려울 것입니다. 만약 다른 장수를 보내면 꼭 이길 것이라고 보장할 수 없으며, 군사가 평소에 훈련되지 않는지라 전투에 투입할 수 없을 것입니다. 신이 비록 늙었으나 종묘사직을 안정시키고 왕실을 보위하려는 뜻은 절대로 쇠하지 않았으니,

빨리 휘하의 군사를 거느리고 놈들을 격퇴하게 허락하여 주소서."

라고 하자 우왕은 별수 없이 허락했다.

최영은 환갑이 넘은 노구의 몸을 이끌고 직접 충청도 방면으로 향했다. 고려 군부의 최정점에 있는 장군이 굳이 직접 나서지 않아도 되었건만 왜구를 상대로 기량을 뽐낼 수 있는 적격자는 자신이라고 생각해 전선에 나섰다.

최영이 충청도 근처에 도달했을 때 왜구는 부여군의 홍산에서 고려 백성을 노략질하고 있었다. 최영은 가장 맨 앞에 서서 병사를 지휘하며 홍산으로 왜구를 몰아넣었다. 그러나 홍산은 아군에게도 위험천만한 지형이라 병사들이 적극적으로 나아가길 꺼리자 최영이 흰 수염을 흩날리며 선두에서 달렸다. 일부 병사가 최영을 따랐고, 선봉대의 공격에 왜구가 '바람 앞의 풀' 같이 쓰러지자 나머지 고려 병력도 사기충천하여 왜구를 향해 뛰어들었다.

절벽 위에서 한창 싸우는 도중 아무래도 총사령관이 가장 앞에 있다 보니 표적이 되기 쉬웠고 최영은 입술에 화살을 맞았다. 입에서 피가 철철 흐르는데도 당황하지 않은 최영은 화살을 뽑아 그대로 다시 화살을 날려 적을 쏴 죽이고 분전하여 홍산에서 왜구를 무찔렀다. 이 전투가 최영의 무공 전설을 기록한 '홍산대첩'이다.

홍산대첩에서 적군과 아군의 수, 그리고 사상자 수는 불명확하지만, 왜구의 수가 그렇게 많지는 않았으리라 추정된다. 《고려사》의 최영 열전에도 우왕이 적군의 수를 묻자 최영은 '그 수를 정확하게 알 수 없으나 많지는 않았습니다'라고 대답했다.

물론 겸손한 대답일 수도 있지만, 홍산이 그렇게 큰 산이 아니라는 점, 왜구가 들어올 때 가져온 왜선이 20척 정도라면 대규모 군대는 아니었을 것이다. 따라서 '대첩'이라 부를 만한 규모는 아니었지만, 최영의 활약은 가히 그 어떤 대첩에 비해서 떨어지지 않았다.

그리고 홍산대첩에서 최영이 보인 맹렬함으로 이후 왜구 사이에선 '왜구가 두려워하는 건 오직 최영뿐'이란 말이 나돌았을 정도였다.

왜구의 침입이 끊이질 않으니 고려 군부에서는 무기 개발에 대한 열을 올리고 있었다. 고려 말 고려가 이루어 낸 최대 성과는 화약 개발이다. 화약은 일찌감치 중국에서 만들어졌으며, 중국만이 그 기술을 보유하고 있었고 화포를 만들 수 있는 국가도 중국이 유일했다.

중국은 아주 소량의 화포만을 외국에 대여해 주었으나 화포를 제작하는 기술만큼은 철저히 기밀로 지키고 있었다.

평소 화약에 관심이 많던 고려 장수 최무선은 엄청난 양의 공부와 연구를 거듭하며 끝없는 시행착오의 실험을 하고, 인맥을 총동원해 정보를 받아 내 끝끝내 화약 만드는 기술을 터득했다.

고려 조정은 처음부터 최무선이 화포를 만들었다는 말을 믿지 않았다. 그러나 최무선의 화포를 눈으로 직접 확인한 후 1377년 고려 조정은 화기 제조를 관장하는 '화통도감'을 설치했다. 최무선의 주도하에 화통도감은 화포 대량 생산에 들어갔다.

그렇게 3년이 지난 1380년 때마침 한국사 첫 화약 무기를 실험해 볼 수 있는 전투가 벌어졌다. 무려 500여 척의 왜구 선박이 고려로 쳐들어왔는데, 역대 가장 규모가 컸던 왜구의 침입이었다. 일본 북조와 남조의 내전에서 북조가 본격적으로 남조를 밀어붙이자 남조에 퍼져 있던 왜구가 다 같이 규합하여 대규모로 바다를 타고 고려로 넘어온 것이다. 왜구는 500여 척을 지금의 충남 서천과 전북 군산 사이 진포라는 곳에 정박하고는 내륙으로 들어가 약탈을 자행했다.

최무선은 약 100여 척의 함선을 타고 진포로 들어가 그간 개발해 두었던 화포를 사용하여 왜선 500척을 모조리 격침했다. 비록 약탈하려고 왜구가 다 빠져나간 비어 있는 배였지만, '진포대첩'은 화포가 처음으로 성과를 보였다는 전쟁사적으로 의의가 큰 전투였다.

다만 이때 사용했던 화포는 일반적으로 떠올리는 포구에서 쏘는 대포라기보단 사람이 수동으로 불을 붙인 구체를 던지면 일정 시간이 지나 자발적으로 폭발하는 원시적인 형태의 화포로 추정되고 있다.

진포대첩으로 왜선 500척이 전부 침몰하니 내륙에서 노략질하던 왜구가 돌아갈 배를 잃어버렸다. 왜구는 기왕 이렇게 된 마당에 고려 곳곳을 짓밟겠다며, 한반도 남부 지방을 탈탈 털다가 지리산까지 내려왔다.

고려는 9명의 최고 원수가 이끄는 1만의 병력을 보내는데, 경남 함양에서 큰 패배를 해 버린다. 이인임의 반대에도 불구하고 최영의 추천에 따라 이성계가 구원 투수로 전선에 투입되었다.

이성계는 남원의 황산에 왜구가 집결해 있다는 정보를 입수하고 남원에 도착했다. 이성계는 우선 보병을 왜구와 정면에서 싸우게 하고, 그 사이 직접 기병대를 이끌고 크게 돌아 왜구의 후면을 공격했다.

왜구는 황급히 황산의 높은 곳으로 도망쳤다. 고지대를 선점한 왜구는 아래에 있는 고려군에게 화살을 퍼부으며 견고한 방어벽을 구축하고 있었다. 더군다나 황산의 길이 너무 험하고 가파른 절벽 길이라 병사들이 진군이 힘들다고 하자 이성계는 본인이 직접 나서서 가파른 길을 올라가 길을 뚫었다.

다시 한번 격전이 치러지는 가운데 이성계는 두 번이나 낙마하고 왼쪽 다리에 화살을 맞을 정도로 난전이 펼쳐졌다. 이성계가 병사들에게,

"겁이 나면 도망가라. 나는 적과 싸우다 죽겠다."

라며 전투의지를 다졌다. 마침 왜구 적장 아지발도가 눈에 띄었다. 신궁이었던 이성계는 화살을 쏴 아지발도의 투구를 떨어뜨렸고, 아지발도가 떨어진 투구를 주우려는 찰나에 이성계의 의동생인 이지란이 한 번 더 활을 쏴서 아지발도를 사살했다.

적장을 잃은 왜구는 도망치다가 반 이상이 낭떠러지에서 떨어져서 죽었다. 살아 도망친 왜구의 수는 고작 70명이었고, '황산대첩'은 고려 왜구 침입 역사에서 가장 큰 승리였다.

3년 후 1383년 120척의 왜선이 또 쳐들어왔다가 남해안 관음포에서 정지 장군이 이끄는 47척의 고려 수군에게 패배하였다. '관음포 해전'의 승리는 공민왕 말기부터 육성했던 고려 수군이 드디어 결실을 보였던 전투였으며, 육군과 별도로 운영하는 수군 체제는 그대로 조선시대 군제 방식으로 이어졌다.

세계 최초 금속활자본 《직지심체요절》

1377년 세계 최초의 금속활자본인 《직지심체요절》이 편찬되었다. 《직지심체요절》의 공식 명칭은 《불조직지심체요절》이며 저자의 이름을 붙여 《백운화상불조직지심체요절》이라고 부른다. '화상和尙'이란 수행의 정도가 높은 고승을 높여 부르는 말이며, 《직지》의 저자 백운화상은 원나라에서 수학한 뒤 공민왕 치세에 고려로 귀국해 여러 제자를 가르치며 불도의 선禪 사상을 설파했다.

여러 불서를 섭렵했던 백운화상은 불조사 중 선의 요체를 깨닫는 데, 가장 필요한 것들만 뽑아 《불조직지심체요절》을 편찬했다. '직지심체'란 '참선하여 마음을 직시하면, 그 마음이 곧 부처의 마음임을 깨닫게 된다'는 뜻이다.

백운화상 입적 후 우왕 재위기였던 1377년 청주 흥덕사에 있던 백운화상의 제자 석찬과 달담이 스승의 저서인 《불조직지심체요절》을 금속활자본으로 인쇄해 간행했다. 이 인쇄본이 오늘날 우리가 알고 있는 《직지심체요절》이다.

《직지심체요절》는 세계 최초 금속활자로, 서양의 구텐베르크 성서보다 78년이나 앞선다. 《직지심체요절》이전에 무신정권기였던 1234년 집권자 최우는 과거 고려 인종 때 최윤의 등이 편찬한 예법서《상정고금예문》을 금속활자본으로 인쇄했다는 기록이 있지만, 현재 전해지지 않고 있어서 《직지심체요절》이 현존하는 가장 오래된 금속활자본이다.

삼국시대까지만 해도 한국의 인쇄술은 목판으로 진행했다. 현존하는 한국에서 가장 오래된 목판인쇄본은 신라시대의 《무구정광대다라니경》이며, 신라의 우수한 목판 인쇄술은 고려로 이어져《초조대장경》과《팔만대장경》이 편찬될 수 있었다.

그러나 목판보다는 금속활자본이 훨씬 더 정교하고 정확하고 안정적이라 인쇄술에서 성능이 더 뛰어나다. 《직지심체요절》은 더 고도화된 한국 인쇄사의 한 장면을 상징하는 문화재이다.

그렇다면 세계에서 가장 오래됐다는 《직지심체요절》보다 왜 서양의 구텐베르크 성서가 더 큰 이목의 집중을 받을까? 그 이유는 바로 그 파급력의 한계에 있다.

인쇄술의 의의는 방대한 지식을 많은 대중에게 보급하는데 있다. 구텐베르크 성서는 성서 해석에 대한 지배층의 독점을 파괴하고 민중을 각성시키지만, 《직지심체요절》은 그러질 못했다.

《직지심체요절》은 승려를 위한 전유물이었고, 특히 고려에서 조선으로 넘어가면서 조선 정부가 숭유억불 정책을 시행했기에 불교는 조선 백성에게 큰 영향을 주지 못했다.

구한말 최초의 주한프랑스대리공사였던 빅토르 콜랑 드 플라시가 돈을 주고《직지심체요절》을 사들인 뒤 프랑스로 귀국하면서《직지심체요절》을 가져갔다. 1911년 빅토르 콜랑 드 플라시는《직지심체요절》을 프랑스의 골동품 수집가에게 팔았고, 이 수집가가 죽고 유언에 따라《직지심체요절》은 1950년 프랑스 국립도서관에 기증되었다.

외규장각 도서 반환에 제일 큰 활약을 했던 한국인 서지학자 박병선 씨가 프랑스에서 유학하던 중 프랑스국립도서관에서《직지심체요절》을 목격했고, 여러 해의 노력 끝에 '세계 도서의 해' 전시회에서 세계 최초 금속활자임을 주장하며 국제적 인정까지 받았다.

대한민국 정부는《직지심체요절》를 유네스코 세계유산에 등재하기 위해 분투하였으나 원산지와 사유국이 다르다는 이유로 거듭 거절되었다가, 2004년 마침내 유네스코 세계기록유산에 등재되었다.

이인임을 제거하다

우왕은 커가면서 삐뚤어지고 있었다. 어린 나이에 강제로 왕으로 등극하여 평생을 공민왕의 아들이 아니라는 스캔들에 시달려서인지 우왕은 모든 정사를 이인임에게 일임하고 정사에 관심 자체를 두지 않았다.

우왕은 취하지 않은 날보다 취한 날이 많았으며, 매우 문란한 삶을 살았다. 최영은 심지어 우왕을 예전 충혜왕과 비교할 정도였다. 우왕은 아버지 공민왕의 후궁이었던, 그러니까 엄마뻘이었던 정비 안씨의 외모를 극찬하며 과하게 추근대고 밤마다 그녀의 처소를 찾았다.

낮에는 사냥을, 밤에는 술자리를 가지며 지나가다 마음에 드는 여자가 있으면 강제로 그녀의 집으로 쫓아가 여인을 겁탈하곤 했다.

우왕이 이러한 행각을 보일수록 이인임의 권력은 절대적이었다. 우왕은 아버지 부재의 상실감을 강하게 느끼던 왕이었다. 어려서부터 자신의 친부가 공민왕이 아닌 신돈이라는 오명에 시달려야 했고, 할머니로부터도 손자 취급받지 못했다.

일곱 살 때까지 사가에서 자라다가 궁궐에 들어왔으며, 아버지라고 하는 공민왕은 아비로서 해야 할 역할을 전혀 해 주지 못했다. 그렇게 공민왕이 무참히 살해당하고 고작 열 살에 왕이 되었다.

아버지의 존재를 강력하게 원했던 우왕은 이인임을 아버지처럼 따랐다. '나라의 아버지'라는 뜻으로 이인임을 '국보'라고 불렀고, '광평부원군'이라는 작위까지 내려 주었다. 이인임은 무소불위의 힘을 누렸다.

이인임의 악행은 도를 넘어서고 있었다. 권신이 등장하면 주변에 빌붙는 몇몇 간신이 더한 법이다. 이인임에게는 임견미, 염흥방이라는 최측근 2인조가 있었는데, 이 둘은 이인임보다도 못한 정치 역량에, 이인임보다도 더 악랄했다.

임견미는 고려의 장군 출신으로 원래 최영을 따랐으나 이인임의 권력을 보고는 이인임의 측근이 되었다. 임견미는 말재주가 뛰어나면서 시샘이 많고 음흉했다고 하는데, 무장 출신이라 그런지 문신을 매우 부정적으로 봤다고 한다.

염흥방은 이색의 제자로 신진사대부였다. 원나라의 사신단이 방문하자 신진사대부가 들고 일어났을 때 염흥방도 함께 했다. 그러나 신진사대부가 집단으로 유배하자 권력의 무력감을 느끼고, 이인임의 측근이 되었다.

둘의 행태는 눈 뜨고 보기 어려울 정도였고, 사람들은 둘을 '짐승'으로 불렀다. 그러나 이인임의 양팔이었던 두 사람을 건드릴 수 없었다.

> 이로써 간신배의 족속이 양부에 포진했으며 안팎의 요직은 모조리 그들과 친한 자가 차지했다. 이들은 권력을 멋대로 휘두르면서 관작을 팔고 남의 토지를 점탈했으며 산과 들을 죄다 차지하고 수많은 노비를 빼앗았다. 심지어 왕릉·궁고·주현·진·역에 소속된 토지까지도 모조리 점탈해 버리자, 주인을 배반하고 도주한 노예와 부역을 피해 유랑하는 백성이 그 아래로 구름같이 모여들었는데, 안렴사와 수령도 감히 그들을 징발하지 못하였다. 이로 말미암아 백성은 유랑하고 도적 떼가 마구 일어나 공사 간의 모든 재물이 고갈되었으므로 온 나라 사람이 이를 갈게 되었다.
>
> ―《고려사》 권126, 열전39, 간신2, 임견미 열전

악인의 끝은 보통 끝없는 욕심에 자기가 잡아먹히기 마련이다. 1387년 때는 이인임이 건강상의 이유로 잠시 사임을 한 상태였다. 이인임조차 조정에 없는 상황에서 임견미, 염흥방의 패악질은 멈출 줄 몰랐다.

이때 '조반 사건'이 터졌다. 조반이라는 귀족 가문 대대로 사용해 온 황해도의 땅 일부를 염흥방이 공문서를 위조하여 강탈한 적이 있었다. 조반은 노발대발하며 염흥방을 찾아가지만, 염흥방은 보지도 못하고 염흥방의 노비였던 이광과 다른 노비가 조반을 구타했다.

고려의 귀족이 노비에게 구타당하다니 귀족으로서 매우 수치스러운 일이었다. 염흥방 집안의 노비는 귀족 정도는 우습게 볼 만큼 염흥방의 권세가 하늘을 찌를 때였다. 수치심에 조반은 사병을 동원해 이광을 비롯한 노비를 살해하고는 자수했다.

살인사건까지 벌어지며 사건이 커지자 염흥방은 이 일이 공론화되면 자기가 불법적으로 공문서를 위조했다는 소식이 알려질까 두려워 측근이었던 임견미와 함께 조반에게 역모죄를 뒤집어씌웠다.

그러나 염흥방은 아무리 조작이라 한들 역모죄로 몰아가며 오히려 일을 더 키워 버렸다. 사건을 덮기 위해 더 큰 사건을 일으켜 버린 것이다. 조반의 역모 사건과 관련하여 하루는 우왕이 은밀히 최영을 불렀다고 한다. 무슨 말이 오갔는지는 알 수 없지만, 이인임과 그 일파에 관한 내용이었을 것이다.

1388년 최영은 비밀리에 이성계를 불러 발 빠르게 개경 내 치안을 담당하는 병력을 확보하고 이성계는 동북면에 있던 사병을 개경으로 모으라는 연락을 취했다.

다음날 우왕은 어명으로 고문받던 조반을 석방하고 염흥방을 체포했다. 우왕의 갑작스러운 결정에 그 일파가 당황하던 찰나 최영과 이성계가 군대를 동원해 임견미를 포함하여 그 일당을 모조리 잡아들였다.

최영과 이성계의 최종 목표는 이인임이었다. 일당이 모두 체포되었다는 소식에 놀란 이인임은 그대로 최영의 집으로 갔으나 최영은 문을 걸어 잠그고 나오지 않았다. 문을 아무리 두들겨 보아도 문은 열리지 않았고, 그대로 군사에 의해 이인임마저 체포되었다.

염흥방과 임견미는 물론이고 그간 그들과 결탁해 온갖 비리를 저지른 권문세족과 그 일가족 1,000여 명이 처형당했다. 일명 '무진피화' 사건이다.

이인임은 차마 최영이 군사 행동까지 하리라고는 전혀 예상하지 못했다. 많은 권문세족이 죽음으로 끝났지만, 모든 악의 근원인 이인임만큼은 유배령으로 마무리되었다.

이인임을 변호한 이는 아이러니하게도 최영이었다. 동시대 고려 정사를 같이 주도했던 이인임에 대한 최영의 마지막 배려였지만 이인임에게 당한 것이 많던 귀족과 정치인 특히 신진사대부가 최영의 변심에 크게 실망했다고 한다.

그러나 이후 이인임은 다시는 복귀하지 못했고, 악행을 일삼던 권문세족 대부분이 사라졌다. 그리고 최영이 국무총리인 문하시중, 이성계는 부총리인 수시중이 되어 무인 세력이 고려의 조정을 장악하는 동시에 신진사대부도 중용되었다.

최영의 요동 정벌

1388년 절대적 존재였던 이인임과 그 일파가 사라지며 새로운 세상에 대한 기대감이 상승하였다. 그러나 기쁨도 잠시, 명나라가 고려에 들어줄 수 없는 요구를 해 왔다. 고려의 국토 중 철령 이북의 땅은 과거 원나라의 쌍성총관부 담당이었기에 원나라가 무너진 지금부터 명나라가 관리해야 한다는 이유로 국토 일부를 넘기라는 수용 불가능한 요구를 한 것이다.

분노한 최영은 우왕에게 명나라에 고려의 강함을 보여 주자며 요동 정벌을 주장했다. 비록 바로 내어 주긴 했지만, 일찍이 선대왕인 공민왕 대에 요동 정벌을 추진한 적도 있지 않았는가. 최영은 실패한 요동 정벌을 재개하자고 우왕에게 강력하게 건의했다.

친명 외교를 주장하던 신진사대부는 최영의 요동 정벌을 규탄하며 외교로 사안을 처리하자고 했다. 심지어 이성계조차 최영의 요동 정벌을 반대했다. 공민왕 대에 요동 정벌 전쟁에 직접 참여한 이성계였지만, 그때와 지금은 국제 정세가 달라졌다.

공민왕 시절에는 명나라가 원나라와 다투고 있었기에 요동 쪽으로 신경을 쓰지 못했지만, 이제는 원나라도 약해질 대로 약해져 명나라가 요동에 대한 지배력을 확보하려고 하고 있었기 때문이다. 이성계가 요동 정벌이 불과 한 네 가지를 이유를 보고했다.

첫째, 작은 나라가 큰 나라를 칠 수 없다.
둘째, 여름에 군대를 동원할 수 없다.
셋째, 왜구가 쳐들어올 수 있다.
넷째, 이제 곧 장마철이니 병장기가 녹슬 것이다.

이성계는 '4不가론'을 내세워 신진사대부와 뜻을 같이했으나 우왕은 국가의 외교에는 관심이 없었다. 오로지 최영에 대한 무한한 기대, 그뿐이었다. 반대 여론이 만만치 않음을 깨달은 최영은 반대를 잠재우고자 매우 빠른 속도로 원정군을 조직했다.

이성계가 우왕을 한 번 더 찾아가 반대하지만, 우왕은 이성계에게 다음과 같이 이야기하였다.

"이미 군사를 일으켰으니 중지할 수 없다."

그리고 누구도 최영의 말에 거스르지 말라는 듯, 우왕은 최영의 딸과 혼인하여 최영을 왕의 장인어른으로 만들어 주었다. 최영은 총사령관 팔도도통사가 되었고, 좌군과 우군에 각각 조민수, 이성계를 도통사로 임명했다. 규모는 자그마치 5만이었다.

이성계는 전쟁에 반대했지만, 최영과 우왕의 결정에 일단은 따를 수밖에 없었다.

  정벌군이 개경에서 출발하여 북쪽으로 향하는 도중 서경에 머무를 때였다. 우왕도 기세 좋게 직접 참전하였으며 서경에 머무르기로 하는데, 이 와중에도 우왕은 병사의 사기를 돋우겠다며 연회를 벌이기 일쑤였다. 심지어는 전날 술에 취해 군사 회의를 빠질 정도였다.

  더 이상 진군을 늦출 수가 없던 최영은 행군을 준비하지만, 돌연 우왕이 최영에게 전쟁에서 빠지라고 한다. 혼자 서경에 남아 있기 무섭다며 최영이 없는 사이 간악한 자들이 자기를 노릴까 불안하니 서경에 남아 우왕 본인을 지켜 달라는 것이었다. 최영은 어처구니가 없었지만, 우왕의 간곡한 부탁이자 왕명인지라 거부할 수가 없었다.

> 최영이 이렇게 요청했다.
> "이제 대군大軍이 장도에 올라 행군에만 한 달을 끌게 된다면 군사작전이 성공할 수 없으니 제가 가서 행군을 독려하겠습니다."
> 우왕이,
> "경이 가 버리면 내가 누구와 함께 국내를 다스리겠는가?"
> 라고 반대했으나 최영이 굳이 청하자 우왕은 그렇다면 자신도 가겠노라고 나섰다. 최영이 왕에게, 자기가 평양에 남아 장수들을 지휘할 테니 개경으로 돌아가라고 여러 차례 권했

으나 우왕은,

"선왕先王께서 시해당한 것은 경이 남쪽으로 정벌을 떠났기 때문이다. 그러니 내가 어찌 하루라도 그대와 함께 있지 않겠는가?"

라고 말했다.

-《고려사》권113, 열전26, 최영 열전

아버지의 상실감을 강하게 느끼던 우왕은 이인임을 제거한 후 최영에게 그 역할을 기대하고 있었다. 항상 아버지의 존재를 갈구했던 우왕은 늘 외로움과 고독함에 히스테리컬했으며, 공민왕이 살해되고 어린 나이에 왕이 되었던 그 고립감에 유별났던 것으로 보인다.

위화도 회군

그렇게 최영은 빠진 채 이성계, 조민수만이 각각 우군과 좌군을 이끌고 서경에서 요동 방면으로 더 북진하였다. 압록강의 위화도라는 섬에서 진을 치고 이제 압록강 도강만을 남겨 둔 상태였다. 이 강만 넘으면 곧바로 전쟁이었다.

그러나 이성계와 조민수 두 지휘관 모두 정벌의 불필요함을 절실히 느끼고 있었다. 이성계가 예언한 대로 굿은 장마로 인해 병장기는 녹슬고 병사는 이미 지쳐 있었으며 탈영병도 속출했다. 이대로 전쟁을 강행할 수가 없었다. 이성계는 서경에 있는 우왕과 최영에게 회군의

허가를 구했다.

저희가 뗏목을 타고 압록강을 건너는데 비로 물이 불어나 큰 내가 앞을 가로막았습니다. 첫 번째 여울에서 수백 명이 허우적거리다가 익사했으며 두 번째 여울은 더욱 깊은지라 강 중간의 모래톱 가운데 머문 채 군량만 허비하고 있습니다. 이곳에서 요동성에 이르기까지는 군데군데 큰 내가 있어 쉽게 건너기가 어려울 듯합니다. 근자에 애로사항들을 조목별로 적어 도평의사사 지인 박순을 통해 보고드리게 했으나 아직 윤허를 받지 못하고 있으니 참으로 황송하기 짝이 없습니다. 그러나 국가의 대사를 치르면서 말씀드려야 할 것이 있는데도 말을 하지 않는 것은 그것이 곧 불충이니 어찌 죽음을 피하려고 잠자코 입을 닫고 있겠습니까? (중략) 게다가 지금은 장맛비에 활줄이 느슨해지고 갑옷이 무거워 군사와 말이 모두 지쳐 있으니 억지로 몰아서 진격시키면 방비 태세가 굳건한 성을 아무리 공격해도 함락시키지 못하고 결국 승리를 거두지 못할 것이 뻔합니다. 이러한 때 군량의 보급이 끊어져 오도 가도 못하는 상황이 되면 장차 어떻게 대처하겠습니까? 부디 전하께서는 회군의 특명을 내리시어 온 나라 백성의 소망에 부응하시기 바랍니다.

- 《고려사》 권136, 열전49, 우왕4, 우왕 14년(1388년)

우왕과 최영은 허가하지 않고 강행을 지시했다. 위화도에 있던 이성계와 조민수는 또 한 번 회군을 건의했으나 이조차도 받아들여지지 않자 조민수의 동의하에 이성계는 왕명 없이 회군하기로 하니, 그 유명한 '위화도 회군'이었다.

위화도 회군이 현장에서 이성계가 별다른 선택지 없이 불가피하게 내려야 했던 결정이었는지 혹은 이미 고려를 멸망시킬 생각으로 계획했던 일이었는지는 관점마다 다르게 해석하고 있다. 여하튼 이성계의 회군은 쿠데타였으며, 회군하는 정벌군이 매우 빠른 속도로 다시 남하하자 당황한 우왕과 최영은 수도 개경으로 돌아갔다.

회군하는 도중 이성계의 고향 동북면에서 여진족 병력이 합류하였고, 금세 개경을 포위하였다. 제아무리 명장 최영이라 한들 이성계와 조민수가 회군시킨 부대는 최영이 요동 정벌을 위해 동원할 수 있는 최다 병력이었고, 개경에는 병력이 극소수였다.

최영은 분전했고 회군한 정벌군도 고전했지만, 결국 개경 성문을 열고 들어와 궁궐까지 쳐들어왔다. 최영은 적은 병력으로 끝까지 싸우다 궁궐 깊숙이 숨어 있었는데, 이성계가 우왕에게 최영을 내놓으라는 말에도 우왕이 최영을 숨겨 주자 병사들이 수색해 최영을 체포해 왔다.

일전에 이인임이 최영에게,

"이성계는 나라의 주인이 될 생각을 품고 있소."

라는 말을 했다고 한다. 끌려온 최영 앞에서 이성계가,

"이번 사태는 내 본심에서 일으킨 일이 아닙니다. 그러나 요동 정벌

이 대의大義에 거역 되는 일일 뿐만 아니라 나라가 불안해지고 백성들이 고통을 겪어 원한이 하늘에 사무쳤기 때문에 부득이 이런 일을 일으켰던 것입니다. 부디 잘 가십시오."

라고 하자 최영은,

"이인임이 옳았구나."

라고 읊조렸다고 한다.

이성계는 반정의 정당함을 내세우기 위해 개경 점령 후 곧바로 군대를 해산시켰고, 조민수와 이성계는 각각 좌시중과 우시중이 되어 정권을 장악했다. 이성계와 조민수 등의 회군 주동자와 이들 군부와 결탁한 신진사대부는 최영이 그릇된 판단을 하여 국가의 존속을 위태롭게 했다는 죄목으로 지금의 경기도 고양시로 유배를 보냈다가 곧 경남 마산으로 이배시켰다.

허수아비 왕으로 전락한 우왕은 이성계에게 바득바득 이를 갈았다. 우왕은 내시 80여 명을 무장시키고 야심한 밤 직접 이성계의 집을 급습했으나, 하필이면 이때 이성계는 집에 없었다. 이성계는 곧바로 우왕을 폐위해 버리고 강화도로 유배를 보냈다.

이성계와 조민수는 사전 우왕을 폐위하면 방계 왕족이었던 정창군 왕요를 다음 왕으로 추대하기로 입을 모았다. 우왕에겐 '창'이라는 어린 아들이 있었지만, 이 아들이 왕이 되어 장성하면 언제고 아버지의 복수를 꾀할지 모르기 때문이었다.

그런데 우왕을 폐위하고 이성계가 정창군 왕요를 즉위시키려고 하던 찰나 이성계 모르게 조민수와 신진사대부의 스승이었던 이색이 짜고, 이성계와 합의 없이 우왕의 아들 창을 왕으로 등극시켰다. 이른바 '날치기'를 해 버린 것이다. 출신이 미비한 이성계가 지나치게 권력을 독점할 것을 우려한 조민수와 이색이 선수를 쳐 버렸다.

조민수는 군부의 무장인 동시에 권문세족이었다. 이색은 비록 성리학자였으나 정치적인 면에서는 대단히 보수적이었다. 이색이 권문세족은 아니었으나 그 집안 역시 알아주는 명문가로 이색도 별수 없는 고려의 기득권자였다.

이성계의 일파는 조민수와 이색의 합의되지 않은 행동에 매우 분노했으나 이성계는 별달리 큰 반응을 보이지 않았다.

창왕이 즉위하고 유배가 있던 최영은 다시 개경으로 소환되어 가중된 죄로 처형 판결이 났다. 그간 최영의 상징성이 있었기 때문에 조정을 장악한 이들에게 최영은 그대로 살려 둘 수가 없었다. 일흔세 살, 최영은 이미 모진 고문을 받았지만, 낯빛이 조금도 흔들리지 않으며 겸허히 죽음을 받아들였다. 다음의 유언을 남겨 놓고 말이다.

> 내가 한평생 한 번이라도 사사로운 욕심을 품었다면 내 무덤에 풀이 날 것이고, 그렇지 않다면 풀이 나지 않을 것이다.

고려의 수많은 백성이 최영의 죽음을 안타까워하며 눈물을 흘렸다. 한동안 최영의 무덤엔 풀이 나지 않았고 사람들은 풀 한 포기 없는 최영의 무덤을 '적분'이라고 불렀다. 최근에는 최영의 무덤에서 풀이 나고 있다.

과전법, 신진사대부를 가르다

조민수와 이색은 당장에 이성계의 질주를 막았다며 안심하고 있었다. 그러나 조민수는 예상치 못한 공격을 당했다. 감찰 기관에서 근무하던 조준이 조민수의 재산 비리를 찾아내어 탄핵 상소를 올린 것이다.

조준 역시 권문세족 출신이었으나 스스로의 출신을 매우 부끄러워하며 권문세족의 존재 자체를 부정적으로 인식했다. 조준은 다른 권문세족과 달리 당당하게 과거에 합격하여 관직 생활을 시작했으며, 고려의 보수적인 체제에 강한 불만을 품고 있었다. 그런 중에 이성계를 만나고는 이성계의 사람이 되었다.

조민수도 원래 이인임의 일파였으나 이인임이 제거될 때 발 빠르게 자신의 불법 토지를 원래 주인에게 돌려주며 화를 피할 수 있었는데, 위화도 회군 후 최영을 제거하고 이성계도 막았다고 생각하니 다시 재산을 늘리다가 덜미가 잡힌 것이다. 조민수는 삭탈관직당하고 유배령이 떨어졌다.

한편 유배지에서 이성계를 원망하며 신세를 한탄하고 있던 우왕은,

아직 충성을 바치던 김저와 정득후를 통해 이성계 암살 계획을 세웠다. 김저와 정득후는 곽충보까지 끌어들여 이성계를 암살하려고 했으나 곽충보가 계획을 이성계에게 말했다.

함정인 줄도 모르고 그대로 이성계 집에 뛰어든 정득후는 스스로 목숨을 끊었고, 김저는 모진 고문을 받다가 이성계 암살은 우왕과 창왕의 지시였다고 실토했다.

이성계, 정도전, 정몽주, 조준, 심덕부, 지용기, 설장수, 성석린, 박위 등 9명이 개경 근처의 흥국사라는 절에 모여 향후 고려 왕실을 어떻게 꾸려야 하는가에 대해 의논했다. 이 흥국사 회담 자리에서 9명은 우왕과 창왕은 왕씨가 아닌 신돈의 자식이라 합의를 보았고, 신씨가 아닌 제대로 된 왕씨의 왕족을 새로운 왕으로 추대하자고 합의했다.

폐가입진, 가짜를 폐위시키고 진짜 왕족을 옹립하자는 것이었다. 1389년 9명은 창왕을 폐위시키고 정창군 왕요를 새로운 왕으로 추대하니, 고려의 마지막 왕 공양왕이었다. 또한 강릉으로 유배가 있던 우왕과 창왕마저 처형되었다.

우왕은 죽기 직전에 자신은 신돈의 자식이 아닌 왕씨의 일족이라고 왕씨들은 용의 비늘을 가지고 있다며 웃통을 벗고 발악하였으나, 결국 우왕 스물다섯 살, 창왕은 고작 열 살의 나이로 죽음을 맞이했다.

공양왕이 즉위한 그해 조준이 토지 개혁의 필요성을 주장하는 상소문을 올렸는데, 개혁의 강도가 매우 파격적이었다. 조준이 주장하는 토지 개혁의 내용은 권문세족이 불법적으로 겸병해 왔던 대농장을 해체하기 위해 고려 전 국토의 토지를 국유화하여 사전私田을 혁파하고 일정 기준에 따라 토지의 수조권을 지배층에 재분배하자는 것이었다.

수조권이란 세금을 징수할 수 있는 권리로 고려 시대의 귀족과 관료는 특정 토지에 대해 수조권을 하사받았다. 고려 초중기 국가가 귀족과 관료에게 지급해 주는 토지의 수조권은 '전시과'라는 제도 아래 정확한 기준에 따라 지급되었다.

하지만 무신정권과 권문세족의 제멋대로식 토지 겸병의 시대를 거치며 전시과는 붕괴하여 버렸다. 특히 권문세족은 대농장이라고 부를 정도의 광활한 토지에 불법적인 수조권을 행사하려 들었다. 이러한 토지 폐단은 심각한 사회 문제였다.

권문세족이 불법적으로 탈취한 토지를 일일이 조사하고 다닐 수 없으니 한 번에 모든 토지를 국유화했다가 다시 특정 기준을 세우고 수조권을 분배하자는 것이었다. 조준의 토지 개혁 상소에 정도전, 남은, 윤소종 등이 지지하기에 나섰다. 이들이 조준의 상소를 지지했다기보단 애당초 조준은 이들과 단합하여 뜻을 함께하기로 하고 상소를 올린 것이었다.

단 조준의 토지 개혁이 지나치게 과격하다며 반대하는 목소리도 컸다. 대표적으로 이색이 있었다. 이색은 권문세족으로 인한 토지 폐단의 문제와 이를 해결할 필요성에 대해선 공감하지만, 토지를 국유화하여 사전을 혁파한다는 내용엔 찬성하지 않았다. 사전을 혁파하면 권문세족의 불법 토지만 국유화되는 것이 아니라 다른 지배층의 합법적 개인소유 토지까지 전부 국가에 귀속되어 버리기 때문이다.

조준, 정도전, 남은, 윤소종 등에게는 지배층의 토지가 불법인지 합법인지가 중요하지 않았다. 토지를 기반으로 기득권을 형성하고, 시간이 지나면 그들도 권문세족 같은 부패한 귀족이 되지 않으리란 법도 없었다.

그래서 구조적으로 권문세족이 망가뜨린 국가의 토지 문제가 재발하지 않도록 불법 소유 토지든 합법 소유 토지든 우선은 전부 국가에 귀속시켜 버리자고 강력하게 주장했다. 당연히 개인 소유 토지를 많이 가지고 있는 지배층은 이에 반발할 수밖에 없었다.

이색, 우현보, 이숭인, 권근 등은 차라리 '일정 면적 단위의 토지에 단 한 명의 소유주'만 인정하자는 타협안을 제시했다.

하지만 토지 개혁 강경론자는 뜻을 굽히지 않았다. 조준의 토지 개혁 상소에 신진사대부가 딱 반으로 갈리었다. 조준, 정도전, 남은, 윤소종 등 강경론자에 찬성하는 이들을 급진 신진사대부, 이색, 우현보, 이숭인, 권근 등 강경론에 반대하던 이들을 온건 신진사대부라고 구분한다. 하필 급진 신진사대부는 이성계의 측근이었으며, 온건 신진사대부는 이성계의 독주에 불만을 품고 있던 세력이었다. 정몽주는 그 중간에서 아무런 결정을 내리지 않았다.

이성계 일파가 공양왕 즉위를 주도했기에 이성계에게 반대하던 온건 신진사대부는 힘이 없었다. 이성계의 지원으로 급진 신진사대부는 토지 개혁안을 구체화하였고, 1391년 과전법이 시행되었다. 과전법의 주요 골자는 예전 전시과로 돌아가자는 것이었다.

다만 전지와 시지를 모두 지급하던 전시과와 달리 과전법은 전지만 지급하는 것을 원칙으로 하였다. 고려의 모든 토지 문서가 불태워졌고 권문세족의 흔적마저 모두 사라졌다. 이때까지만 해도 정몽주는 급진 신진사대부도, 온건 신진사대부도 아니었다. 온건 신진사대부가 과전법을 강하게 반발하며 나섰을 때도 정몽주는 뚜렷한 태도를 표명하지 않았다.

그러나 과전법 시행 이후 급진 신진사대부는 노골적으로 공양왕과 왕씨 왕실을 비방하였다. 급진 신진사대부가 이성계를 왕으로 추대하려 한다는, 즉 왕의 성씨를 바꾸는 역성혁명易姓革命을 도모하고 있다는 소문이 공공연하게 퍼지자 정몽주가 나섰다.

정도전 vs 정몽주

이성계를 왕으로 추대하며 조선을 설계한 장본인은 급진 신진사대부의 대표 주자였던 정도전이다. 과거 신진사대부가 젊은 나이로 관직 생활을 시작했을 때, 이인임의 친원 외교 정책에 정도전이 가장 앞에 나서서 반대하다가 유배한 적이 있었다.

정도전을 포함한 다른 신진사대부도 집단으로 유배령이 떨어지지만, 대부분 1~2년 만에 해배되었다. 다만 가장 이인임의 심기를 건드렸던 정도전만 유배령이 풀렸을 뿐 개경 접근 금지령이 떨어졌다. 정도전은 대체 무슨 계기로 역성혁명을 꿈꾸었을까?

정도전의 봉화 정씨 집안은 향리 가문이었다가 정도전의 부친 정운경이 과거에 급제하면서 벼슬을 받는 집안이 되었다. 정도전의 고향은 경북 봉화군으로 고려 말 경북 지역은 성리학의 메카였다. 성리학을 고려에 유입한 안향의 고향이 경북 영주였고, 모든 신진사대부의 스승이라 일컫는 이색의 고향은 경북 영덕이었다.

정도전의 부친 정운경이 이색과 연이 있어서 정도전도 이색의 밑에서 성리학을 수학했다. 이색의 학원에서 만난 이가 정몽주였다. 나중에 이숭인, 하륜, 권근 등이 들어왔다. 청년 시절의 정몽주와 정도전은 사이가 굉장히 가까웠으며, 서로서로 천재라면서 극찬했다고 한다.

정몽주는 아는 게 매우 많았으며 굉장히 똑똑해서 정도전이 감탄했고, 정도전은 현실 분석력이 뛰어나서 정몽주가 감탄했다. 정몽주가 과거 시험을 통과할 때 정도전은 성균관 학생이 되었고, 2년 후 정도전도 과거에 급제하여 관직 생활을 시작했다.

원나라 사신 방문 반대 사건으로 정도전은 2년의 나주 유배 생활을 보내고 개경 접근 금지 명령이 떨어지면서 8년이나 떠돌이 생활해야만 했다.

10년이라는 유랑 생활에서 정도전은 힘없는 백성이 어떻게 귀족에게 수탈당하고 핍박받는지를 현장에서 경험했으며, 제도와 행정의 무능 그리고 왜구의 노략질로 죽거나 고통받는 백성을 현장에서 바로 목격했다. 생계를 위해 서당을 운영하였지만 이마저도 권문세족의 방해로 강제 철폐되는 등 온갖 곤욕과 고생을 겪어야 했다.

정도전과 친했던 정몽주는 정도전의 재능을 아까워해 1383년 그동안 친하게 지냈던 이성계에게 정도전을 소개했다. 이성계는 동북면병마사로 함경도에 근무하고 있었는데, 정도전은 이성계를 처음 만난 날 이성계의 기병대를 보고,

"이 정도 기강의 군사력이라면 무슨 일이든 못할 게 없겠습니다."

라는 의미심장한 말을 남겼다. 정도전은 이성계와 정몽주의 추천으로 작은 관직 생활을 시작했다. 이인임 등의 권문세족이 쫓겨난 이후 정도전은 성균관대사성이 되었다. 1388년 고려 멸망의 직접적인 신호탄이었던 위화도 회군은 정도전이 부추겼는지 아니면 이성계의 독자적인 판단이었는지는 해석이 다양하다.

이성계와 정도전이 언제부터 고려를 멸망시킬 생각을 하고 있었는지, 또 누가 먼저 누구에게 제안했는지 기록된 바가 없다. 그저 정도전의 행보와 성격과 앞뒤 맥락을 고려했을 때, 정도전이 먼저 이성계에게 제안했다고 보고 있다.

이인임과 최영 등을 몰아내고 이성계가 조정의 실세가 되자 정도전

은 본격적으로 개혁에 나섰다. 오래전 본인이 직접 백성과 생활을 함께하며 그 고통을 바로 앞에서 목격하며 품어 왔던 생각들, 바꾸어 버려야 하는 악습들, 기능을 하지 못하고 있는 제도와 행정. 이 모든 걸 본인이 생각했던 대로 바꾸고자 했다.

그 첫 시작이 과전법이었다. 하지만 이러한 토지 개혁을 스승인 이색이 막아섰다. 이색뿐 아니라 이숭인, 권근, 하륜 등도 정도전을 막아섰다. 급진 신진사대부는 정도전을 제외하곤 이색의 정통 제자가 아니었다. 정통 제자인 정도전도 이색이 그렇게 썩 아끼던 제자도 아니었다.

정도전이 봤을 땐 스승인 이색이나 과전법에 반대하던 후배들이나 결국은 고려의 체제를 바탕으로 기득권을 누리는 보수층이라고 인식되었다. 정도전은 공양왕에게 일러 과전법에 반대하는 이들의 죄를 찾아내어 모두 유배 보냈다. 이미 조정은 이성계의 것이었기에 정도전을 비롯해 급진 신진사대부가 막 나가도 모두 동조하는 분위기였다. 이때 생각지도 못한 사람이 이색을 방어하며 나섰다. 바로 정몽주였다.

정몽주는 경북 영천에서 태어났다. 그의 가문인 연일 정씨는 경북 지역의 중소 지주 가문이었고 향리 출신이었다. 단 정도전의 가문과는 달리 아주 오래전부터 중앙 관직에 진출하는 가문이 되었다. 역시 경북 출신인 정몽주도 자연스레 이색의 제자가 되었다.

정몽주는 이색의 거의 첫 제자였는데 이색은 정몽주의 천재적 재능을 찬탄했다. 정몽주는 당시로서는 얼마 없는 성리학 자료로 성리학을 완벽하게 해석해 수많은 성리학 해설서를 남겼다. 이색은 정몽주 덕에 이제야 고려에도 제대로 성리학이 시작할 수 있게 됐다며 '동방이학의 비조'라는 별명을 붙여 주기도 했다.

1360년 공민왕 시절 정몽주는 20대 초반에 과거를 전국 수석으로 통과해 본격적으로 관직 생활을 시작하였다. 젊은 시절 정몽주는 아주 유능한 외교관이었다. 중국에 명나라가 건국되자 명나라와 국교를 체결할 때 앞장섰다. 정몽주는 명나라 담당 전문 외교관이었고, 까탈스럽기로 유명한 명나라의 1대 황제 홍무제 주원장조차 정몽주의 능력을 칭찬했다.

한번은 정몽주가 명나라를 오가다 난파 사고를 당했는데 명나라 홍무제 주원장이 반드시 정몽주를 찾아내라는 특명을 내려 정몽주가 구출될 정도로 정몽주를 특히 아꼈다. 원나라 사신 방문 반대 사건으로 정몽주도 울산 언양으로 유배하였지만 얼마 안 있어서 유배령을 해제되었고, 정몽주를 비롯해 유배령이 풀린 신진사대부는 패기롭게 공격적 성향을 보이기보다는 물 흐르듯 타협과 융합의 정치를 지향했다.

정몽주는 1377년엔 일본 규슈로 가서 규슈의 세력가와 만나 왜구를 잘 통제할 것을 약속받고 일본 땅에 있던 고려인 포로 수백 명을 송환시키는 큰 공을 세웠다.

1380년에는 이성계와 함께 황산대첩에 참여하였고, 황산대첩의 공으로 이성계도 조정의 주요 요직에 임명되자 정치 관록이 없던 이성계는 정몽주에게 크게 의지하였다. 이성계와 정몽주 사이가 각별했는데, 정몽주가 이성계에게 사람 한 명을 추천하겠다고 하며 소개한 이가 정도전이었다. 이후 이성계, 정도전, 정몽주는 새로운 고려의 미래를 꿈꾸는 트로이카가 되었다.

충신의 상징으로 알려진 정몽주이기에 처음부터 이성계와 대립했을 것 같지만, 정몽주는 초반엔 이성계, 정도전과 뜻을 함께했다. 정몽주는 이성계의 위화도 회군을 적극적으로 지지하였고, 우왕-창왕 폐위에 주도적이었으며, 과전법 시행에도 반대하지 않았다. 오히려 이성계를 벼르던 스승 이색과 정몽주 사이가 멀어지기도 하였다.

그랬던 정몽주가 정도전을 비롯한 급진 신진사대부가 탄핵한 이색을 변호하기에 나섰다. 다른 모든 개혁에 찬성했던 정몽주였지만 역성혁명에는 절대 찬성하지 않은 것이다.

정몽주와 정도전의 사이가 벌어지니 왕 자리를 어떻게든 지키려던 공양왕은 이 틈을 벌리기로 했다. 공양왕과 정몽주는 더 이상 이색에 대해 추가적인 처벌을 운운하는 신하를 엄하게 벌하기로 하였다. 이것이 끝이 아니었다.

정몽주는 급진 신진사대부에 대한 맹공을 펼쳤다. 정몽주는 정도전의 외할머니가 여종이라는 점을 물고 늘어져,

"천한 신분으로 가풍과 국가행정을 어지럽혔다."

라며 정도전을 유배 보내 버렸다. 하필 이성계가 사냥하던 중 낙마 사고를 당하는 바람에 정도전을 지켜 주지 못했다.

이성계가 아직 정신을 차리지 못할 때 정몽주는 조준, 남은, 윤소종 등 친이성계파 사람을 모조리 탄핵하고, 이색, 우현보, 이숭인, 권근 등 반이성계파 사람을 모조리 복직시켰다. 그리고 공양왕과 정몽주는 정도전의 처형을 결정했다.

선죽교에 뿌려진 피

쌍성총관부 출신의 이성계에게는 평생 따라다녔던 꼬리표가 있었다. 원나라에 부역했던 민족 반역자의 집안, 동북면 시골 촌뜨기, 여진족과 더 어울려 다니는 고려인이라는 꼬리표이다. 쌍성총관부 탈환에서부터 홍건적의 난, 나하추와 덕흥군의 침입, 공민왕의 요동 정벌에 이르기까지 공민왕 대에 전설적인 공을 세운 이성계였지만, 그에게 고려 중앙으로 진출할 기회가 주어지진 않았다.

동북면을 다스릴 수 있는 사람은 이성계 집안만큼 적당한 사람이 없어 공민왕은 이성계에게 동북면을 믿고 맡길 수 있었다지만, 이성계가 고려 중앙 조정에 진출하지 못한 건 그를 따라다니는 꼬리표와 이성계를 향한 얕잡아 보는 귀족의 시선 때문이었다. 그나마 이성계를 총애했던 공민왕이 무너지면서 이성계는 동북면에 틀어박힌 토호 정도에 불과했다.

1380년 이성계는 황산대첩에서 대승을 거두었다. 고려의 군부 수뇌부 그 누구도 당해내지 못했던 왜구를 이성계가 섬멸했다. 황산대첩이라는 이성계의 기념비적인 승리와 이성계를 아끼고 지지했던 최영의 추천 덕에 이성계는 바야흐로 고려 중앙 조정에 진출하였다.

하지만 이때까지만 해도 이인임 등의 권문세족이 조정의 모든 인사권과 주도권을 쥐고 있던 터라 1382년 이성계는 다시 동북면으로 발령받았다. 여진족의 노략질이 심각해지니 여진족을 토벌하라는 임무를 받아서였지만, 이인임 등의 압박으로 인해 밀려난 것이었다.

이듬해 1383년 정몽주의 추천으로 정도전이 동북면을 찾아오면서 이성계와 정도전의 첫 만남이 이루어졌다. 앞에서 이야기했다시피 정도전과 이성계가 언제 역성혁명을 도모했고 누가 먼저 제안했는지는 기록된 바가 없다.

하지만 두 사람은 첫 만남부터 금세 친해졌다. 한번은 이성계가 동북면에서 《대학》이라는 경전을 읽다가 적발되어 곤욕을 치른 적이 있었다. 《대학》은 군왕의 자질을 다룬 제왕학 서적이었다.

1388년 이성계는 최영과 함께 이인임 일파를 몰아내고, 최영의 요동 정벌에 반대하며 위화도 회군으로 최영도 몰아내었다. 이성계와 정도전은 최측근을 포섭해 가며 조민수 등의 남은 권문세족까지 몰아낸 뒤 1389년 흥국사 9인 모임에서 우왕과 창왕을 죽이기로 하고 고려의 마지막 왕 공양왕을 추대했다.

비로소 고려 조정을 장악한 이성계는 정도전, 조준, 남은, 윤소종 등 급진 신진사대부를 지지하며 과전법을 밀어붙였고, 그 과정에서 이색을 포함해 온건 신진사대부를 몰아내었다. 이성계나 정도전이나 고려라는 시스템에서 혜택을 받지 못했던 아웃사이더가 고려라는 시스템의 혜택을 받던 귀족과 보수 세력에게 가한 반격이었다.

과전법 시행 후 급진 신진사대부는 공양왕과 고려 왕실을 깎아내리며 이들이 이성계를 왕으로 추대하려 한다는 소문이 일파만파 퍼지고 있었다. 그간 이성계, 정도전과 뜻을 함께해 왔던 정몽주가 갑자기 나서더니 정도전을 탄핵했고, 때마침 이성계가 낙마 사고를 당하자 정몽주는 급진 신진사대부를 모두 유배를 보냈다. 그리고 이색을 포함한 온건 신진사대부를 모두 복귀시켰다.

그뿐만 아니라 정몽주는 급진 신진사대부의 처형을 결정했다. 다만 공양왕이 결정적인 순간에 확정을 내리지 못하고 유배지에서 죄인을 국문하는 처분을 내렸다. 국문이란 고문을 통해 죄인의 자백을 받아 내는 심문 과정인데, 정몽주는 고문을 가하는 관리를 불러 굳이 자백받아 낼 필요가 없으니 고문으로 모두를 죽이라는 밀명을 내렸다고 한다.

낙마 사고를 당한 이성계가 어느 정도 정신을 차리고 모든 상황을 보고 받았다. 이성계는 의식이 돌아와도 정도전을 보호하라는 여론만 형성시킬 뿐 정몽주에 대한 별다른 조처하지 않았다. 이성계가 마음만 먹으면 정몽주를 제거하거나 탄핵할 수 있을 텐데 왜 정몽주를 가만히 뇌두었을까?

이성계나 정도전이나 그들만의 정의와 대의가 있었다. 그들은 스스로를 악역이라 생각하지 않았다. 백성의 더 나은 현재와 미래를 위해 본인이 새로운 세상을 만들어 보겠다는 꿈을 꾸었다. 두 사람은 쿠데타를 일으키지 않았고 오로지 평화적 정권 이양을 목표로 했다. 그래서 차마 정몽주만큼은 건드릴 수가 없었다.

이성계의 다섯 번째 아들 이방원은 그런 아버지 이성계가 답답했다. 당장에 정도전을 포함해 이성계의 최측근이 죽게 생겼는데, 정몽주에게 가만히 앉아서 당하기만을 기다리고 있는지 이해할 수가 없었다.

이방원은 가까운 가족을 불러서 이성계 대신 정몽주를 죽이자는 이야기를 꺼냈다. 모두 이성계가 정몽주를 어떻게 여기고 있었는지 알았기에 이방원의 과감한 주장에 선뜻 동의하지 못하고 있었다. 이방원이 불러 모은 가족 가운데 이성계의 형인 이원계의 사위 변중량도 있었다.

변중량은 이성계의 친척이긴 했으나 정몽주의 제자이기도 했다. 변중량은 정몽주의 집을 찾아가 이방원의 계획을 모두 고발했다. 이방원의 계획을 들은 정몽주는 의연한 표정을 지으며 외출 채비를 하더니 집을 나갔다. 정몽주가 향한 곳은 이성계의 집이었다.

정몽주를 제거할 계획을 세우고 있던 이방원은 이성계의 집을 찾은 정몽주를 보고 매우 놀랐다. 정몽주는 이성계의 병문안을 왔다며 이성계를 만났다. 방안에서 만난 정몽주와 이성계가 무슨 대화를 나누었는지는 전해지지 않는다. 다만 술자리를 하며 웃음소리로 가득했다고 한다. 방을 나온 정몽주에게 이방원이 시조 한 수를 건넸다.

> 이런들 어떠하며 저런들 어떠하리
> 만수산 칡넝쿨이 얽혀진들 그 어떠하리
> 우리도 이같이 얽혀 한평생을 누릴지니

정몽주는 이방원의 시에 대한 답가로 시조 한 수를 남기고 이성계의 집을 떠났다. 정몽주는 이성계의 집을 일찍 찾았기에 아직 환한 백주대낮이었다. 집으로 돌아가는 길, 선죽교라는 다리를 지날 때였다. 이방원이 평소에 친하게 알고 지내던 동생 조영규가 무장한 병사를 데리고 정몽주의 길을 막아섰다.

정몽주는 이방원이 본인을 죽이려고 한다는 걸 알고도 이성계의 집을 찾았다. 무슨 생각이었을까. 조영규는 무장한 병사와 함께 정몽주를 무참히 살해하고 마지막엔 철퇴로 정몽주의 머리를 내리쳤다. 1392년 고려를 지키려던 최후의 보루 정몽주가 살해당했다. 선죽교에 뿌려진 피는 정몽주의 피이자 고려의 피였다.

> 이 몸이 죽고 죽어 일백 번 다시 죽어
> 백골이 진토 되어 넋이라도 있고 없고
> 임 향한 일편단심이야 변할 줄이 있으랴

오백 년 도읍지를 필마로 돌아드니

이색은 선죽교에 널브러진 제자의 시체를 안고 오열했다. 유배 가 있던 모든 급진 신진사대부의 유배도 모두 풀렸다. 이성계는 자신의 동의를 구하지 않고 정몽주를 죽인 이방원을 데려다 소리를 지르며 매우 분노했다.

이방원은 아버지와 모두를 위한 유일한 길이었다고 당당하게 변명했으나, 이성계는 도저히 이방원을 용서할 수가 없었다. 본디 이방원은 이성계의 아들 중 유일한 과거 급제자로 집안에 문관이 없다는 이성계의 콤플렉스를 해결한 이방원을 매우 아꼈다. 그토록 애지중지하던 아들이 이방원이었지만, 이방원의 정몽주 암살 이후로 두 부자 관계는 타협되지 못할 강을 건넜다.

매체에서는 이성계가 정몽주를 끔찍이 아꼈던 나머지 이성계가 아들 이방원에게 역정을 내고 정몽주의 죽음을 슬퍼하는 연출로 묘사된다. 이성계가 이방원에게 역정을 냈던 것도 맞고, 정몽주의 죽음이란 선택지를 고려조차 안 한 이성계였다. 하지만 정몽주가 죽자 이성계는 조정의 의견을 부추겨 정몽주를 간신배로 몰았으며, 정몽주의 목을 잘라 개경의 저잣거리에 며칠을 효수하였다.

정몽주의 죽음으로 공양왕은 외로운 싸움을 해야만 했다. 공양왕은 이성계에게 동맹을 맺겠다며 군신동맹서를 작성하고 심지어 동맹식을 갖겠다며 이성계의 집을 직접 찾아갔다. 어떻게든 공양왕은 자기 자리를 지키려고 일부러 이성계에게 윤리적인 프레임을 씌우고자 했다.

정몽주까지 없는 마당에 고려의 모든 조정은 전부 이성계를 왕으로 추대하자는 여론이 모였다. 하지만 공양왕이 저렇게 버티니 조정의 신하들은 왕실 최고 어른이었던 공민왕의 후비 정비 안씨를 찾아갔다.

정비 안씨는 더 이상 이성계와 싸울 힘이 고려 왕실엔 없다고 판단되어 공양왕을 폐위시키는 교서를 발표하였다. 1392년 7월 공양왕은 폐위되었고, 정비 안씨는 자기 손으로 고려의 왕실을 절단시켰다는 죄책감에 평생을 술에 중독되어 여생을 보냈다.

나흘간 옥좌가 비어 있었고 조정의 신하가 정비 안씨로부터 받은 옥새를 가지고 떼거리로 이성계의 집을 찾았다. 이성계는 옥새를 받을 수 없다며 문을 열어 주지 않았지만, 신하들은 문을 부수면서까지 이성계에게 어떻게든 옥새를 전달하려고 했다.

이성계는 몇 번이고 사양하였지만, 여러 번의 요청에 별수 없이 승낙하는 척하며 옥새를 받아 1392년 7월 17일 즉위식을 거쳐 조선을 개국했다. 이때 행방이 묘연한 한 사람이 있었는데, 바로 정도전이다.

정몽주의 죽음 이후 정도전의 행방이 전혀 기록되어 있지 않다. 조정의 신하들이 정비 안씨를 통해 공양왕을 폐위시킬 때도, 옥새를 가지고 이성계의 집을 찾아갈 때도 정도전은 그 자리에 없었다.

한때 절친한 사이이자 함께 고려를 개혁해 보겠다며 꿈을 꾸었던 정몽주의 죽음부터 그토록 염원했던 역성혁명이 완수되기 전까지 정도전이 무슨 생각을 가지고 무엇을 했는지는 아무도 모른다. 정도전이 재등장한 건 이성계가 옥새를 받아 왕으로 즉위하고부터였다.

이성계가 왕으로 즉위한 후 정도전은 조선의 설계자 겸 이성계의 검은 칼이 되어 주었다. 정도전은 조선 개국을 반대하고 정몽주를 따르던 56명을 유배 보냈고, 정몽주의 최측근이었던 8명은 곤장 100대 형을 내려, 8명 전원이 사망했다.

이 8명에는 이색의 밑에서 함께 수학했던 정도전의 후배들도 있었으며, 이색의 아들도 있었다. 곤장 100대 형은 이성계의 허락을 받지 않은 정도전의 자의적인 행동이었는데, 사실을 알게 된 이성계는 당황한 기색을 나타냈으나 쉬이 쉬이 묻어 버렸다.

고려 왕족도 예외는 아니었다. 정도전은 고려 왕씨의 왕족을 전부 찾아내어 강화도와 거제도로 강제 이주시켰다. 1393년 이성계는 공양왕의 동생을 불러들여 함께 운동하면서 자기는 결코 고려 왕씨에게 해코지할 생각이 없다며 섬에 있는 고려 왕씨가 다시 육지에서 살 수 있게 하겠다며 선처를 약속했다.

하지만 사단이 일어난다. 1394년 김가행과 박중질이 지금의 경남 밀양에서 맹인 점쟁이 이흥무를 찾아가 조선의 이씨와 고려의 왕씨 운명에 대해 점을 봤다고 한다. 이 맹인 점쟁이가 폐위된 공양왕에게 더 이상 희망이 없고 대신 옛 고려 왕실의 종친이었던 왕화와 왕거에게 왕의 기운이 느껴진다는 점괘를 주었다고 한다. 이 내용은 바로 발각이 되어 김가행, 박중질, 왕화, 왕거 4인은 수원으로 압송되어 참수되었다.

이 사건을 계기로 조선의 조정은 고려 왕씨에 대한 처벌과 공양왕의 사형을 강력하게 요구했다. 이성계는 공양왕을 포함한 고려 왕실의 왕씨를 다시 더 먼 섬으로 보내 버리기로 하였다. 공양왕은 삼척으로 가게 되었는데, 공양왕의 후송 임무를 맡은 중추원부사 정남진은 공양왕이 삼척에 도착했을 때 공양왕과 그의 아들을 목 졸라 죽였다.

강화도 쪽 후송 임무를 맡은 형조전서 윤방경은 지금의 김포시에서 강화도로 넘어가기 직전의 바다 강화나루에 왕씨를 던져 죽였으며, 거제도 쪽 후송 임무를 맡은 손흥종도 거제도로 가던 중 배에서 왕씨를 바닷가에 던져 죽였다.

1394년 4월 20일 《조선왕조실록》의 태조실록에는 다음과 같은 기사가 적혀 있다.

> 중앙과 지방에 명령하여 왕씨王氏의 남은 자손을 대대적으로 수색하여 이들을 모두 목 베었다.
>
> ─《조선왕조실록》 태조실록

왕씨 색출 작업은 한 번에 끝난 것이 아니었다. 이후로도 지속적으로 왕씨가 발견되기만 하면 적법한 절차 없이 곧바로 교살형을 당했다. 살아남은 왕씨는 어떻게든 살고자 성 왕王자에다가 점 하나를 붙여

옥玉 씨로 성을 바꾼다든지 혹은 양옆에 선을 그어 전田 씨로 성을 바꾸었다.

1413년 태종 이방원 대에 가서야 고려 왕씨에 대한 색출과 처형작업을 중단하였으며, 조선의 5대 왕 문종 대에 이르러 고려 왕실 조상에 대한 제사를 허용했다.

백성으로부터 압도적인 인기를 누렸던 최영과 정몽주의 죽음으로 이성계는 숱한 손가락질을 받았다. 백성의 손가락질 때문에 고려의 수도 개경에 머무르기 싫었던 이성계는 신하들의 반대를 무릅쓰고 천도를 결정하였고, 1395년 한양으로 천도했다.

그렇게 500년간 수도로 있던 개경은 지방의 한 도시로 전락했다. 조선 개국에 반대하던 신진사대부 가운데 살아남은 이들은 이성계의 부름에 응하지 않고 모두 낙향하여 성리학을 연구하거나 제자를 양성했다. 그중 죽은 정몽주의 제자 길재가 있었다. 길재는 낙향하기 전 500년간 수도였던 개경을 돌아보며, 이제는 초라해지고 쓸쓸해졌지만 한때는 북적이고 찬란했던 도시였던 개경을 위해, 아니 고려를 위해 마지막 시 한 수를 바친다.

> 오백 년 도읍지를 필마로 돌아드니
> 산천은 옛날 그대로 변함이 없는데 인걸들의 흔적은 보이질 않네
> 아아, 태평했던 세월이 꿈이런가 하노라

어쩌면 당신이 원했던

고려 갈등사 2
폭발과 이행의 시대

펴낸날   초판 1쇄 2023년 10월 25일

지은이   이영

펴낸이   강진수
편 집   김은숙, 최아현
디자인   **표지** Stellalala_d **내지** 이재원

인 쇄   (주)사피엔스컬쳐

펴낸곳   (주)북스고   **출판등록**   제2017-000136호 2017년 11월 23일
주 소   서울시 중구 서소문로 116 유원빌딩 1511호
전 화   (02) 6403-0042   **팩 스**   (02) 6499-1053

ISBN   979-11-6760-056-1   03910

책 출간을 원하시는 분은 이메일 booksgo@naver.com로 간단한 개요와 취지, 연락처 등을 보내주세요.
Booksgo⌐는 건강하고 행복한 삶을 위한 가치 있는 콘텐츠를 만듭니다.